ACCESO GRATIS *a la Lectura en la Nube*

Para visualizar el libro electrónico en la nube de lectura envíe junto a su nombre y apellidos una fotografía del código de barras situado en la contraportada del libro y otra del ticket de compra a la dirección:

ebooktirant@tirant.com

En un máximo de 72 horas laborables le enviaremos el código de acceso con sus instrucciones.

AF617000

DISCURSO TERRORISTA Y DELITO DE COLABORACIÓN

¿Necesidad jurídica de protección o exceso punitivo como herramienta de represión?

DISCURSO TERRORISTA Y DELITO DE COLABORACIÓN

¿Necesidad jurídica de protección o exceso punitivo como herramienta de represión?

Carlos González León

tirant lo blanch
Valencia, 2025

En caso de erratas y actualizaciones, la Editorial Tirant lo Blanch publicará la pertinente corrección en la página web www.tirant.com.

Esta obra se enmarca en el Proyecto de Investigación Hacia un Convenio Internacional Integral sobre el uso delictivo de las TIC: Ciberterrorismo y Discurso de Odio en un Marco de Libertad de Expresión y Responsabilidad de la Agencia Estatal de Investigación. Referencia PID2022-136943OB-I00

© TIRANT LO BLANCH
EDITA: TIRANT LO BLANCH
C/ Artes Gráficas, 14 - 46010 - Valencia
TELFS.: 96/361 00 48 - 50
FAX: 96/369 41 51
Email: tlb@tirant.com
www.tirant.com
Librería virtual: www.tirant.es
DEPÓSITO LEGAL: V-3771-2025
ISBN: 979-13-7010-465-8

Si tiene alguna queja o sugerencia, envíenos un mail a: *atencioncliente@tirant.com*. En caso de no ser atendida su sugerencia, por favor, lea en *www.tirant.net/index.php/empresa/politicas-de-empresa* nuestro procedimiento de quejas.

Responsabilidad Social Corporativa: http://www.tirant.net/Docs/RSCTirant.pdf

A mi familia, por su apoyo y cariño.

A mis compañeros/as, por vuestra colaboración.

A mis estudiantes, por inspirarme cada día a seguir aprendiendo.

Índice

PRÓLOGO 13

ÍNDICE DE ABREVIATURAS 19

INTRODUCCIÓN 21

CAPÍTULO I
DELITOS DE EXPRESIÓN. VULNERACIÓN DE LA LIBERTAD IDEOLÓGICA, DE EXPRESIÓN Y DE ACCESO A LA INFORMACIÓN 25

I. INTRODUCCIÓN: LA REPRESIÓN Y PERSECUCIÓN PENAL DEL DISCURSO TERRORISTA 25

II. DELITO DE ENALTECIMIENTO Y JUSTIFICACIÓN DEL TERRORISMO 32

1. Evolución de la regulación penal 32

2. Regulación penal actual 36

3. La doctrina y la jurisprudencia ante el desafío interpretativo de los delitos de enaltecimiento y justificación del terrorismo 45

3.1. La doctrina: entre la imposición de la literalidad del precepto y la búsqueda de una interpretación restringida 45

3.1.1. La primera posibilidad: el tipo exige una incitación directa 48

3.1.2. La segunda posibilidad: el tipo exige una incitación indirecta 49

3.1.3. La tercera posibilidad: el tipo no exige ningún tipo de incitación 51

3.2. La difícil labor judicial en la aplicación de los tipos del artículo 578 del Código Penal 57

4. Algunas conclusiones parciales y propuestas 67

III. LA DIFERENCIA ENTRE ENALTECER O JUSTIFICAR DELITOS DE TERRORISMO Y MENOSPRECIAR O HUMILLAR A SUS VÍCTIMAS 70

IV. ACTOS PREPARATORIOS PUNIBLES: UNA NECESARIA DELIMITACIÓN ENTRE LOS ARTÍCULOS 578 Y 579 DEL CÓDIGO PENAL 79

1. Evolución de la regulación penal 79

2. Regulación penal actual 83

V. CONCLUSIONES PROVISIONALES 87

CAPÍTULO II

EL DELITO DE COLABORACIÓN Y SU PERMANENTE COLISIÓN CON LOS PRINCIPIOS DE TAXATIVIDAD Y SEGURIDAD JURÍDICA 97

I. INTRODUCCIÓN 97

II. DELITO DE INTEGRACIÓN 103

1. Evolución de la regulación penal 103

2. Regulación penal actual 104

3. Penalidad 109

III. DELITOS DE COLABORACIÓN. ADOCTRINAMIENTO PASIVO, AUTOADOCTRINAMIENTO Y TRASLADO O ESTABLECIMIENTO EN UN TERRITORIO EXTRANJERO 111

1. Evolución de la regulación penal: la radicalización como fundamento de la imputación penal 111

2. Regulación penal actual 115

2.1. Adoctrinamiento y adiestramiento pasivo 118

2.2. Autoadoctrinamiento y autoadiestramiento 120

2.3. Traslado o establecimiento en un territorio extranjero 133

3. Penalidad 138

IV. DELITO DE FINANCIACIÓN DEL TERRORISMO 140

1. Evolución de la regulación penal 140

2. Regulación penal actual 144

3. Penalidad 148

V. COLABORACIÓN GENÉRICA Y ADOCTRINAMIENTO ACTIVO. COLABORACIÓN IMPRUDENTE 150

1. Evolución de la regulación penal 150

2. Regulación penal actual 155

2.1. Colaboración genérica y adoctrinamiento activo 155

2.2. Colaboración imprudente 163

3. Penalidad 168

VI. CONCURRENCIA DELICTIVA A PROPÓSITO DEL ARTÍCULO 575 169

1. Problemas dentro del propio tipo penal 169

2. Problemas con otros tipos penales 171

2.1. Relación entre los artículos 575 y 572 171

2.2. Relación entre los artículos 575 y 576 172

2.3. Relación entre los artículos 575 y 577 173

2.4. Relación entre los artículos 575 y 578 175

2.5. Relación entre los artículos 575 y 579 ... 176

VII. CONCLUSIONES PROVISIONALES ... 177

CAPÍTULO III
EL DERECHO PENAL EN MATERIA ANTITERRORISTA O CÓMO CASTIGAR AL ENEMIGO MEDIANTE LA CATEGORIZACIÓN AUTORES PELIGROSOS Y MALVADOS ... 183

I. INTRODUCCIÓN ... 183

II. PRIMEROS PASOS: UN DERECHO PENAL GARANTISTA Y CONSTITUCIONAL ... 185

III. EL AVANCE DEL PUNITIVISMO: DESDE EL DERECHO PENAL DEL CIUDADANO HACIA EL DERECHO PENAL DEL ENEMIGO ... 192

1. La utilización de un Derecho penal simbólico ... 193

2. La utilización de un Derecho penal de autor ... 196

IV. EL DERECHO PENAL DEL ENEMIGO EN MATERIA ANTITERRORISTA ... 200

V. LA NECESIDAD DE EVALUAR LAS REFORMAS PENALES: ¿PARA CUÁNDO UNA REFLEXIÓN? ... 205

VI. CONCLUSIONES PROVISIONALES: UN PASO MÁS EN LA EXCEPCIÓN A LAS GARANTÍAS DE DERECHO ... 210

CONCLUSIONES DEFINITIVAS ... 217

REFERENCIAS BIBLIOGRÁFICAS ... 225

I. LIBROS, CAPÍTULOS DE LIBROS Y ARTÍCULOS DE REVISTAS ... 225

II. ARTÍCULOS DE PRENSA ... 247

ANEXO ... 249

I. LEGISLACIÓN Y OTROS DOCUMENTOS ... 249

II. JURISPRUDENCIA ... 250

1. Jurisprudencia del Tribunal Europeo de Derechos Humanos ... 250

2. Jurisprudencia constitucional ... 251

3. Jurisprudencia ordinaria ... 251

3.1. Tribunal Supremo ... 251

3.2. Audiencia Nacional ... 252

Prólogo

MARINA SANZ DIEZ DE ULZURRUN LLUCH

Supone un enorme placer para mí escribir el prólogo de esta obra que aborda un tema que siempre, y especialmente tras las últimas modificaciones legales, ha sido objeto de debate en la dogmática penal: la tensión entre la regulación de los delitos de expresión y colaboración en materia de terrorismo y los principios que inspiran un Derecho penal democrático de corte garantista. El estudio de Carlos González León se plantea de una forma problemática, anunciada con la pregunta que inspira su título: ¿cuál es el sentido político criminal de la actual regulación de esta materia? ¿Tiene como objetivo dar respuesta a una necesidad real de protección de la seguridad en nuestra sociedad? o ¿enmascara una política criminal punitivista orientada a la represión? En este marco de discusión, el autor desarrolla una investigación dotada de gran rigor científico y claridad expositiva, proporcionando al lector amplia información y detallado conocimiento sobre las interpretaciones y discusiones doctrinales que suscitan estos delitos, la posición de la jurisprudencia de los distintos tribunales nacionales e internacionales, no siempre homogénea, y el contenido de la normativa internacional sobre la materia.

La obra se estructura en tres capítulos, en los que se analizan los delitos de expresión en el ámbito terrorista –enaltecimiento, justificación del terrorismo y humillación a las víctimas–; las conductas que implican formas de colaboración –colaboración genérica, adoctrinamiento activo y pasivo, autoadoctrinamiento, traslado o establecimiento en un territorio extranjero y financiación del terrorismo–; y, por último, se examinan, desde una perspectiva crítica, las estrategias punitivas del denominado “Derecho Penal del enemigo” y su infiltración en la legislación antiterrorista.

El capítulo primero se dedica al estudio de los tipos contenidos en el artículo 578, en el que conviven figuras delictivas de muy diferente factura: el enaltecimiento y justificación del terrorismo y la humillación y menosprecio a las víctimas de delitos de terrorismo. En relación con el delito de enaltecimiento y justificación, el autor aborda su doble problemática. Por un lado, la ambigüedad en la definición de las distintas conductas, que dificulta la delimitación de los tipos sancionados en el precepto y compromete la exigencia de taxatividad inherente al principio de legalidad como garantía de la seguridad jurídica. Y, por otro lado, se pone de manifiesto cómo la actual regulación de este delito, por la desmesurada amplitud de su tenor literal, permite incluir conductas carentes de lesividad que constituyen una mera expresión ideológica que restringen de forma ilegítima el contenido del derecho a la libertad de expresión, suscitando dudas acerca de su constitucionalidad. Todo ello, con la consecuencia de que cierto sector de doctrina haya propuesto de *lege ferenda* la derogación del precepto.

Tras un exhaustivo análisis de los distintos ensayos interpretativos realizados por la doctrina y por una abundante jurisprudencia orientados a dotar de un contenido a estos tipos que permita su delimitación y respete el contenido mínimo de la libertad de expresión, el autor concluye que las objeciones que avalan la propuesta de derogación parecen "muy difíciles de contestar". No obstante, de *lege data*, entendiendo que la literalidad del precepto admite restricciones para una aplicación "razonable" del mismo, se propone un criterio interpretativo que exige para su aplicación el elemento de peligrosidad que constituye el núcleo central de los delitos de terrorismo, que no es otro que su finalidad, excluyendo del tipo todos aquellos comportamientos que por sus características no sean idóneos para generar el clima de terror que persiguen los hechos terroristas y define "los fines terroristas".

Este primer capítulo concluye poniendo de manifiesto la necesidad de extraer del artículo 578 la conducta de humillación y menosprecio a las víctimas que poco tiene que ver con el enaltecimiento y con los delitos de terrorismo, para valorar su inclusión entre los delitos contra la dignidad y el honor.

El segundo capítulo se dedica al análisis de las conductas que implican formas de colaboración o apoyo a los movimientos terroristas o a sus fines (artículos 572, 575, 576, y 577): integración en organización o grupo terrorista, colaboración, adoctrinamiento activo o pasivo, autoadoctrinamiento y financiación del terrorismo. Un abigarrado bosque de preceptos que pretende cubrir cualquier forma de adhesión (o incluso, aproximación) al terrorismo. El autor realiza un exhaustivo análisis del contenido de estos tipos y de los criterios desarrollados por la jurisprudencia para su aplicación, mostrando un panorama enormemente complejo en el que los tipos de integración y las formas de colaboración sancionan comportamientos muy similares, con descripciones amplias y ambiguas de las conductas que conducen a serios problemas concursales e impiden desarrollar criterios ciertos para su delimitación y aplicación. De nuevo, se tropieza con las exigencias de taxatividad y seguridad jurídica derivadas del principio de legalidad

No menos problemática resulta la regulación de las conductas de adoctrinamiento (activo, pasivo, autoadoctrinamiento y traslado). Como señala Carlos González León, el legislador adelanta de forma vertiginosa la barrera de protección penal castigando conductas que constituyen tentativas de actos preparatorios (conductas de adiestramiento con la finalidad de capacitarse para la comisión de delitos terroristas previstas en el artículo 575.1); o, incluso, avanzando hacia la fase interna del delito sancionando conductas de preparación individual (traslado, adoctrinamiento pasivo, autoadoctrinamiento previstas en el artículo 575. 2 y 3). La técnica de sancionar comportamientos tan alejados del paso a la acción quizá pueda servir para facilitar la adopción de ciertas medidas policiales de investigación; pero, como señala el autor, supone una intromisión ilegítima en la libertad ideológica del individuo y contradice las exigencias del principio de taxatividad, seguridad jurídica y proporcionalidad, además de resultar inútil e, incluso, provocar un efecto criminógeno, ante la eventualidad de la entrada en prisión de individuos que simplemente muestran "curiosidad, simpatía, adhesión" a los fundamentos ideológicos de ciertos movimientos terroristas.

En el tercer capítulo se lleva a cabo una revisión de las líneas de política criminal que presiden las últimas reformas legales en materia de terrorismo evidenciadas en la investigación realizada en los capítulos anteriores. Adelantamiento de la barrera de protección penal a fases anteriores al hecho, hasta llegar a la esfera del pensamiento del autor; recurso a penas desproporcionadamente altas y a la sanción de comportamientos carentes de lesividad; y relajación de las garantías procesales. En definitiva, el legislador ha adoptado estrategias propias del denominado "Derecho penal del enemigo", propio de Estados autoritarios, con la finalidad de dar respuesta a la alarma social que genera el fenómeno terrorista y a una pretendida demanda social de seguridad. El resultado de todo ello, un Derecho penal simbólico que genera una falsa sensación de seguridad a cambio de menoscabar los principios y garantías constitucionales de un Estado democrático. Ante esta deriva, el autor invita a reflexionar sobre la legitimidad de estas técnicas legislativas, sobre su utilidad, eficacia y también sobre su oportunidad, dado que no es un hecho demostrado que tales medidas sean la respuesta más adecuada a las demandas ciudadanas. Se genera una sensación ficticia de seguridad, allí donde el ciudadano quiere seguridad y eficacia, y se hace desnaturalizando la legislación penal propia de un Estado democrático, hasta el punto de situarse en la paradójica situación de que la finalidad de los movimientos terroristas –destruir los principios y valores de los Estados democráticos–, encuentra un inesperado impulso en una legislación que, desde dentro, socava esos principios y valores.

La obra que el lector tiene ante sí contiene un análisis crítico y sugerente sobre aspectos esenciales de nuestra legislación antiterrorista. Es una evidencia que tal legislación es excepcional, tanto por su rigor punitivo como por la quiebra de los principios más básicos y tradicionales del Derecho Penal. El autor comienza con una pregunta y nos invita finalmente a una reflexión sobre cómo y con qué medidas se puede articular una respuesta efectiva y racional al fenómeno terrorista desde los Estados democráticos. Y, es que la excepcionalidad de la legislación antiterrorista nos puede llevar a pensar que el fenómeno terrorista desborda las posibilidades de actuación del Derecho Penal y exige la adopción de medidas de distinta naturaleza (políticas, sociales, de cooperación e información...). Las herramientas penales, aunque necesarias, tienen una eficacia limitada en esta materia y distorsionarlas parece que no conduce a buenos resultados.

Quiero terminar este prólogo con unas palabra para el autor, a quien hay que felicitar por la calidad del trabajo que nos presenta. Carlos González León es un excelente profesional, docente e investigador, con una sólida formación jurídica y criminológica que queda demostrada en esta obra y en todos sus trabajos anteriores. He tenido la satisfacción de poder trabajar con él en la Universidad Rey Juan Carlos y le deseo que su carrera siga siendo tan fructífera como hasta ahora y pronto nos ofrezca otras obras de la misma calidad de esta.

Madrid, 5 de marzo de 2025

Índice de abreviaturas

CE	Constitución Española
CEDH	Convenio Europeo de Derechos Humanos
CP	Código Penal
DAESH	Al-Dawla al-Islamiya fil Iraq wa'al Sham (Estado Islámico de Irak y Siria)
ERG	Extremism Risk Guidelines
ETA	Euskadi Ta Askatasuna
FACT	Financial Action Task Force
FJ	Fundamento Jurídico
GAFI	Grupo de Acción Financiera Internacional
GEPC	Grupo de Estudios de Política Criminal
GRAPO	Grupo de Resistencia Antifascista Primero de Octubre
LO	Ley Orgánica
ONU	Organización de las Naciones Unidas
PCE	Partido Socialista de Euskadi
RES	Resolución
SAN	Sentencia de la Audiencia Nacional
STC	Sentencia del Tribunal Constitucional
STEDH	Sentencia del Tribunal Europeo de Derechos Humanos
STS	Sentencia del Tribunal Supremo
TEDH	Tribunal Europeo de Derechos Humanos
TIC	Tecnologías de la Información y la Comunicación

UE	Unión Europea
VERA	Violent Extremism Risk Assessment

Introducción

La investigación que el lector tiene en sus manos ha seguido como hipótesis principal si los delitos de expresión y los delitos de colaboración en el ámbito del terrorismo, con su regulación actual tras las modificaciones realizadas por el legislador, suponen un paso más en la excepción a las garantías del Estado democrático de Derecho.

Ahora bien, en aras de hallar una respuesta firme y coherente, se establecen los siguientes objetivos generales. En primer lugar, establecer si los delitos de expresión evidencian signos de un Derecho penal de autor que prioriza el pensamiento más que el propio hecho delictivo cometido en sí mismo, y consiente sospechar una posible vulneración de derechos fundamentales como la libertad ideológica, de expresión y de acceso a la información, además de la libertad religiosa y de culto. En segundo lugar, cuestionar si la extensa e imprecisa regulación con la que están tipificados los delitos de colaboración, incluyendo el adelantamiento de la barrera de protección penal a una fase previa de la preparación delictiva, supone una limitación al principio de legalidad penal y al mandato de taxatividad y seguridad jurídica.

En cuanto a la metodología, este estudio adopta el enfoque característico de la investigación jurídica para analizar el significado del texto legal mediante la aplicación de los criterios interpretativos generalmente aceptados en esta disciplina. Este análisis se complementa con una perspectiva crítica de política criminal, guiada por los principios que justifican la intervención del Derecho penal en un Estado democrático de Derecho. Para ello, se lleva a cabo una búsqueda exhaustiva de las principales fuentes bibliográficas que han abordado el fenómeno estudiado tanto a nivel nacional como internacional, siguiendo los diferentes enfoques que se desarrollan posteriormente. Además, no solo se examina la realidad jurídica del fenómeno conforme a la regulación vigente, sino que también se investigan los antecedentes sociales, históricos y legislativos según interpretaciones gramaticales, históricas, sistemáticas y teleológicas que nos han conducido hasta la situación actual.

La estructura diseñada para realizar este trabajo se desarrolla en tres capítulos.

El primer capítulo aborda el estudio de los delitos de expresión, concretamente, el enaltecimiento y justificación del terrorismo y la humillación o menosprecio a las víctimas de terrorismo o de sus familiares, estableciendo argumentos sobre por qué el legislador lo tipifica en un mismo artículo, y si es esto o no lo más adecuado. Por último, la delimitación que se considera fundamental para no confundir los delitos advertidos ya, de otros delitos de expresión regulados por el legislador a través del art. 579 como la difusión pública de mensajes o consignas para incitar a la comisión de delitos terrorista u otros actos de provocación como la conspiración, la proposición y la provocación.

El segundo capítulo elabora una revisión de las múltiples formas de colaboración con organizaciones y grupos terroristas que se recogen en los delitos de terrorismo. Entre ellas, el delito de integración, el delito de adoctrinamiento pasivo, el autoadoctrinamiento y el traslado o desplazamiento a territorio extranjero o su establecimiento en él, el delito de financiación del terrorismo o el delito de adoctrinamiento activo y la colaboración regulada de forma genérica en la que prácticamente tiene cabida múltiple formas, hasta incluso llevadas a cabo de forma imprudente. Por último, se analizan algunas de las posibles relaciones concursales, tanto de delitos como de normas, de las novedosas formas de colaboración introducidas por el legislador en la reforma de 2015 a propósito del art. 575 con el resto de los delitos de terrorismo y la dificultad que supone para los jueces y tribunales su interpretación/aplicación.

El tercer capítulo realiza un análisis de las principales características del Derecho penal del terrorismo evidenciadas a lo largo de la investigación tras el análisis de los delitos de terrorismo, muy especialmente, los relacionados con la colaboración terrorista y con la expresión de discursos alentadores o favorecedores de este fenómeno. Para ello, se parte de un Derecho penal garantista de mínimos, respetuoso con derechos constitucionales y otros principios penales, como el de legalidad, para así poder construir a través del uso de un Derecho penal simbólico un Derecho penal de máximos -preventivo-, que deja de lado al ciudadano para enfrentarse a su principal enemigo: los terroristas. Además, también se anima a realizar una reflexión que evalúe las reformas penales acometidas durante los últimos años en favor de una propuesta más racional sobre la regulación de los delitos de terrorismo.

Por último, se exponen las principales conclusiones obtenidas durante la realización de este trabajo de investigación.

Capítulo I
Delitos de expresión. Vulneración de la libertad ideológica, de expresión y de acceso a la información

SUMARIO: I. INTRODUCCIÓN: LA REPRESIÓN Y PERSECUCIÓN PENAL DEL DISCURSO TERRORISTA. II. DELITO DE ENALTECIMIENTO Y JUSTIFICACIÓN DEL TERRORISMO. III. LA DIFERENCIA ENTRE ENALTECER O JUSTIFICAR DELITOS DE TERRORISMO Y MENOSPRECIAR O HUMILLAR A SUS VÍCTIMAS. IV. ACTOS PREPARATORIOS PUNIBLES: UNA NECESARIA DELIMITACIÓN ENTRE LOS ARTÍCULOS 578 Y 579 DEL CÓDIGO PENAL. V. CONCLUSIONES PROVISIONALES.

I. INTRODUCCIÓN: LA REPRESIÓN Y PERSECUCIÓN PENAL DEL DISCURSO TERRORISTA

Un importante sector de la doctrina mantiene que la regulación vigente de los delitos de terrorismo en el Código Penal español suscita serias dificultades de compatibilidad con los principios limitadores del *ius puniendi* del Estado y la garantía más escrupulosa de los derechos fundamentales recogidos en nuestra Carta Magna. De acuerdo con este punto de vista, numerosos autores sugieren propuestas alternativas para adaptar la legislación penal en materia antiterrorista y hacerlo conforme a un Derecho penal garantista.

La posición mayoritaria propone la eliminación de algunos tipos penales y la modificación de otros, bajo un punto de vista especialmente crítico que reacciona frente a la política punitivista seguida en este ámbito, aunque solo algunos autores abogan por la eliminación de la tipificación específica de los delitos de terrorismo[1].

Esta tendencia se reproduce en el análisis de los delitos de enaltecimiento, justificación y humillación a las víctimas del terrorismo, en el que además ocupa un lugar relevante la concreta discusión en torno al conflicto que subyace en el castigo de estas conductas: entre la libertad de expresión y la protección de bienes jurídicos difusos, como la seguridad, la dignidad de las víctimas o determinados sentimientos colectivos o individuales. En este marco, como se expone más abajo, han recibido especial interés de la doctrina y la opinión pública los cambios producidos en el tratamiento jurisprudencial (especialmente tras diversas

---

1 Aunque hay autores que optan por la consideración de los delitos de terrorismo como delitos comunes y que denuncian la falta de definición del terrorismo, así como la inclusión de elementos distorsionadores en la comprensión de los hechos llamados terroristas. Entre otros, PAREDES CASTAÑÓN, J.M., «Una modesta proposición para derogar los delitos de terrorismo (o casi)», en PORTILLA CONTRERAS, G., y PÉREZ CEPEDA, A.I. (Dirs.), *Terrorismo y contraterrorismo en el siglo XXI. Un análisis penal y político criminal*, Ratio Legis, Salamanca, 2016, pp. 61-86, quien sostiene, como primera opción, la derogación de la tipificación específica de los delitos de terrorismo; GUZMÁN DÁLBORA, J.L. «El terrorismo como delito común», en AMBOS, K. (Ed.), *Terrorismo y Derecho penal*, Grupo Latinoamericano de Estudios sobre Derecho Penal Internacional, 2015, pp. 401-438; VILLEGAS, M. (2016). «Contribuciones para un concepto de terrorismo en el derecho penal chileno», en Política Criminal, Vol. 11, núm. 21 pp. 140-172; GOODE, E., y BEN-YEHUDA, N. (2009). *Moral panics. The social construction of deviance*, 2.ª ed., Wiley-Blackwell, Chichester, pp. 57 y ss.; SHAFIR, G., y SCHAIRER, C., «The war on terror as a political moral panic», en SHAFIR, G., y MEADE, E., y ACEVES. W. (Eds.), *Lessons and legacies of the war on terror: from moral panic to permanent war*, Taylor & Francis Ltd, London, 201, pp. 12-15; FLETCHER, G., «The indefinable concept of terrorism», en *Journal of International Criminal Justice*, Vol. 4, 2006, pp. 894 y ss.

decisiones TEDH) de los casos de enaltecimiento del terrorismo de ETA o los GRAPO llevados a cabo cuando estos grupos han abandonado su actividad terrorista. En estos casos es clara la posición mayoritaria de la doctrina que aboga por la impunidad a favor de la libertad de expresión que reclama la eliminación de estos tipos penales, su reforma o al menos, entretanto, una interpretación restringida del tipo. La jurisprudencia más reciente, por su parte, también ha limitado la aplicación de los delitos de enaltecimiento y apología invocando la salvaguarda del derecho a la libertad de expresión[2].

Sin embargo, esta discusión ha adquirido nuevos y significativos matices al cobrar la actividad propagandística una importancia creciente en la estrategia del nuevo terrorismo de corte yihadista, que persigue una expansión global no seguida por otros movimientos anteriores y que ha cifrado en la captación de sujetos en cualquier lugar del mundo una de sus principales herramientas.

Es cierto que el uso de la propaganda por los grupos terroristas no es nuevo. Como señala Walker, «el terrorismo es intrínsecamente un proceso comunicativo que conlleva una combinación de "violencia y propaganda"»[3]. Pero también lo es que, en este ámbito específico, la utilización de recursos propagandísticos a través de las TIC ofrece una virtualidad instrumental novedosa que ha sido aprovechada de manera intensa

---

2 Esto quizás responde a la creciente pacificación del conflicto en el País Vasco. Tales conductas que en otros momentos se entendían como una provocación que determinaba alarma y repulsa social, actualmente parecen haber tomado otro significado más personal e íntimo por parte de sus autores y con menos carga de provocación.

3 WALKER, C., «La respuesta a los mensajeros y a los mensajes, del terrorismo», en MIRÓ LLINARES, F. (Dir.), *Cometer delitos en 140 caracteres. El Derecho Penal ante el odio y la radicalización en Internet*, Marcial Pons, Madrid, 2017, p. 207.

por el terrorismo yihadista[4], especialmente en las dos primeras décadas del siglo XXI. En opinión de Cano Paños, Internet y las nuevas tecnologías de la información y la comunicación representan un «elemento ambiental» que ha transformado las actividades terroristas dotándolas de una nueva y mejorada efectividad, desde la propaganda, la incitación a la violencia, la financiación, la obtención de información, el reclutamiento y la construcción de una red de «partidarios» a nivel mundial[5].

En este contexto, el acceso a contenidos propagandísticos y su difusión han mostrado su eficacia en la captación de potenciales terroristas, actividades realizadas por un «nuevo terrorista virtual» que no pasa a la acción, es decir, que no se integra formalmente en una organización o grupo, ni tampoco toma parte en delitos concretos[6]. Según Torres Soriano, el acceso a la propaganda yihadista a través de la red y su posterior difusión constituyen un «activismo de sustitución» que permite a muchos sujetos construir su identidad como musulmanes comprometidos con la extrema visión del yihadismo, cuando no se han decidido por una actividad directa[7].

---

4 Para ampliar información sobre discursos extremos y el uso de las nuevas tecnologías de la información y comunicación, GARCÍA ARROYO, C., «La peligrosa criminalización de los discursos extremos a través de las TIC», *Revista Penal México,* núm. 21, 2022, pp. 109-120.

5 CANO PAÑOS, M.A., «Odio e incitación a la violencia en el contexto del terrorismo islamista. Internet como elemento ambiental», *InDret, Revista para el análisis del Derecho,* 2016, pp. 4-20 *Vid.,* la relación de elementos de propaganda virtual utilizada por el terrorismo yihadista analizados por este autor, en revistas (como la revista *Inspire*), foros, redes sociales, YouTube, con profusión en la producción de vídeos y también a través de la música (*nasheeds,* música vocal a capela, con letras propagandísticas).

6 PASTRANA SÁNCHEZ, M.A., *La nueva configuración…,* op. cit., pp. 47-49.

7 TORRES SORIANO, M.R., «Lecciones aprendidas de la lucha contra el yihadismo en Internet», *Instituto Español de Estudios Estratégicos, Documento de opinión,* núm. 4, 2017, pp. 4-5.

Por otra parte, en la determinación de dicho terrorista virtual o «urbano», como apunta críticamente Ropero Carrasco, se ha adoptado el proceso de radicalización supuestamente observado a partir de indicios (precisamente entre ellos, las expresiones de opinión y el enaltecimiento del terrorismo, así como el cambio en la imagen personal, o en las relaciones y hábitos, entre otros)[8] que fundamentarían la responsabilidad penal, aunque no necesariamente por enaltecimiento del terrorismo, ya que la difusión de mensajes y contenidos de propaganda se ha castigado más bien como delito de colaboración, del art. 577 CP, con una pena muy superior[9].

En estos casos el cuestionamiento de la doctrina no es tan evidente y la jurisprudencia resulta especialmente dura, por cuanto la difusión de mensajes de enaltecimiento y propaganda pasan a ser calificados como delito de autoadoctrinamiento (art. 575

---

8 ROPERO CARRASCO, J., *Las limitaciones del Derecho Penal...*, op. cit., pp. 202-203.

9 En contra de la punción del «discurso» y la peligrosidad del autor. Entre otros, CAMPO MORENO, J.C., *Comentarios a la reforma del Código Penal...*, op. cit., pp. 62-63; GARCÍA RIVAS, N., «Legislación penal española y delito de terrorismo», en PORTILLA CONTRERAS, G., PÉREZ CEPEDA, A.I. (Dirs.), Terrorismo y contraterrorismo en el siglo XXI. Un análisis político criminal, Ratio Legis, Salamanca, 2016, pp. 87-102, pp. 98-99; PAREDES CASTAÑÓN, J.M., «Una modesta proposición...», op. cit., pp. 82 y ss.; PÉREZ CEPEDA, A.I., «La criminalización del radicalismo y extremismo...», op. cit., pp. 22 y ss.; GORJÓN BARRANCO, M.C., «El cibercrimen político. Especial referencia al ciberterrorismo en España: prevención y castigo», en PÉREZ CEPEDA, A.I. (Dir.), *El terrorismo en la actualidad: un nuevo enfoque político criminal*, Tirant lo Blanch, Valencia, 2018, pp. 397 y ss.; NÚÑEZ CASTAÑO, E., «Algunas consideraciones sobre la trasposición al Derecho penal español de la Directiva 2017/541 del Parlamento europeo y del Consejo, en materia de terrorismo: ¿una tarea necesaria?», en GONZÁLEZ CANO, M.I. (Coord.), *Integración europea y justicia penal*, Tirant lo Blanch, Valencia 2018, pp. 229-277.

CP con penas de prisión de dos a cinco años), en el mejor de los casos, o de colaboración (art. 577 CP, con penas de prisión de cinco a diez años), superando claramente la que correspondería aplicar por enaltecimiento[10]. Podría interpretarse que esta diferencia tan importante en las tendencias de tratamiento de uno y otro grupo de casos se basa en la diversa distancia temporal entre las conductas de enaltecimiento y el período de actividad de los grupos. Sin embargo, esta conclusión no es tan fácil, ya que en las decisiones en los casos de enaltecimiento del terrorismo yihadista los tribunales basan la responsabilidad del sujeto en la existencia de un proceso de radicalización evidenciado precisamente por la actividad apologeta[11]. Es decir, el comportamiento de enaltecimiento pasa a representar un indicio de radicalización, y de ello a fundar la responsabilidad del sujeto, sin que en estos casos se plantee con entidad suficiente el posible conflicto con la libertad de expresión, lo que ni siquiera por la vigente actividad del terrorismo yihadista, puede ser explicado de manera suficiente.

---

10 Así, la STS 65/2019, de 7 de febrero condena por colaboración del art. 577.2 CP a un sujeto que accede a contenidos propagandísticos del ISIS y los difunde sin incluir ningún otro mensaje personal de captación. En este caso, el sujeto estaba siendo investigado por un Agente Encubierto Informático, quien le interrogó sobre si interés en viajar a Siria para integrarse en el ISIS, a lo cual dicho sujeto contestado de manera negativa, al considerar que no estaba «en condiciones de hacerlo».

11 Esto es lo que sucede en la sentencia más arriba citada (STS 65/2019, de 7 de febrero), en la que el Tribunal considera probado un proceso de radicalización en tres pasos: consumo de propaganda, difusión y aseguramiento de que otros la reciben y la difunden, de modo que “mientras que unos se dedican al terrorismo físico activista, nos encontramos con otra rama del terrorismo con una metodología clara de actos colaborativos destinados a aumentar el número de terroristas de ejecución que son captados por el terrorista urbano, o al que también podríamos llamar terrorista individual informático o tecnológico, el cual lleva a cabo una actividad no menos importante y ejecutiva que el terrorista de campo combatiente directo”.

En este sentido, continúa Ropero Carrasco, en el ámbito de esta clase de terrorismo, la prueba sobre la radicalización desplaza cualquier otra valoración, a pesar de ser un concepto de compleja definición[12]. Resulta especialmente relevante al respecto el análisis crítico de Fernández Abad, quien subraya que, a pesar de que los discursos sobre la radicalización siguen presentándose como inapelables, cada vez más autores advierten de la ambigüedad de este concepto, así como de las indeseables consecuencias de confusión entre el activismo político y el terrorismo[13]. Habría que recordar que la radicalización no implica, en la gran mayoría de los casos, el paso a la acción, es decir, no todos los radicales se convierten en terroristas porque no recorren todas sus fases[14].

En conclusión, un análisis crítico de estos delitos de expresión debería tener en cuenta, además de una razonable reflexión sobre su oportunidad y el alcance de su interpretación por cuanto representan una limitación de libertades, otra que ponga en tela de juicio un posible doble rasero según el «perfil» del supuesto apologeta[15]. Veamos a continuación los principales problemas de interpretación de los tipos analizados.

---

12 ROPERO CARRASCO, J., *Las limitaciones del Derecho Penal*, op. cit., pp. 202 y ss.

13 FERNÁNDEZ ABAD, C., y ROPERO CARRASCO, J., *La radicalización yihadista en prisión…*, op. cit., pp. 13-38.

14 De esta opinión, también Pérez Cepeda. *Vid.* PÉREZ CEPEDA, A.I., «La criminalización del radicalismo…», op. cit., p. 21.

15 LEÓN ALAPONT, J., «El enaltecimiento del terrorismo y la humillación de sus víctimas: límites y fundamentos de su punición en un Estado democrático de Derecho», *Revista Electrónica de Ciencia Penal y Criminología*, 2022, pp. 1-46, pp. 3-4.

II. DELITO DE ENALTECIMIENTO Y JUSTIFICACIÓN DEL TERRORISMO

1. Evolución de la regulación penal

Como ponen de relieve algunos autores[16], el Código Penal de 1995 pretendió dar respuesta a las críticas dirigidas contra el anterior art. 268 del Código Penal de 1973 que tipificaba la apología más bien como un delito político, castigando con prisión menor «la apología pública, oral o escrita o por medio de la imprenta u otro procedimiento de difusión de los delitos *(sic)* comprendidos en este título» (delitos contra la seguridad interior del Estado), lo que chocaba frontalmente con las nuevas libertades constitucionales.

De este modo, tras la entrada en vigor del Código Penal de 1995, el debate se pacifica, con la eliminación de la apología como delito autónomo y la regulación de esta figura como una forma de provocación que exige la incitación directa a la comisión de un delito[17]. La apología pasa a entenderse como exposición ante una concurrencia de personas o por cualquier medio de difusión, «de ideas o doctrinas que ensalcen el crimen o enaltezcan a su autor [...] como forma de provocación, y si por su naturaleza y circunstancias constituye una incitación directa a cometer un delito»[18].

---

16 *Vid.* TAPIA BALLESTEROS, P., «Transposición de la Directiva 2017/541, de 15 de marzo, relativa a la lucha contra el terrorismo, al ordenamiento español: el delito de enaltecimiento del terrorismo», *Revista de Estudios Europeos*, núm. 1, 2019, pp. 311-315; LEÓN ALAPONT, J., «El enaltecimiento del terrorismo y la humillación...», op. cit.

17 La opción por la regulación restrictiva es señalada por PÉREZ CEPEDA, A, *El pacto antiyihadista...*, op. cit., pp. 367-368

18 El segundo párrafo del art. 18.1 del Código Penal de 1995: «Es apología, a los efectos de este Código, la exposición, ante una concurrencia de personas o por cualquier medio de difusión, de ideas o doctrinas que ensalcen el crimen o enaltezcan a su autor. La apología sólo será delictiva como forma de provocación y si por su naturaleza y circunstancias constituye una incitación directa a cometer un delito».

Sin embargo, dos asesinatos terroristas de gran impacto público, el de Fernando Múgica Herzog en 1996 (dirigente del PSE y ex presidente provincial de dicho partido en el País Vasco) y el de Francisco Tomás y Valiente en 1997 (profesor universitario y personalidad de gran relieve en la cultura y política democrática, ex presidente del Tribunal Constitucional), y las declaraciones posteriores, con difusión pública, de la Mesa Nacional de Herri Batasuna, supusieron un intenso reavivamiento en torno a la concreta forma de punición de la apología. Tras el asesinato de Fernando Múgica Herzog, la «Oficina de prensa de Herri Batasuna», difundió una nota que afirmaba que «la acción armada contra Fernando Múgica Herzog debe analizarse en el contexto de agudización de la dominación y represión española contra Euskal Herria» y que «de confirmarse la autoría atribuida a ETA, nos hallaríamos ante una nueva acción de contestación a la estrategia española de liquidación del pueblo vasco, dirigida contra una persona directamente relacionada con la trastienda del aparato de Estado español». En el caso de Tomás y Valiente, la Mesa de Herri Batasuna difundió una nueva «Nota de prensa de Herri Batasuna», con el siguiente texto:

> «Tenemos que volver a señalar, ante la acción armada contra Tomás y Valiente, que quienes se niegan a buscar soluciones son los únicos responsables de que siga la espiral de acciones violentas por ambas partes [...] estos hechos son consecuencia directa de la intransigencia y cerrazón tanto del Gobierno como de las fuerzas políticas comprometidas con la estrategia de liquidación de Euskal Herria como nación. Sin duda, si el Gobierno no siguiera apostando una y otra vez por la acción represiva jamás se habría producido la acción armada de hoy»[19].

---

19 Sobre estos casos, ROPERO CARRASCO, J., *Las limitaciones del Derecho Penal,* op. cit., pp. 209-211. En el caso de la condena a Herri Batasuna por el discurso tras la muerte de Tomás y Valiente, *Vid.,* la STC 136/1999, de 20 de julio. Autores como Álvarez García, Cuerda Riezu o Navarro Frías amplían sobre esta cuestión. ÁLVAREZ GARCÍA, J.J., «Principio de proporcionalidad...», op. cit., p. 2057; CUERDA

En definitiva, se justificaban los crímenes y se responsabilizaba al Estado español, sin traspasar la delicada línea de la incitación a la comisión de acciones futuras. La repulsa social que generaron estos asesinatos y su justificación dieron como resultado la reforma del Código Penal operada por la Ley Orgánica 7/2000, de 22 de diciembre[20], que vuelve a introducir la apología como un delito autónomo en el art. 578 CP, en el que no se exige que las conductas que describe -enaltecimiento, justificación y humillación a las víctimas- impliquen una incitación a la comisión de futuros delitos, con una definición de las conductas típicas tan vaga que permitiría, en principio, incluir las supuestas declaraciones apologetas realizadas en el entorno de ETA, así como otros actos que generaban (y hasta cierto punto siguen generando) un rechazo social por la carga de humillación a las víctimas y su contribución a un clima de enfrentamiento, como los homenajes a miembros de la organización terrorista ETA. De este modo, tras la reforma de 2000 el art. 578 CP pasa a disponer:

> «El enaltecimiento o la justificación por cualquier medio de expresión pública o difusión de los delitos comprendidos en los artículos 571 a 577 de este Código o de quienes hayan participado en su ejecución, o la realización de actos que entrañen descrédito, menosprecio o humillación de las víctimas de los delitos terroristas o de sus familiares se castigará con la pena de prisión de uno a dos años. El Juez también podrá acordar en la sentencia, durante el período de tiempo que el mismo señale, alguna o algunas de las prohibiciones previstas en el artículo 57 de este Código».

RIEZU, A., «Proporcionalidad, efecto desaliento...», op. cit., p. 351; NAVARRO FRÍAS, I., «Principio de legalidad y el llamado delito de colaboración...», op. cit., pp. 99-137.

20 Con atino señala León Alapont que «resulta llamativo que esta Ley Orgánica destinada a la responsabilidad de los menores [...] sin embargo, introdujese una sustancia modificación del contenido del art. 578 CP». LEÓN ALAPONT, J., *Los delitos de enaltecimiento del terrorismo y de humillación de las víctimas*, Tirant lo Blanch, Valencia, 2022, p. 17.

La pretensión del legislador de ensanchar notablemente el alcance del tipo se aprecia claramente en la Exposición de Motivos de la citada Ley al señalar que «las acciones que aquí se penalizan, con independencia de lo dispuesto en el artículo 18 del propio Código, constituyen no sólo un refuerzo y apoyo a actuaciones criminales muy graves y a la sostenibilidad y perdurabilidad de las mismas, sino también otra manifestación muy notoria de cómo por vías diversas generará el terror colectivo para hacer avanzar los fines terroristas»[21].

El endurecimiento de la política criminal de seguridad frente al terrorismo al que venimos refiriéndonos en este trabajo, se aprecia también en este delito, que es reformado nuevamente por la Ley Orgánica 2/2015, de 30 de marzo, que endurece las penas e incluye tipos agravados, así como la destrucción, borrado o retirada de los contenidos apologéticos y sus soportes. Al delito introducido por la Ley Orgánica 7/2000, de 22 de diciembre, que pasa a ocupar un tipo básico, se añaden las siguientes previsiones en 2015:

> «[...] 2. Las penas previstas en el apartado anterior se impondrán en su mitad superior cuando los hechos se hubieran llevado a cabo mediante la difusión de servicios o contenidos accesibles al público a través de medios de comunicación, Internet, o por medio de servicios de comunicaciones electrónicas o mediante el uso de tecnologías de la información.
> 3. Cuando los hechos, a la vista de sus circunstancias, resulten idóneos para alterar gravemente la paz pública o crear un grave sentimiento de inseguridad o temor a la sociedad o parte de ella se impondrá la pena en su mitad superior, que podrá elevarse hasta la superior en grado.
> 4. El juez o tribunal acordará la destrucción, borrado o inutilización de los libros, archivos, documentos, artículos o cualquier otro soporte por medio del que se hubiera cometido el delito. Cuando el delito se hubiera cometido a través de tecnologías de la información y la comunicación se acordará la retirada de los contenidos.

---

21 Sobre esta evolución legislativa, LEÓN ALAPONT, J., «El enaltecimiento del terrorismo y la humillación...», op. cit., pp. 2-5.

> Si los hechos se hubieran cometido a través de servicios o contenidos accesibles a través de Internet o de servicios de comunicaciones electrónicas, el juez o tribunal podrá ordenar la retirada de los contenidos o servicios ilícitos. Subsidiariamente, podrá ordenar a los prestadores de servicios de alojamiento que retiren los contenidos ilícitos, a los motores de búsqueda que supriman los enlaces que apunten a ellos y a los proveedores de servicios de comunicaciones electrónicas que impidan el acceso a los contenidos o servicios ilícitos siempre que concurra alguno de los siguientes supuestos:
> a) Cuando la medida resulte proporcionada a la gravedad de los hechos y a la relevancia de la información y necesaria para evitar su difusión.
> b) Cuando se difundan exclusiva o preponderantemente los contenidos a los que se refieren los apartados anteriores.
> 5. Las medidas previstas en el apartado anterior podrán también ser acordadas por el juez instructor con carácter cautelar durante la instrucción de la causa».

Además, la reforma de 2015 atribuye un nuevo contenido al art. 579 CP, que ya había sido modificado también en el año 2010 e introduce un nuevo precepto penal a través del art. 579 bis CP, sobre penas, libertad vigilada y/o atenuantes. Y, por último, la Ley Orgánica 1/2019, de 20 de febrero, amplía la posibilidad de imponer responsabilidad penal a las personas jurídicas por delitos como el enaltecimiento del terrorismo, justificación y humillación de las víctimas al añadir el artículo 580 bis CP haciendo referencia a todos los delitos recogidos, entre los que también se encuentra el que aquí está siendo analizado.

2. Regulación penal actual

Estas decisiones legislativas suscitan, entre otras cuestiones, la de cómo definir un marco de aplicación nítido para cada uno de los tipos y subtipos recogidos en el art. 578 CP. Por otra parte, parece impedir una interpretación restrictiva del art. 578 CP que exija que el enaltecimiento contenga algún elemento de conexión concreto o abstracto, de idoneidad o peligro, para bienes jurídicos colectivos o individuales, o que represente una incitación directa o indirecta, pues el tenor literal del art. 579 CP parece abarcar todas estas posibles conductas, como ya se analiza más adelante. Es preciso tener en cuenta, por otra parte, que, tras esta modificación, el art. 577.2 CP castiga a «quienes lleven a cabo cualquier actividad de captación, adoctrinamiento o adiestramiento, que está dirigida o que, por su contenido, resulte idónea para incitar a incorporarse a una organización o grupo terrorista, o para cometer cualquiera de los delitos comprendidos en este Capítulo», lo que hace necesario tener en cuenta también este precepto en la delimitación[22]. O por qué no hablar también del art. 170.2 CP sobre el delito de amenazas que serán castigadas cuando «reclamen públicamente la comisión de acciones violentas por parte de organizaciones o grupos terroristas».

En la línea punitivista, la reforma de 2015 eleva la penalidad de las conductas previstas en el art. 578 CP, pasando de una pena de prisión de uno a dos años a la pena de prisión de uno a tres años -con consecuencias para la suspensión ya-, a la que se añade la novedosa pena de multa de doce a dieciocho meses, e incorpora, como hemos visto, cuatro nuevos apartados a este precepto, que suscitan los siguientes problemas de interpretación. Aunque la penalidad no parezca desproporcionada[23],

---

22 Sobre esta cuestión, GALÁN MUÑOZ, A., «El delito de enaltecimiento terrorista. ¿Instrumento de lucha contra el peligroso discurso del odio terrorista o mecanismo represor de repudiables mensajes de raperos, twitteros y titiriteros?», *Estudios Penales y Criminológicos*, núm. 38, 2018, pp. 245-304, pp. 298-299.

23 Más preocupante parece que los menores de edad, entre catorce y dieciocho puedan llegar a imponérsele una medida de internamiento en régimen cerrado entre un año, como mínimo, y hasta los cinco u ocho años, según la edad, según recoge el art. 10.2 de la LO 5/2000, de 12 de enero, ya que entre los delitos de terrorismo recoge del art. 571 al 580 CP. Sobre esta cuestión, Boldova Pasamar señala que aquí «la ley no diferencia entre el atentado terrorista que causa la muerte de personas y el enaltecimiento del terrorismo». BOLDOVA PASAMAR, M.A., «Consecuencias sancionadoras de la radicalización terrorista de

algún autor señala que sería conveniente, castigarlo con una pena de multa únicamente o, como mucho, eligiendo de manera alternativa entre pena de prisión o pena de multa, y no las dos, según la gravedad de los hechos realizados[24]. Otros, sin embargo, sostienen que, aunque ambas modalidades obedecen a un mismo fundamento, la creación de un riesgo para la comisión de delitos, la pena de prisión podría destinarse a conductas relacionadas con el enaltecimiento, dejando la pena de multa para los comportamientos de humillación y desprecio. Sobre cada uno de los cuatro subapartados, se menciona lo siguiente.

En primer lugar, resaltar que el enaltecimiento o justificación se pueden dar tanto en las conductas definidas como delitos de terrorismo en los arts. 572-577 CP como en cualquiera de las personas que hayan participado en la ejecución de ellos. La conducta típica, por tanto, consiste en enaltecer, ensalzar, alabar, dignificar o apreciar la actividad terrorista llevada a cabo por sus autores, o incluso los mismos autores, así como su justificación. Y tanto el uno -ensalzamiento- como el otro -justificación- exigen algo más. En este sentido, Cuerda Arnau advierte que «lo que está claro es que no basta con el simple apoyo al programa político de la organización terrorista, porque lo que se sanciona no son los fines sino los delitos que comete el terrorista o el elogio a los autores»[25].

---

los menores de edad y su adecuación al perfil de jóvenes infractores», en ALONSO RIMO, A., CUERDA ARNAU, M.L., y FERNÁNDEZ HERNÁNDEZ, A. (Dirs.), *Terrorismo, sistema penal y derechos fundamentales,* Tirant lo Blanch, Valencia, 2018, pp. 677-711, pp. 689-690.

24 MENÉNDEZ CONCA, L.G., «El delito de enaltecimiento del terrorismo: su legitimación constitucional como una manifestación del «"discurso de odio"», en COMBALÍA SOLÍS, Z., DIAGO DIAGO, M.P., y GONZÁLEZ-VARAS IBÁÑEZ, A. (Coords.), *Libertad de expresión y discurso de odio por motivos religiosos,* Licregdi, Zaragoza, 2019, pp. 173-193, p. 192.

25 CUERDA ARNAU, M.L., «El nuevo delito político: apología, enaltecimiento y opinión», *Estudios de Derecho Judicial,* núm. 128, 2007, pp. 89-122, p. 109. También RAMOS VÁZQUEZ, J.A., «Presente y futuro

Además, cuando el tipo recoge «quienes hayan participado en su ejecución», no hace referencia únicamente a partícipes pues dejaría fuera a sus autores *stricto sensu,* de igual forma que permite incluir tanto actos consumados como en tentativa, o incluso sujetos individuales concretos o en conjunto, es decir como grupo u organización terrorista. A este respecto, la jurisprudencia se ha posicionado advirtiendo que «interesa decir aquí que no es necesario identificar a una o varias de tales personas. Puede cometerse también ensalzando a un colectivo de autores o copartícipes en esta clase de actos delictivos»[26].

Otro aspecto importante es el carácter público que exige el tipo básico al recoger de forma expresa «enaltecimiento o la justificación públicos». Como novedad tras la reforma de 2015, ya no se requiere que el enaltecimiento o justificación se realicen por cualquier medio de difusión porque para esto deja previsto el nuevo apartado segundo, que luego analizaremos, bastando así únicamente que sean públicos y se dirija a una concurrencia de personas. Ahora bien, ¿cuántas deben ser? León Alapont señala que este aspecto es importante porque determina, por un lado, la aptitud de la propia conducta, y por otro, la idoneidad. Y añade incluso que con esto se realiza una medición del alcance que tiene el propio mensaje para calificarle de público, y, por tanto, de enaltecedor o justificador[27]. Sobre esta cuestión,

---

del delito de enaltecimiento y justificación del terrorismo», *Anuario da Facultade de Dereito da Universidade da Coruña,* núm. 12, 2008 pp. 771-793.

26 Entre otras: la STS 224/2010, de 3 de marzo; la STS 539/2008, de 23 de septiembre; la STS 618/2007, de 26 de junio y la STS 149/2007, de 26 de febrero.

27 LEÓN ALAPONT, J., *Los delitos de enaltecimiento…,* op. cit., p. 25. Señala, además, el ejemplo de que un joven que vive solo en un piso y que ante la noticia de que acaban de arrestar a un miembro de un grupo terrorista empieza a gritar enloquecido consignas en favor de tales actos llevados a cabo. Está solo en su apartamento, pero ¿y si los vecinos están escuchando todo? En su opinión, la concurrencia no

Cuerda Arnau afirma que «da entrada a los casos en que se hace ante una concurrencia de personas», produciendo así un adelantamiento de las barreras de protección penal.

En segundo lugar, el art. 578.2 CP añade una modalidad agravada que prevé la imposición de la pena en su mitad superior cuando las conductas de enaltecimiento, justificación y humillación «se hubieran llevado a cabo mediante la difusión de servicios o contenidos accesibles al público a través de medios de comunicación, Internet, o por medio de servicios de comunicaciones electrónicas o mediante el uso de tecnologías de la información». Como advierte, entre otros, Corrocher Mira, la introducción de esta modalidad agravada convierte en prácticamente inaplicable el tipo básico ya que son habitualmente los medios utilizados para la comisión de estos delitos y, además, esta conducta resultaba ya perseguida en el tipo básico del antiguo art. 578 CP[28].

Además, es llamativo que se utilice la expresión «accesibles al público» puesto que así se incluyen todas las conductas, aunque sean de difícil acceso (*dark net*, plataforma o red social cerrada, etc.). León Alapont deja ver que el legislador debía haber concretado «de acceso público» en lugar de «accesibles al público» y detallar las condiciones en las que se produce el acceso[29]. También de forma crítica, Cano Paños argumenta que «el legislador del año 2015 distingue a efectos penológicos entre un tipo de exaltación del terrorismo en ámbitos privados, y aquél otro que

---

implica que se las haya convocado previamente, basta con que estén y puedan recibir el mensaje.

28 CORROCHER MIRA, J., «Límites penales a la libertad de expresión: sobre el enaltecimiento del terrorismo en redes sociales», *Cuadernos Electrónicos de Filosofía del Derecho*, núm. 39, 2019, pp. 322-339, p. 329. También en esta línea, ECHEVARRÍA JESÚS, C., «El aprovechamiento de las tecnologías por los grupos terroristas de perfil islamista: evolución y lecciones aprendidas», *Instituto Español de Estudios Estratégicos*, núm. 61, 2018, pp. 1-11.

29 LEÓN ALAPONT, J., *Los delitos de enaltecimiento…*, op. cit., pp. 25-26.

se lleva a cabo por medios de expresión pública, lo cual, a nadie escapa, es realmente incongruente, ya que es difícil pensar en la punición a través del art. 578.1 CP de aquellas conductas de exaltación del terrorismo que se hacen, por ejemplo, en una reunión familiar»[30]. Bernal del Castillo sostiene que la publicidad es un elemento del propio tipo penal y, por tanto, las redes sociales deben ser una forma de conseguirla por lo que «resulta discutible la necesidad de añadir un tipo que agrave automáticamente el contenido de injusto en estos supuestos»[31]. O al menos, como señala Tapia Ballesteros, tener en cuenta cada caso de forma concreta y analizar si el uso de las tecnologías puede ser esencial o no en la publicidad del mensaje[32]. En conclusión, coincido con Menéndez Conca cuando afirma que un apartado como este, debiendo formar parte de un subtipo agravado, acaba convirtiéndose en la práctica en el tipo genérico del delito, «ya que la inmensa mayoría de los casos de enaltecimiento del terrorismo o de humillación de sus víctimas que llegan a nuestros tribunales son detectados a través de Internet, y en concreto, de las redes sociales»[33]. Salvo que se realice una interpretación restrictiva del apartado y se analice cada caso concreto para comprobar si los canales utilizados para enaltecer o humillar han supuesto una mayor o no publicidad. En esta línea León Alapont pone algunos ejemplos muy ilustrativos[34].

---

30 CANO PAÑOS, M.A., «La reforma de los delitos…», op. cit., p. 941.

31 BERNAL DEL CASTILLO, J., «El enaltecimiento del terrorismo y la humillación a sus víctimas como formas del "discurso del odio"», *Revista de Derecho Penal y Criminología,* núm. 16, 2016, pp. 13-44, p. 27.

32 TAPIA BALLESTEROS, P., «Transposición de la Directiva…», op. cit., p. 318.

33 MENÉNDEZ CONCA, L.G., «El delito de enaltecimiento…», op. cit., pp. 190-191.

34 «No puede ser lo mismo publicar un menaje en una cuenta de Twitter que tenga diez seguidores que en otra con mil […] publicar una columna en un periódico que apenas tiene una tirada de 100 ejem-

El apartado tercero contiene otra modalidad agravada para los hechos que «a la vista de sus circunstancias, resulten idóneos para alterar gravemente la paz pública o crear un grave sentimiento de inseguridad o temor a la sociedad o parte de ella», estableciéndose la pena en mitad superior con la posibilidad de aplicar la pena superior en grado, respecto a unas conductas que, con una deficiente técnica legislativa, se describen a través de conceptos jurídicos indeterminados y ambiguos que comprometen las exigencia del principio de legalidad[35]. Se ha señalado que este apartado tercero se conforma como un delito de peligro abstracto[36], mientras que el tipo básico del primer apartado -junto a la agravación contenida en el segundo número–serían delitos de peligro hipotético[37].

---

plares [...] lanzar un mensaje enaltecedor o humillantes durante una entrevista en una televisión pública (nacional), pero en un programa emitido a las cinco de la mañana (con una nula o escasa audiencia)». LEÓN ALAPONT, J., *Los delitos de enaltecimiento...*, op. cit., pp. 98-99.

35 En esta línea, SERRA CRISTOBAL, R., *La seguridad como amenaza. Los desafíos de la lucha contra el terrorismo para el Estado democrático,* Tirant lo Blanch, Valencia, 2020, p. 157. CANO PAÑOS, M.A., «La reforma de los delitos...», op. cit., p. 942.

36 A este respecto, mantiene Navarro Frías: «Es preciso antes de adelantar cualquier conclusión, realizar algunas precisiones sobre los delitos de peligro abstracto. En primer lugar, en este tipo de delitos el peligro no es un elemento del tipo sino únicamente la *ratio legis,* el motivo que indujo al legislador a crear la figura delictiva. Por tanto, lo que se tipifica es una clase de acciones generalmente peligrosas, de modo que su realización da lugar a una presunción iuris et de iure de peligro. Al no incluirse en el tipo un resultado de peligro, los delitos de peligro abstracto plantean problemas en cuanto a su contenido de injusto material». NAVARRO FRÍAS, I., «Principio de legalidad y el llamado delito de colaboración...», op. cit., pp. 99-137, pp. 116-117.

37 ALONSO RIMO, A., «Apología, enaltecimiento del terrorismo y principios penales», *Revista de Derecho penal y Criminología,* núm. 4, 2010, pp. 45 y ss. También de esta opinión: TERUEL LOZANO, G.M., «Internet, incitación al terrorismo y libertad de expresión en el marco europeo»,

La relación entre estas conductas resulta problemática. La previsión expresa de una agravación en el tercer número cuando los «hechos resulten idóneos para alterar gravemente la paz pública o crear un grave sentimiento de inseguridad o temor a la sociedad» abona la tesis según la cual el primer número representa una especie de tipo residual, como sugiere Tapia Ballesteros en la que los hechos se realizan «a viva voz o ante una multitud», puesto que el uso de otros medios de comunicación o tecnologías conduciría a la aplicación del tipo agravado del art. 578.2 CP[38]. En segundo lugar, el requisito de creación de un riesgo efectivo en el apartado tercero del art. 578 CP, por cuanto los hechos han de resultar idóneos para alterar gravemente la paz pública o crear un grave sentimiento de inseguridad o temor a la sociedad, sin duda dificulta la interpretación restrictiva de los primeros números del precepto, ya que parece realmente difícil sostener que estos requieran una relación de idoneidad o peligro, cuando en ellos no se produce la mención expresa que sí aparece en el art. 578.3 CP[39]. En tercer lugar, porque con la agravación en su mitad superior -al menos-, se alcanza una duración mínima de dos años y un día que prohíbe conceder la suspensión de la ejecución de la pena de prisión de acuerdo con el art. 80 CP.

InDret, Revista para el análisis del Derecho, núm. 3, 2018, pp. 1-35, pp. 12-13; PORTILLA CONTRERAS, G., «Deconstrucción del discurso policial y judicial basado en la existencia de un terrorismo anarquista», en PÉREZ CEPEDA, A.I. (Dir.), *El terrorismo en la actualidad...*, op. cit., p. 356.

38 TAPIA BALLESTEROS, P., «Transposición de la Directiva...», op. cit., pp. 318-319. CARBONELL MATEU, J.C., «Crítica a los sentimientos como bien jurídico-penal: El enaltecimiento del terrorismo y la humillación a las víctimas "más allá de la provocación y la injuria», en ALONSO RIMO, A., CUERDA ARNAU, M.L., FERNÁNDEZ HERNÁNDEZ, A. (Dirs.), Terrorismo, sistema penal y derechos fundamentales, Tirant lo Blanch, Valencia, 2018, pp. 331-358, p. 348.

39 Así lo entiende TAPIA BALLESTEROS, P., «Transposición de la Directiva...», op. cit., p. 319.

El cuarto apartado, recoge la destrucción, borrado o inutilización de los libros, archivos, documentos o cualquier otro soporte por el cual se hubiera cometido el delito incluso siendo a través de tecnología de la información y comunicación (retirando los contenidos). Aunque en él no se observa penalidad al respecto, se prescribe a los jueces y tribunales que puedan realizar algunas de las acciones mencionadas para borrar las huellas de la conducta realizada (enaltecimiento o humillación). El precepto, sin duda, manifiesta como expone muy acertadamente León Alapont un sinfín de dudas al utilizar conceptos tan difusos como «inutilización», «cualquier otro soporte», «retirada» o «tecnologías de la información y comunicación», por no hablar de la «destrucción, o borrado» y su carácter irreversible en caso de que aún la sentencia pudiera recurrirse[40]. Cuerda Arnau apunta que «convendría reflexionar acerca de la consecuencia jurídica específica de destrucción, borrado o inutilización de los libros, archivos o documentos, artículos o cualquier otro soporte por medio del que se hubiera cometido el delito»[41].

El quinto y último apartado admite la posibilidad de que las acciones del punto anterior puedan acordarse de forma cautelar por el juez durante la instrucción. Como se advertía en líneas anteriores, destruir o borrar algunos de los documentos o soportes utilizados para la realización de la conducta. Y esto, sin duda, no debería permitirse mientras no cupiese más recursos.

En definitiva, las sucesivas reformas ofrecen una acumulación de tipos de difícil interpretación conjunta[42], a la vez que inci-

---

40 LEÓN ALAPONT, J., *Los delitos de enaltecimiento…*, op. cit., pp. 102-103.

41 CUERDA ARNAU, M.L., «Delitos contra el orden público», en GONZÁLEZ CUSSAC, J.L. (Coord.), Derecho penal. Parte Especial, Tirant lo Blanch, Valencia, 2019, pp. 775-826, p. 822.

42 En la que, para mayor complejidad, hay que incluir el art. 170.2 CP, que entre las amenazas castiga con una pena de prisión de seis meses a dos años, «a los que, con la misma finalidad y gravedad, reclamen

den en la falta de concreción de la definición de la conducta típica, generándose tipos abiertos que suscitan serios problemas de compatibilidad con mandato de certeza y el principio de ofensividad, por lo que en el momento actual no solo hemos regresado a un punto de partida en el que sigue sin justificarse de manera nítida una intromisión ilegítima en la libertad de expresión, sino que la aplicación de estos tipos se ha vuelto una decisión de gran complejidad para jueces y Tribunales.

¿Queda algún camino para una interpretación más ajustada que pueda responder a las dificultades planteadas? Analicemos esta cuestión en el debate en la doctrina y las soluciones de la jurisprudencia.

3. La doctrina y la jurisprudencia ante el desafío interpretativo de los delitos de enaltecimiento y justificación del terrorismo

3.1. La doctrina: entre la imposición de la literalidad del precepto y la búsqueda de una interpretación restringida

Desde su incorporación al Código Penal, el art. 578 CP ha reavivado la polémica sobre la sanción de las conductas de apología, en especial respecto de las conductas de enaltecimiento y justificación, ya que para las conductas de humillación a las víctimas se ha buscado un fundamento victimológico para su legitimación (en el que más adelante nos detendremos).

En consonancia con los problemas más arriba planteados, Ropero Carrasco señala que «esta profusa regulación plantea importantes problemas de interpretación, que además no cuentan en su resolución con criterios asentados ante la falta de consensos claros en el ámbito europeo con respecto al nivel de protección que ha de

públicamente la comisión de acciones violentas por parte de organizaciones terroristas». *Vid.*, sobre esta cuestión: ROPERO CARRASCO, J., *Las limitaciones del Derecho Penal…*, op. cit., pp. 211-212.

concederse a la libertad de expresión, cuando esta discurre en los ámbitos de la ofensa, el odio o directamente la apología del delito»[43].

A esta falta de consenso se une la singularidad de esta regulación en el ámbito europeo. Entre las legislaciones que pudieran contener una regulación similar, la *Terrorism Act* de 2006 de Reino Unido sí penaliza expresamente algunas conductas directamente relacionadas con el enaltecimiento y difusión del discurso terrorista[44], pero requiriendo como incentivo directo o indirecto «a cometer, preparar o instigar actos de terrorismo»[45]. La doctrina también subraya que, aunque es cierto que el legislador se ha visto obligado a realizar modificaciones en esta materia por iniciativa europea, la regulación española ha ido más allá de lo requerido por la UE, teniendo en cuenta lo previsto en la Directiva 2017/541/UE, según la cual en su art. 5:

---

43 ROPERO CARRASCO, J., *Las limitaciones del Derecho Penal…*, op. cit., p. 212.

44 Más sobre esta cuestión en GONZÁLEZ LEÓN, C., *Terrorismo y Derecho penal: dificultades para alcanzar un concepto unívoco en el ámbito internacional y su evolución en España*, Aranzadi, Navarra, 2023, pp. 93 y ss.

45 WALKER, C., «La respuesta a los mensajeros y a los mensajes…», op. cit, pp. 212-214. Conviene considerar la apreciación de este autor al destacar el muy bajo número de procesos penales en Reino Unido por apreciación de este delito. Sin embargo, como señalan García Sánchez y Ropero Carrasco, los Tribunales españoles han sido especialmente activos, incluyendo los datos aportados por Amnistía Internacional, según los cuales la Audiencia Nacional española dictó, solo entre 2016-2017, 25 sentencias condenatorias contra 28 personas por enaltecimiento de terrorismo, como las referidas al llamado «Caso Cassandra» o al caso de los tuits del cantante César Strawberry. AMINISTÍA INTERNACIONAL. Disponible en: https://www.es.amnesty.org/en-que-estamos/noticias/noticia/articulo/espana-ley-antiterrorista-utilizada-para-aplastar-la-satira-y-la-expresion-creativa-online/ [Última consulta: 2/10/2022]. *Vid.* GARCÍA SÁNCHEZ, B., y ROPERO CARRASCO, J., «A review of International Counter-Terrorism strategy through a criminological assessment of the punitive model implemented in Europe», *Unio EU Law Journal*, Vol. 7, núm. 2, 2021, p. 34.

> «Los Estados miembros adoptarán las medidas necesarias para garantizar que se tipifique como delito, cuando se cometa intencionadamente, el hecho de difundir o hacer públicos por cualquier otro medio, ya sea en línea o no, mensajes destinados a incitar a la comisión de uno de los delitos enumerados en el artículo 3, apartado 1, letras a) a i), siempre que tal conducta preconice directa o indirectamente, a través, por ejemplo, de la apología de actos terroristas, la comisión de delitos de terrorismo, generando con ello un riesgo de que se puedan cometer uno o varios de dichos delitos».

En esta dirección, Tapia Ballesteros afirma que «la previsión del artículo 578 del Código Penal español sobrepasa con creces las exigencias de la norma comunitaria» que en todo caso exige que, al menos, exista una incitación indirecta[46]. También Górriz Royo apunta que «la legislación penal de nuestro país relativa al enaltecimiento resulta, incluso más gravosa que la prevista en la Directiva 2017/541/UE, pues si bien la regulación del art. 578.1 CP comparte algunas similitudes con los delitos del art. 5 (provocación pública a cometer delitos de terrorismo), la Directiva restringe la aplicación de aquellos delitos, dado que –según el considerando 1.°–, "esta conducta debe tipificarse cuando conlleve el riesgo de que puedan cometerse actos terroristas"»[47]. Por último, otro sector de la doctrina ha destacado la relevante jurisprudencia norteamericana que sitúa la supremacía de la protección de la libertad de expresión en los sistemas democráticos y desconfía de la punición de los discursos[48].

---

46 TAPIA BALLESTEROS, P., «Transposición de la Directiva...», op. cit., pp. 319-320.

47 GÓRRIZ ROYO, E., «Contraterrorismo emergente a raíz de la reforma penal de LO 1/2019 de 20 de febrero y de la Directiva 2017/541/EU: ¿europeización del Derecho penal del enemigo?», *Revista Electrónica de Ciencia Penal y Criminología*, núm. 22, 2020, pp. 35-36.

48 En este sentido, ALCACER GUIRAO, R., «Víctimas y disidentes. El "discurso del odio" en EEUU y Europa», *Revista Española de Derecho Constitucional*, núm. 103, 2015, pp. 64-76; TERUEL LOZANO, G.M., «Internet, incitación al terrorismo...», op. cit., pp. 13-14; CABELLOS ESPIÉRREZ,

Así pues, aunque de la lectura del art. 578.1 CP no se deduzca la exigencia de una incitación a la comisión de alguno de los delitos, la doctrina en sus múltiples formas de interpretación ha señalado varias posibilidades. La primera, sí requiere una incitación directa; la segunda, sí requiere incitación, pero esta es indirecta; y la tercera, no requiere incitación a la comisión de delitos. Vaya por delante que saber qué es eso de incitación indirecta no es cuestión baladí. En ese sentido, coincido con León Alapont cuando señala que según el sentido que se le otorgue, la interpretación puede –incluso debe– cambiar, pero no es tan relevante poner en foco de atención en el grado de incitación sino en la idoneidad *per se* de la conducta[49]. La exégesis más extendida aboga por que es directa cuando se incita a cometer delitos de forma expresa e indirecta cuando lo es de forma tácita. Sin embargo, hay otras. La incitación será directa cuando se justifica el delito, cuando sea a cometer delitos concretos de terrorismo o cuando implique una provocación. Por el contrario, la incitación será indirecta cuando se enaltezca a sus autores, cuando sea a la comisión de realizar delitos genéricos o cuando sea una conducta de apología. Veamos esto con más detenimiento.

3.1.1. La primera posibilidad: el tipo exige una incitación directa

Según la opinión doctrinal de algunos autores, las conductas de enaltecimiento exigen una incitación directa. Sin embargo, en este sentido debe señalarse cuál es la distinción entre el delito de enaltecimiento y la apología como forma de provocación de un acto preparatorio, porque, de lo contrario, la primera estaría recogida ya en la segunda a través del art. 18 CP. Sobre

---

M.A., «Opinar, enaltecer, humillar: respuesta penal e interpretación constitucionalmente adecuada en el tiempo de las redes sociales», *Revista Española de Derecho Constitucional*, núm. 112, 2018, pp. 79-82.

49 LEÓN ALAPONT, J., *Los delitos de enaltecimiento…*, op. cit., pp. 26-27.

esta cuestión, Carbonell Mateu advierte que las conductas apologéticas únicamente pueden ser ilícitas cuando se provoca para la comisión de un delito, siendo la provocación en sí misma directa[50]. A este respecto, Núñez Castaño afirma recientemente que debe ser una incitación directa no solo a la realización de algún delito sino a la propia realización de actos de violencia[51]. De similar pensamiento Alfonso Rimo cuando apunta que el enaltecimiento del terrorismo, como forma de provocación, no constituye una modalidad débil sino fuerte, «que habría que estar animada por una finalidad de incitar a la comisión de acciones terroristas y contar con aptitud para ello, adquiriendo de esta forma naturaleza su fundamento en el riesgo de realización de futuros delitos de terrorismo»[52]. Como con atino advierte León Alapont, y en virtud del principio de vigencia, ya hay un tipo previsto para castigar las incitaciones directas previsto en el art. 579 CP, por lo que este habrá de interpretarse restrictivamente para la protección de derecho fundamentales como la libertad de expresión, ideológica y religiosa[53].

3.1.2. La segunda posibilidad: el tipo exige una incitación indirecta

La segunda posibilidad plantea la opción de considerar una incitación indirecta, es decir, justificando los delitos de terrorismo o enalteciendo a sus autores –y no los delitos en sí–. En esta dirección, Alonso Rimo afirma que cuando se defiende el delito o al autor/es del mismo, esta no se dirige a delinquir de

---

50 CARBONELL MATEU, J.C., «Crítica a los sentimientos como bien jurídico-penal...», op. cit.

51 NUÑEZ CASTAÑO, E., «Delitos de expresión y derechos fundamentales: el caso del enaltecimiento del terrorismo», *Revista General de Derecho Penal,* núm. 36, 2021, pp. 1-84, p. 56.

52 ALONSO RIMO, A., «Apología, enaltecimiento del terrorismo y...», op. cit., p. 64.

53 LEÓN ALAPONT, J., *Los delitos de enaltecimiento...*, op. cit., p. 28.

forma expresa o directa, «sino, por definición, implícita o encubierta (llamada indirecta)»[54]. Sin embargo, si bien es cierto que la apología puede regular tanto las incitaciones indirectas como las directas, únicamente castiga las segundas. Y así puede deducirse de su tenor literal del art. 18 CP cuando recoge que será apología «la exposición, ante una concurrencia de personas o por cualquier medio de difusión, de idea o doctrina que ensalcen el crimen o enaltezcan a su autor [...]» siendo solo delictiva «como forma de provocación y si por su naturaleza y circunstancias constituye una incitación directa a cometer un delito» como mantiene Vives Antón[55].

Galán Muñoz en cambio, considera que la incitación indirecta se produce sobre la comisión genérica de actos terroristas, y no de uno en concreto. En esta línea, el autor trata de establecer la diferencia en un aspecto importante que merece su atención: el grado de concreción de los delitos a los que se incita. No obstante, y resultando esto importante, León Alapont advierte con buen criterio que esto no ha de hacer caer en la trampa de pensar que siempre incitar a cometer uno o varios delitos concretos forma parte de una incitación directa, y de ser uno o varios delitos sin especificar lo sería indirecta. De así ser, se podría afirmar erróneamente que la provocación del art. 579 CP exige incitación directa a cometer delitos concretos y el enaltecimiento del art. 578 CP requiere incitación directa a cometer delitos no concretos. O, porque no, que la incitación indirecta lo sea para la comisión de delitos inespecíficos (previsto en el

---

54 ALONSO RIMO, A., «Apología, enaltecimiento del terrorismo y...», op. cit., p. 24.

55 VIVES ANTÓN, T.S., «Sistema democrático y concepciones del bien jurídico; el problema de la apología del terrorismo», *Estudios Penales y Criminológicos,* Vol. XXV, 2005, pp. 401-441, pp. 425-426.

art. 578.1 CP), pero no la incitación indirecta a cometer delitos concretos (para lo que ya estaría el art. 579 CP)[56].

Y llegados hasta aquí, ¿se ha conseguido arrojar algo de luz sobre la incitación indirecta o hemos contribuido a generar algunas dudas más? Menos dudas plantea penar que sin incitación indirecta el art. 578 CP «sería una norma inconstitucional por atentar contra el derecho a la libertad de expresión»[57].

3.1.3. La tercera posibilidad: el tipo no exige ningún tipo de incitación

La interpretación más seguida entre la doctrina se decanta por esta alternativa. Por ejemplo, la propia Exposición de Motivos de la Ley Orgánica 7/2000 ya recogía que lo que se pretende castigar es el refuerzo y apoyo que este tipo de conductas suponen para así separar el enaltecimiento del terrorismo de la apología como forma de provocación[58], es decir, pretende castigar conductas de enaltecimiento del delito o a sus autores sin conexión alguna con la incitación –ni directa, ni indirecta –[59].

Por tanto, una cosa es enaltecer/ensalzar/justificar y otra muy distinta, realizar apología. La primera, solo requiere alabar, engrandecer o justificar delitos y/o autores, y la segunda, y junto a lo anterior, incitar de manera directa a la comisión de un hecho delictivo. De igual manera, tampoco es lo mismo apología que provocación. La primera es una forma específica de provocar,

---

56 Para ampliar esta cuestión, LEÓN ALAPONT, J., *Los delitos de enaltecimiento...*, op. cit., p. 31.

57 CARUSO FONTÁN, M.V., «Los límites a la libertad de expresión en la Constitución y en las normas penales (especial referencia a la problemática del delito de apología del terrorismo)», *Revista Penal,* núm. 20, 2007, p. 47.

58 CUERDA ARNAU, M.L., «Terrorismo y libertades políticas», op. cit., p. 83.

59 CUERDA ARNAU, M.L., «Delitos contra el orden público...», op. cit., p. 821.

y su diferencia se encuentra en la ideología que subyace en el mensaje que se realiza[60]. En esta idea, Vives Antón señala que es una forma de provocación no una mera apología porque así «salva las objeciones que podrían oponerse a su sanción desde la perspectiva de estimar que se está penando el ejercicio de la libertad de expresión: la exposición de ideas»[61]. Por último, llamativo es que la apología, prevista en el art. 18 CP como acto preparatorio solo se castigue cuando así el legislador lo establezca según la naturaleza del delito y el enaltecimiento, que no prevé incitar a la comisión de ningún delito –tan solo alabarlo o justificarlo–, esté catalogado como un delito autónomo[62].

En esta dirección, Manjón-Cabeza Olmeda apunta que «el artículo 578 tipifica un comportamiento apologético, que no requiere incitación directa ni indirecta, que no es un acto preparatorio, que no es provocación, que no se castiga por el peligro, ni siquiera abstracto, para un bien jurídico de referencia de los delitos de terrorismo, que tiene naturaleza de delito autónomo [...] y que tiene pena propia»[63].

Ante este panorama, un considerable número de autores defienden de manera contundente la incompatibilidad de esta restricción de la libertad de expresión con las reglas del Estado

---

60 LEÓN ALAPONT, J., *Los delitos de enaltecimiento...*, op. cit., p. 34.

61 VIVES ANTÓN, T.S., *Fundamentos del Sistema Penal,* 2.ª ed., Tirant lo Blanch, Valencia, 2011, p. 824.

62 CUERDA ARNAU, M.L., «Terrorismo y libertades políticas», op. cit., p. 84.

63 MANJÓN-CABEZA OLMEDA, A., «Apología del terrorismo» en OCTAVIO DE TOLEDO UBIETO, E., GURDIEL SIERRA, M., CORTÉS BECHIARELLI, E. (Coords.), *Estudios penales en recuerdo del profesor Ruíz Antón,* Tirant lo Blanch, Valencia, 2003, pp. 553-582, p. 580. También LAMARCA PÉREZ, C., «Legislación penal antiterrorista: análisis crítico y propuestas», *Azpilcueta, cuadernos de derecho,* núm. 20, 2008, p. 210.

de Derecho[64], subrayan su inconstitucionalidad[65] y abogan por su despenalización[66]. Desde esta perspectiva, en palabras de Pérez Cepeda, no cabe justificar legítimamente la tipificación del art. 578 CP[67], lo que dificulta considerablemente defender una vía de interpretación de *lege lata.* Y esta dirección es la que siguen diversos autores cuando, en la interpretación del art. 578 CP, defienden que no cabe un criterio restrictivo que exija, *contra legem,* la comprobación de una incitación directa o indirecta más allá de la actividad de enaltecimiento[68]. Ramos Vázquez, ante las propuestas dirigidas a interpretar el art. 578 CP junto al art. 18 CP, es decir, exigiendo una provocación directa a las conductas del enaltecimiento, advierte que, siendo una interpretación garantista, «no deja de ser una interpretación *contra legem*, una interpretación que no termina de compadecerse ni con la intención del legislador al introducir el precepto ni con su redacción»[69]. También muestra serias objeciones Aguerri, quien considera el enaltecimiento –así como la difusión y el autoadoctrinamiento– como delitos de subjetividades al entender que «la argumentación para juzgar unos hechos como delictivos no requiere de una relación objetiva: basta con aludir a la proximidad subjetiva con el discurso de una organización denominada terrorista. El contagio del estatus de terrorista, ya no se produce

---

64 En este sentido MAQUEDA ABREU, M.L., «Algunas reflexiones críticas acerca de la punición de la apología», *Poder Judicial*, núm. 9, 1988, p. 27.

65 PÉREZ CEPEDA, A., *El pacto antiyihadista…*, p. 374; TAPIA BALLESTEROS, P., «Transposición de la Directiva…», op, cit., pp. 319-320.

66 Además de las autoras más arriba citadas, entre otros, LEÓN ALAPONT, J., «El enaltecimiento del terrorismo y la humillación…», op. cit., p. 37.

67 PÉREZ CEPEDA, A.I., *El pacto antiyihadista…*, op. cit., p. 364.

68 En este sentido, CUERDA ARNAU, M.L., «El nuevo delito político…», op. cit., pp. 107 y ss.; LEÓN ALAPONT, J., «El enaltecimiento del terrorismo y la humillación…», op. cit., p. 9.

69 RAMOS VÁZQUEZ, J.A., «Presente y futuro del delito de enaltecimiento y…», op. cit., p. 784.

a través de relaciones objetivas, sino que es ideológico, por lo que la lucha jurídica contra el terrorismo se lleva al terreno de las subjetividades»[70]. Y, entre otros, Terradillos Basoco subraya la incompatibilidad de este delito con el principio de lesividad al afirmar que no puede permitirse un castigo por la comisión de un injusto si no se genera un peligro para algún bien jurídico que requiera protección[71]. O también Cancio Meliá cuando afirma que castigar de forma excesiva el uso de la palabra no fortalece firmemente los valores de una sociedad, sino al revés, «expresa en la pena inseguridad y miedo»[72]. En sentido similar las consideraciones que realiza el GEPC sobre este delito:

> «Conductas discutibles político criminalmente y de unos bienes jurídicos excesivamente difuminados que, todo lo más, puede entenderse que quedan puestos en una situación de objetiva de peligro, que no permite ser contrastado. Si a ello se le une la incorporación a los mismos de elementos que están vacíos de significado, se dota a la jurisprudencia de un papel muy relevante a la hora de terminar de llenarlos de contenido. Precisamente por la existencia de estos espacios tan amplios de discrecionalidad judicial, hoy tenemos una jurisprudencia vacilante, no uniforme, que siembra más duda que las que aclara sobre los límites de la libertad de expresión»[73].

Ahora bien, aun admitiendo que esta es la mejor solución de *lege ferenda*, ¿no tendría sentido ensayar posibilidades de interpretación restrictivas que facilitaran una aplicación del delito

---

70 AGUERRI, J.C., «Del "terrorista" al "radical": los delitos de subjetividad en el Código penal español», Revista Crítica Penal y Poder, núm. 13, 2017, pp. 146-166, p. 155.

71 TERRADILLOS BASOCO, J.M., «Peligro abstracto y garantías penales», *Nuevo Foro Penal*, núm. 62, diciembre 1999, pp. 67 a 94, pp. 80 y ss.

72 CANCIO MELIÁ, M., «Libertad de expresión: crimen y palabra", *El país*, 15 de febrero de 2021. Disponible en: https://elpais.com/opinion/2021-02-14/crimen-y-palabra.html?event_log=oklogin [Última consulta: 30/11/2021].

73 GRUPO DE ESTUDIOS DE POLÍTICA CRIMINAL, *Una propuesta alternativa de regulación de los delitos de expresión*, Tirant lo Blanch, Valencia, 2019, p. 7.

por parte de los Tribunales más acorde con los principios y garantías que limitan al Derecho Penal? Como León Alapont señala, es bastante difícil que algún grupo político en el Gobierno, teniendo en cuenta lo extendido de una tendencia social a dotar del mayor amparo, también emocional, a las víctimas (lo cual no se quiere decir que *per se* sea negativo, considerando la falta de reacción en los primeros años de terrorismo), se atreva a promover la despenalización de estas conductas[74]. Por otra parte, es preciso considerar, y así lo señala Cabellos Espiérez, que la persistencia de una regulación tan vaga y abierta deja exclusivamente en manos de los jueces la imposición de criterios restrictivos, lo que tampoco contribuye a facilitar la aplicación de los tipos, sobre todo en una cuestión, como la analizada, que no cuenta con interpretación claramente mayoritaria[75].

Carbonell Mateu afirma que «el "nuevo" delito de enaltecimiento [...] no es otra cosa que la reintroducción de la apología del terrorismo, desprovista de los atributos propios de los actos preparatorios; pues ya no exige incitación, ni directa ni indirecta, a la comisión de futuros delitos de terrorismo»[76]. Miró Llinares considera que no se causa un riesgo efectivo para un bien jurídico digno de protección y, por tanto, «el hecho de que la conducta de enaltecimiento no sea criminalizada por la causación de

---

74 LEÓN ALAPONT, J., «El enaltecimiento del terrorismo y la humillación...», op. cit., pp. 36-37. Sin embargo, se pueden encontrar propuestas en tal sentido, e incluso, prácticas contrapuestas de partidos políticos que, animando a derogar los delitos de terrorismo y humillación de las víctimas, pretenden también el castigo del ensalzamiento del franquismo o la Guerra Civil y la humillación de sus víctimas. Para ampliar esta cuestión, LEÓN ALAPONT, J., «Enaltecimiento y apología del franquismo...», op. cit. O también LEÓN ALAPONT, J., *Los delitos de enaltecimiento...*, op. cit., p. 189.

75 CABELLOS ESPIÉREZ, M.A., «Opinar, enaltecer...», op. cit., pp., 52 y ss.

76 CARBONELL MATEU, J.C., «Crítica a los sentimientos como bien jurídico-penal...», op. cit., p. 342.

un daño, ni siquiera remoto, para un bien jurídico individual, acerca el precepto a la naturaleza de un delito de conducta y, por tanto, a una ofensa a la moral colectiva»[77]. En una línea similar, Rodríguez Montañés mantiene que es importante diferenciar entre acción y discurso. El discurso intolerante –como idea–, a diferencia de la acción intolerante, si no va acompañado de ningún tipo de incitación concreta o de la probabilidad elevada de que se produzca, se encuentra alejado de la lesión del bien jurídico y no debe admitir la consideración de delito, sino simplemente discurso, de mal gusto y deleznable –muy probablemente–, pero discurso a fin de cuentas[78].

Por más que se quiera encontrar algún sentido al delito de enaltecimiento, no lo tiene, porque básicamente en él no se castiga nada; ni tan siquiera una incitación indirecta a delinquir»[79]. No obstante, existen alternativas para realizar una exégesis que, sin hacer referencia al elemento incitador, posibilitan una aplicación más coherente del delito. ¿Cabe aplicar una interpretación restrictiva por parte de los Tribunales?[80] Nos detendremos a continuación, brevemente, en esta cuestión.

---

[77] MIRÓ LLINARES, F., «Derecho Penal y 140 caracteres. Hacia una exégesis restrictiva de los delitos de expresión», en MIRÓ LLINARES, F. (Dir.), *Cometer delitos en 140 caracteres. El Derecho Penal ante el odio y la radicalización en Internet*, Marcial Pons, Madrid, 2017, pp. 21-65, pp. 37-38.

[78] RODRÍGUEZ MONTAÑÉS, T., *Libertad de expresión, discurso extremo y delito*, Tirant lo Blanch, Valencia, 2012, p. 317.

[79] LEÓN ALAPONT, J., «El delito de enaltecimiento del terrorismo…», op. cit., p. 579.

[80] De reciente publicación: FERNÁNDEZ ABAD, C., «El delito de enaltecimiento y justificación publica del terrorismo como expresión del discurso del odio: una aproximación crítica a la jurisprudencia del Tribunal Supremo en torno a la exigencia de generar un riesgo», *Revista de Derecho Penal y Criminología*, 2025, núm. 33, pp. 77–140.

3.2. La difícil labor judicial en la aplicación de los tipos del artículo 578 del Código Penal

El enaltecimiento se ha aplicado desde la reforma del año 2000 a un amplio grupo de personas con características notablemente distintas –y tal vez sea ese uno de los principales problemas–. En sus inicios sirvió para castigar conductas de aquellos que glorificaban las acciones terroristas de los miembros de la banda terrorista ETA. Más reciente es la persecución que siguen recibiendo las conductas que glorificación u homenajean a antiguos miembros de la organización al salir de prisión, por ejemplo. O, por qué no, las condenas a raperos, tuiteros o titiriteros que ocasiones llenan portadas de prensa y televisión[81]. Sin embargo, es el terrorismo yihadista el que ha copado el ámbito de aplicación del tipo penal en mayor medida actualmente, y al que más interés se le va a prestar[82].

Cabellos Espiérez[83] ha realizado un interesante análisis sistemático de la jurisprudencia que le ha permitido obtener los siguientes hallazgos relevantes: el primero, confirma la impresión ya expresada por otros autores de la falta de una jurisprudencia, no ya unánime, siquiera mayoritaria en la interpretación de los delitos del art. 578 CP. En segundo lugar, este autor considera que las sentencias pueden ser clasificadas según los siguientes criterios: por un lado, aquellas que afirman la aplicación del tipo y el injusto de la acción enjuiciada sin un análisis concreto de la conducta típica apelando al «criterio de la evidencia» (cualquiera puede ver que los hechos son despreciables y delictivos),

---

81 GÓMEZ MARTÍN, V., «Rapeando rimas ¿de odio punible?», en TEIJÓN ALCALÁ, M. (Dir.), *El odio como motivación criminal,* La Ley, Madrid, 2022, pp. 37-50.

82 CANO PAÑOS, M.A., «Odio e incitación a la violencia en el contexto...», op. cit., p. 28.

83 CABELLOS ESPIÉREZ, M.A., «Opinar, enaltecer...», op. cit., pp. 52 y ss.

más presentes en las decisiones de la Audiencia Nacional[84]); por otro, aquellas que realizan una valoración más detallada pero sin salir de la literalidad de los mensajes, sin tener en cuenta el contexto, la finalidad, la capacidad para incitar a la comisión, u otros elementos de interpretación de orden teleológico o sistemático[85]; por último, estarían aquellas sentencias que sí tienen en cuenta elementos de interpretación de adecuación de la conducta concreta al tipo y al sentido del mismo, y que construyen en criterio restrictivo[86]. Estas últimas forman parte de una más reciente interpretación restrictiva, especialmente al hilo de las decisiones del TEDH, que revisan sentencias del Tribunal Constitucional español. En esta línea es relevante la STEDH de 15 de marzo de 2011, Asunto Otegi Mondragón c. España (Otegi había sido condenado a prisión por llamar al Jefe del Estado «jefe de los torturadores»); la STEDH de 13 de marzo de 2018, Asunto Stern Taulats y Roura Capellera c. España (castigados en España por injurias a la Corona al quemar unas fotos del Rey y su esposa); la STEDH de 20 de noviembre de 2018, Asunto Toranzo Gómez v. España (26922/14, condenado en España por calumnias al llamar torturadores a unos policías). En todas estas sentencias, el Tribunal castiga a España por la vulneración de la libertad de expresión garantizada en el art. 10 CEDH, sobre la base de que, teniendo en cuenta las circunstancias del caso no era necesaria, justa o proporcional tal injerencia[87].

También León Alapont recoge este cambio jurisprudencial, precisamente a raíz de la STEDH de 22 de junio de 2021, Asunto

---

84 Entre ellas, SAN 14/2015, de 25 de mayo; SAN 4/2016, de 1 de marzo; SAN 28/2016, de 21 de septiembre; SAN 9/2017, de 29 de marzo.

85 En este sentido, la SAN 8/2016, de 11 de marzo o la SAN 20/2016, de 18 de julio.

86 STS 846/2015, de 30 de diciembre, entre otras.

87 GARCÍA SÁNCHEZ, B., y ROPERO CARRASCO, J., «A review of International Counter-Terrorism...», op. cit., pp. 35-36.

Erkizia Almandoz c. España, que señaló que un discurso pronunciado en un acto homenaje a ETA no es encuadrable en el denominado «discurso del odio», desarmando así los argumentos de la STC 112/2016, de 20 de junio, que admitía la existencia de una incitación indirecta[88]. Realmente, esta sentencia –a pesar de la revisión del TEDH– supuso en sí misma un primer cambio de perspectiva ya que invocó la necesidad de una conexión entre el acto apologeta y la creación de un riesgo para los derechos individuales y el sistema de derechos colectivos pues de lo contrario suponía una legítima injerencia en el ámbito de la libertad de expresión. Aun así, León Alapont apunta con acierto que es llamativo que el Tribunal Constitucional no recurriera de forma expresa al concepto «incitación indirecta», ya utilizado previamente por el mismo en la STC 235/2007, de 7 noviembre, y la exigencia de un componente incitador sobre el delito de justificación del genocidio, en la que se señalaba:

---

88 «En conclusión, tomando en consideración la jurisprudencia de este Tribunal sobre la incidencia de las manifestaciones del denominado discurso del odio en el derecho a la libertad de expresión –que está en línea con la preocupación que a nivel internacional y regional se ha desarrollado en relación con la necesidad de sancionar penalmente las conductas de provocación a la comisión de delitos terroristas y la eventual incidencia que ello podría tener sobre el derecho a la libertad de expresión y con la jurisprudencia del Tribunal Europeo de Derechos Humanos sobre el particular–, hay que concluir que la sanción penal de las conductas de enaltecimiento del terrorismo sancionadas en el art. 578 CP –«el enaltecimiento o la justificación por cualquier medio de expresión pública o difusión de los delitos comprendidos en los artículos 571 a 577 de este Código [delitos de terrorismo] o de quienes hayan participado en su ejecución»– supone una legítima injerencia en el ámbito de la libertad de expresión de sus autores en la medida en que puedan ser consideradas como una manifestación del discurso del odio por propiciar o alentar, aunque sea de manera indirecta, una situación de riesgo para las personas o derechos de terceros o para el propio sistema de libertades». STC 112/2016, de 20 de junio, FJ 4.º.

> «La especial peligrosidad de delitos tan odiosos y que ponen en riesgo la esencia misma de nuestra sociedad, como el genocidio, permite excepcionalmente que el legislador penal sin quebranto constitucional castigue la justificación pública de ese delito, siempre que tal justificación opere como incitación indirecta a su comisión; esto es incriminándose (y ello es lo que ha de entenderse que realiza el art. 607.2 CP) conductas que aunque sea de forma indirecta supongan una provocación al genocidio. Por ello, el legislador puede, dentro de su libertad de configuración, perseguir tales conductas, incluso haciéndolas merecedoras de reproche penal siempre que no se entienda incluida en ellas la mera adhesión ideológica a posiciones políticas de cualquier tipo, que resultaría plenamente amparada por el art. 16 CE y, en conexión, por el art. 20 CE»[89].

Y recogiera únicamente –de forma mística– que sería considerada «como una manifestación del discurso del odio por propiciar o alentar, aunque sea de una manera indirecta, una situación de riesgo para las personas o derechos de terceros o para el propio sistema de libertades»[90]. De este modo, cabe diferenciar, siguiendo a este autor, entre un primer grupo de sentencias que no exigen ninguna clase de incitación ni conexión específica con un fin concreto[91], a las más recientes en las

---

89 Para ampliar esta cuestión: SANZ-DÍEZ DE ULZURRUN, M., «El peligro de las palabras. A propósito del delito de apología del genocidio», en CUERDA RIEZU, A., JIMÉNEZ GARCÍA, F. (Dirs.), *Nuevos desafíos del derecho penal internacional,* Tecnos, Madrid, 2009, pp. 283-331. También SUÁREZ ESPINO, M.L., «Comentario a las STC 235/2007, de 7 de noviembre, por la que se declara la inconstitucionalidad del delito de negación de genocidio», *InDret, Revista para el análisis del Derecho,* 2008, pp. 1-12.

90 LEÓN ALAPONT, J., *Los delitos de enaltecimiento...*, op. cit., p. 44.

91 STS 106/2015, de 19 de febrero; STS 820/2016, de 2 de noviembre; STS 90/2016, de 17 de febrero; STS 481/2014, de 3 de junio; STS 587/2013, de 28 de junio; STS 180/2012, de 14 de marzo; STS 539/2008, de 23 de septiembre; STS 149/2007, de 26 de febrero. Recogidas por LEÓN ALAPONT, *El enaltecimiento del terrorismo...*,

que se requiere un riesgo abstracto, por alentar una situación de riesgo[92]. En el primero, porque se persigue y castigan discursos intolerantes que contribuyen a generar un sentimiento de inseguridad colectiva que afecta a la paz pública sin la exigencia de ninguna clase de incitación[93], tal y como trata de exponer la STS 106/2015, de 19 de febrero, en su FJ 3.º:

> «El enaltecimiento/justificación del art. 578 constituye una forma autónoma de apología caracterizada por su carácter genérico y sin integrar una provocación ni directa ni indirecta a la comisión de un delito. La barrera de protección se adelanta, exigiéndose solamente la mera alabanza/justificación genérica, bien de los actos terroristas o de quienes los efectuaron».

En el segundo, porque son discursos idóneos que actúan como peligrosos instrumentos de incitación indirecta a la realización de ataques terroristas a una amplia y variedad de bienes jurídicos, tal y como advierte la STS 135/2020, de 7 de mayo, en su FJ 2.º:

> «La sanción penal de las conductas de enaltecimiento del terrorismo sancionadas en el art. 578 supone una legítima injerencia en el ámbito de la libertad de expresión de sus autores en la medida en que puedan ser consideradas como una manifestación del discurso del odio por propiciar o alentar, aunque sea

---

op. cit., pp. 11-12. También CAMPO MORENO, J.C., *Comentarios a la reforma del Código Penal...*, op. cit.

92 STS 137/2021, de 17 de febrero; STS 673/2020, de 10 de diciembre; STS 291/2020, de 10 de junio; STS 196/2020, de 20 de mayo; STS 95/2018, de 26 de febrero; STS 79/2018, de 15 de febrero; STS 52/2018, de 31 de enero; STS 378/2017, de 25 de mayo. También recopiladas por LEÓN ALAPONT, *El enaltecimiento del terrorismo...*, op. cit., pp. 11-12.

93 GALÁN MUÑOZ, A., «El delito de enaltecimiento terrorista...», op. cit., pp. 272-273. También Etxeberria Bereziartua, E., «La libertad de expresión en el campo de batalla, apuntes sobre el delito de enaltecimiento del terrorismo», LANDA GOROSTIZA, J.M. (Dir.), *Retos emergentes de los derechos humanos: ¿garantías en peligro?*, Tirant lo Blanch, Valencia, 2019, pp. 435-475, p. 454.

> de manera indirecta una situación de riesgo para las personas o derechos de terceros o para el propio sistema de libertades».

De ella podría destacarse que el delito de ensalzamiento debe alentar de manera indirecta a una situación de riesgo para las personas o para el propio sistema de libertades sin mencionar de manera expresa «incitación indirecta», tal y como hacía en su día la STC 112/2016, de 20 de junio, en su FJ 4.º. ¿Y eso no hace generar aún más confusión?[94]

En el ámbito del terrorismo yihadista, la revisión de las resoluciones sobre enaltecimiento exige un análisis más específico, que arroja los siguientes descubrimientos. Por un lado, es preciso advertir que la tipificación del nuevo tipo de autoadoctrinamiento (que castiga el acceso a contenidos yihadistas con fines terroristas) ha facilitado la apertura de numerosas diligencias sobre la base de la identificación de actividades de transmisión de propaganda (esencialmente del DAESH, pero también de Al Qaeda y otros grupos), entre individuos que de forma general simpatizan con los fines de estos grupos, pero que, en una revisión más concreta, pueden ser divididos en diferentes tipos: sujetos que promueven esta actividad con la voluntad de captar a nuevos militantes, puesto que acompañan la transmisión de la propaganda con actividades de captación (no tan abiertas como la difusión); individuos que trasmiten estos mensajes para contactar con otros y preparar una posible integración en el grupo terrorista (más bien con la intención de desplazarse a la guerra de Siria, durante el período en el que el DAESH creó el

---

94 Otras resoluciones, por suerte, arrojan más claridad. En esta línea, la STS 646/2018, de 14 de diciembre, señala que «la tipicidad del art. 578 CP, aun requiriendo la generación de un riesgo, en esta tipicidad su exigencia tiene una menor intensidad, no es incitación a la comisión, sino de aptitud del discurso para generar es riesgo "aunque sea de manera indirecta, una situación de riesgo para las personas o derechos de terceros o para el sistema de libertades"».

«califato»; individuos que se limitan a transmitir la propaganda sin incluir mensajes concretos de captación, ya sea con una loa genérica, o en ocasiones sin incluir comentario alguno.

En segundo lugar, la revisión de esta jurisprudencia[95] reafirma algunas de las conclusiones ya expuestas en esta investigación: las sucesivas reformas penales en materia de terrorismo arrojan una regulación de los delitos de terrorismo en la que los tipos no solo son –en numerosas ocasiones– abiertos y ambiguos, sino que, además, esta cualidad produce zonas de confluencia entre delitos que, sin embargo, tienen una pena muy diferente. Esto ha hecho que los casos señalados hayan sido tratados jurisprudencialmente sin un criterio lo suficientemente mayoritario que diferencie adecuadamente las razones para distinguir los perfiles que los delimitan entre sí. De este modo, las conductas más arriba señaladas han sido tratadas de forma más numerosa, al menos desde 2014 hasta 2018, como delitos de colaboración, del art. 577 CP, al considerar que la trasmisión de los contenidos supone ya una colaboración «virtual» con el grupo terrorista (lo que permite imponer una pena de prisión de cinco a diez años). Al lado de estas decisiones, el castigo por autoadoctrinamiento, a pesar de las razonables críticas que suscita este delito, supone una solución menos dura, al partir de un marco penal de dos a cinco años.

El tercer hallazgo expone que, especialmente a partir de 2017, las resoluciones sobre estos supuestos se han «suavizado». Ahora bien, conviene diferenciar entre las sentencias que deciden aplicar estos casos de difusión de elogios y propaganda del grupo terrorista y de sus actos, el delito de enaltecimiento de aquellas que optan directamente por la absolución. En este sentido, resulta paradigmática la STS 354/2017, de 17 de mayo, que casa la sentencia de la Audiencia Nacional que había condenado

---

95 *Vid.* ROPERO CARRASCO, J., *Las limitaciones del Derecho Penal...*, op. cit., pp. 203-208.

por autoadoctrinamiento y enaltecimiento[96] a un sujeto que accedía a propaganda terrorista y la trasmitía, y le condena por enaltecimiento. Para ello, hace alusión a la Directiva 2017/541/UE y a la normativa sobre terrorismo del Consejo de Europa con el objeto de aplicar una interpretación restrictiva de autoadoctrinamiento y, al mismo tiempo invoca la STC 112/2016, de 20 de junio, para defender el castigo por enaltecimiento, que define de la siguiente manera en el FJ 4.º:

> «Los elementos que conforman el delito de enaltecimiento o justificación del terrorismo, concorde pacífica jurisprudencia, son los siguientes:
> 1.º La existencia de unas acciones o palabras por las que se enaltece o justifica. Enaltecer equivale a ensalzar o hacer elogios, alabar las cualidades o méritos de alguien o de algo. Justificar quiere aquí decir que se hace aparecer como acciones lícitas y legítimas aquello que sólo es un comportamiento criminal.
> 2.º El objeto de tal ensalzamiento o justificación puede ser alguno de estos dos:
> a) Cualquiera de las conductas definidas como delitos de terrorismo de los arts. 572 a 577.
> b) Cualquiera de las personas que hayan participado en la ejecución de tales comportamientos. Interesa decir aquí que no es necesario identificar a una o varias de tales personas. Puede cometerse también ensalzando a un colectivo de autores o copartícipes en esta clase de actos delictivos.
> 3.º Tal acción de enaltecer o justificar ha de realizarse por cualquier medio de expresión pública o difusión, como puede ser periódico o un acto público con numerosa concurrencia y hoy día, dada la evolución tecnológica, a través de Internet.
> No obstante, el art. 578 CP, precisa el Tribunal Constitucional, en su sentencia 112/2016, de 20 de junio, solo "supone una legítima injerencia en el ámbito de la libertad de expresión de sus autores en la medida en que puedan ser consideradas como una manifestación del discurso del odio por propiciar o alentar, aunque sea de manera indirecta, una situación de riesgo para las personas o derechos de terceros o para el propio sistema de libertades"».

---

96 SAN 39/2016, de 30 de noviembre.

Sin embargo, la sentencia no explica los elementos concretos de la conducta llevada a cabo por el sujeto que explicarían la creación de situación de riesgo, invocando únicamente la gravedad del terrorismo yihadista y el impacto social producido por esta clase de terrorismo.

En el segundo grupo se encuentran aquellas sentencias que pueden ser citadas como exponentes de la línea más avanzada en la interpretación restrictiva, llegando a la absolución tras apelar al valor de las libertades de opinión y expresión. En esta dirección, la STS 306/2019, de 11 de junio, absuelve a dos sujetos que acceden y trasmiten vídeos del DAESH, recordando lo establecido en la STS 503/2008, de 17 de julio, que señala:

> «La acción terrorista es, pues, algo más que la expresión de ideas. La libre expresión y difusión de ideas, pensamientos o doctrinas es una característica del sistema democrático que debe ser preservada [...] Salvo los casos de apología del terrorismo o provocación del delito, incluso la mera expresión de ideas violentas, sin otras finalidades, no es todavía un delito. Puede justificar, en función de las circunstancias, una investigación, un control policial e incluso una restricción temporal de algunos derechos individuales, como, por ejemplo, el derecho al secreto de las comunicaciones [...]».

De forma similar, la SAN 21/2019, de 30 de abril, absuelve del delito de autoadoctrinamiento y del ensalzamiento a sujeto español de origen jordano, simpatizante de la causa palestina y de Hamás, que durante los años de 2016 y 2017 difundió material propagandístico terrorista, considerando las siguientes razones para dicha absolución: que sus mensajes tenían una difusión mínima; que no mantenía otros contactos con otras personas; que no había demostrado la finalidad con la que se llevaba a cabo esta difusión.

La cuarta característica hace referencia al aspecto subjetivo del tipo puesto que se exige un elemento subjetivo adicional del injusto que de la redacción del art. 578 CP no se deduce. En este aspecto, algunas resoluciones señalan «la relevancia a efectos de tipificación, como cuestión de legalidad ordinaria, pero bajo las exigencias constitucionales, de la acreditación de con qué finalidad o motivación se ejecutan los actos de enaltecimiento»[97]. Algunos autores han explicado sobre esta cuestión que el art. 578 CP no es como el 510 CP ya en el primero, a diferencia del segundo, no necesita un determinado motivo o finalidad para su comisión[98]. Gómez Martín advierte que lo único que exige el tipo es dolo de primer grado, o lo que es lo mismo, conocer que se enaltece/justifica y desear realizarlo[99]. En esta línea[100] resuelve la jurisprudencia cuando señala en la STS 4/2017, de 18 de enero que:

> «El art. 578 del CP sólo exige el dolo, esto es, el conocimiento de los elementos que definen el tipo objetivo. En el presente caso, tener plena conciencia y voluntad de que se está difundiendo un mensaje en el que se contiene una evocación nostálgica de las acciones violentas de un grupo terrorista que se menciona con sus siglas de forma expresa y en el que se invita a otro grupo terrorista, fácilmente identificable por la identidad de algunas de sus víctimas, a repetir el secuestro más prolongado de nuestra reciente historia. Es así como queda colmada la tipicidad subjetiva del delito por el que el Fiscal formula acusación. La

---

97 Sentencias citadas en la obra de LEÓN ALAPONT, J., *Los delitos de enaltecimiento…*, op. cit., p. 60.

98 «En otras palabras, no se requiere que se enaltezca para adoctrinar, captar, solidarizarse o dar apoyo a terroristas, difundir los postulados de una organización terrorista, etc.». LEÓN ALAPONT, J., *Los delitos de enaltecimiento…*, op. cit., p. 60. También CANCIO MELIÁ, M., «¿Strawberry o Cassandra? Sobre la imposible convivencia de dos visiones antagónicas del art. 578 en la jurisprudencia del Tribunal Supremo», en DE VICENTE REMESAL, J., DÍAZ Y GARCÍA CONLLEDO, M., PAREDES CASTAÑON, J.M., OLAIZOLA NOGALES, I., TRAPERO BARREALES, M.A., ROSO CAÑADILLAS, R., LOMBANA VILLALBA, J.A. (Dirs.), *Libro Homenaje al profesor Diego Manuel Luzón Peña,* Universidad Autónoma de Madrid, Madrid, 2020, p. 1500.

99 GOMÉZ MARTÍN, V., «Odio en la red: una revisión crítica de la reciente jurisprudencia sobre Ciberterrorismo y Ciberodio», *Revista de Derecho Penal y Criminología,* núm. 20, 2018, pp. 411-449, p. 439.

100 En línea también se puede destacar la STS 135/2020, de 7 de mayo, cuando advierte que «debe deslindarse el dolo o propósito del autor del móvil del delito. El tipo penal solo exige el primero de ellos».

> afirmación de que Luis Miguel no perseguía la defensa de los postulados de una organización terrorista y de que tampoco buscaba despreciar a las víctimas, es absolutamente irrelevante en términos de tipicidad. La estructura típica del delito previsto en el art. 578 del CP no precisa la acreditación de con qué finalidad se ejecutan los actos de enaltecimiento o humillación».

La revisión jurisprudencial[101] nos permite concluir, a mi juicio, que la construcción de criterios restrictivos no puede ser desdeñada a priori invocando la literalidad del tipo. Veamos esto a forma de conclusión.

4. Algunas conclusiones parciales y propuestas

La propuesta de *lege ferenda* según la cual el delito de enaltecimiento debería desaparecer del Código Penal tal y como está regulado por su incompatibilidad con los principios que limitan el Derecho penal en un Estado de Derecho, como el mandato de certeza y los principios de lesividad y proporcionalidad, así como por la restricción que su regulación implica a la libertad de expresión parece muy difícil de contestar. La necesidad de adecuar esta regulación a estos principios, y establecer una norma más acorde con lo establecido en el art. 5 de la Directiva 2017/541/EU, es otra de las conclusiones que tampoco pueden ser discutidas[102]. En este camino, la reconducción de esta conducta a una modalidad de provocación parece ser la vía preferible.

Ahora bien, esto no significa que entre tanto solo quede renunciar a cualquier intento de interpretación restrictiva –

---

101 De reciente publicación: FERNÁNDEZ ABAD, C., «El delito de enaltecimiento y justificación publica del terrorismo como expresión del discurso del odio: una aproximación crítica a la jurisprudencia del Tribunal Supremo en torno a la exigencia de generar un riesgo», op. cit.

102 En este sentido TERUEL LOZANO, G.M., «Internet, incitación al terrorismo…», op. cit., p. 26.

constitucional– del art. 578 CP. Hemos revisado algunos de estos criterios, y la literalidad del tipo no puede ser invocada, en mi opinión, como el único procedimiento interpretativo. Si así fuera, sería imposible ofrecer soluciones racionales teniendo en cuenta, como se ha indicado, el posible solapamiento de los tipos y la ambigüedad y apertura de las conductas. Algunos de estos criterios han sido solicitados por la jurisprudencia y algunos autores. Por ejemplo, León Alapont apunta que para castigar el delito de enaltecimiento debería darse un peligro concreto, real y cierto, ni siquiera abstracto[103]. Ahora bien, advierte que puede ser un riesgo de baja intensidad con alta probabilidad de materializarse o un riesgo de alta intensidad con baja probabilidad de llevarse a cabo, por lo que, para una correcta medición, habrán de considerarse múltiples aspectos importantes que deben ser tenidos en cuenta para la valoración del riesgo o peligro. Entre ellos, la contundencia del mensaje, la reiteración con la que se lleva a cabo, el lapso temporal en el que se producen los mensajes enaltecedores, el contexto, el escenario, si se contribuye a la realización de delitos de terrorismo o genéricos, o la temporalidad, es decir si es lo mismo enaltecer un delito reciente o de hace 40 años –que considera indiferente–[104], entre otras[105]. Y por supuesto, no introducir en el art. 578 CP conductas que nada tienen que ver con enaltecer/justificar como son la negación del terroris-

---

[103] LEÓN ALAPONT, J., *Los delitos de enaltecimiento...*, op. cit., pp. 50 y ss. También en esta línea, TAMARIT SUMALLA, J.M. (2018). «Los delitos de odio en las redes sociales», *Revista de Internet, Derecho y Política,* núm. 27, pp. 17-29, p. 23.

[104] Aquí, en mi modesta opinión, más que la distancia temporal lo decisivo es la verificación del cese de la actividad del grupo. Cuando esto sucede, lo que ocurre es que la conducta apologeta difícilmente puede poseer la aptitud o idoneidad de crear algunos de los riesgos que se derivan de las actividades terroristas. Y todo lo contrario al revés.

[105] Puede ampliarse esta interesante propuesta para una interpretación restrictiva conforme al principio de vigencia en LEÓN ALAPONT, J., *Los delitos de enaltecimiento...*, op. cit., pp. 50-60.

mo[106] o la humillación de las víctimas, donde como han señalado diversos autores, difícilmente puede ser entendida como delito de terrorismo, por mucho que intentemos restringir el alcance del tipo. En este caso, la propuesta mayoritaria, que comparto, es la de extraer esta conducta de los delitos de terrorismo y valorar su inclusión entre los delitos contra el honor o la dignidad[107], o remitir a una tutela extrapenal a través de la Ley 29/2011, de reconocimiento y protección integral de las víctimas[108].

Y creo que es aquí donde se debe hacer hincapié, aplicando para ello, junto al criterio gramatical, las interpretaciones teleológicas y sistemáticas que resultan absolutamente necesarias para hallar un mínimo de coherencia en los tipos del terrorismo que los tribunales se ven obligados a analizar para valorar su aplicación al caso concreto. La finalidad de los delitos de terrorismo

---

106 Sobre esta cuestión es interesante la STC 214/1991, de 11 de noviembre, en la que recoge: «las afirmaciones, dudas y opiniones acerca de la actuación nazi con respecto a los judíos y a los campos de concentración, por reprobables o tergiversables que sean -y ciertamente lo son al negar la evidencia de la historia-, quedan amparadas por el derecho a la libertad de expresión (art. 20.1 CE), en relación con el derecho a la libertad ideológica (art. 16 CE), pues, con independencia de la valoración que de las mismas se haga, lo que tampoco corresponde a este Tribunal, solo puede entenderse como lo que son: opiniones subjetivas e interesadas sobre acontecimientos históricos» (FJ 8.º). Y la STC 235/2007, de 7 de noviembre, en la que señalaba que «la mera negación del delito, frente a otras conductas que comportan determinada adhesión valorativa al hecho criminal, promocionándolo a través de la exteriorización de un juicio positivo, resulta en principio inane» (FJ 8.º).

107 Sobre esta posibilidad, CANCIO MELIA, M., y DÍAZ LÓPEZ, J.A., *¿Discurso de odio y/o discurso terrorista? Música, guiñoles y redes sociales frente al artículo 578 del Código penal*, Aranzadi, Cizur Minor, 2019, pp. 156-157.

108 En esta línea, CUERDA ARNAU, M.L., «Delitos de terrorismo. Aspectos sustantivos y procesales», en JUANATEY DORADO, C. (Dir.), *Nuevo panorama del terrorismo en España. Perspectiva penal, penitenciaria y social*, Publicaciones Universidad de Alicante, Alicante, 2013, p. 111; PÉREZ CEPEDA, A.I., *El pacto antiyihadista*, op. cit., p. 377.

y la lesividad colectiva e individual que se deriva de los hechos terroristas se constituye en el filtro esencial a la hora de interpretar cualquiera de estos delitos. Ciertamente, la incorporación de los baremos internacionalmente aceptados para modular la relación entre la salvaguarda de esos intereses y las libertades de expresión y opinión, basados siempre en una comprensión garantista y democrática, es importante, pero no decisiva. Conviene advertir, como se deriva de algunas de las sentencias analizadas, que lo relevante será, en primer lugar, una interpretación teleológica que elimine del ámbito de aplicación del tipo todos aquellos comportamientos a los que no se pueda atribuir «fines terroristas», por su incapacidad para contribuir al estado de terror que persiguen los hechos terroristas. En segundo lugar, tampoco cabe rechazar una interpretación sistemática, por cuanto el legislador pretendiera superar los límites del art. 18 CP: esta interpretación ha de hacerse no con el art. 18 CP, sino en consonancia con la definición del art. 573 CP sobre el terrorismo, así como con la normativa internacional que forma parte de nuestro ordenamiento jurídico.

Las conclusiones, por último, con respecto al delito de humillación de las víctimas han de ser analizadas de forma separada en el siguiente apartado.

III. LA DIFERENCIA ENTRE ENALTECER O JUSTIFICAR DELITOS DE TERRORISMO Y MENOSPRECIAR O HUMILLAR A SUS VÍCTIMAS

El segundo inciso del art. 578.1 CP plantea problemas de interpretación en los que también conviene detenerse. En primer lugar, porque la ubicación del delito de desprecio, menosprecio o humillación de las víctimas de los delitos de terrorismo se encuentra en el mismo tipo penal que el delito de enaltecimiento y justificación terroristas, y eso, a priori, resulta cuanto menos llamativo, porque uno y otro no parecen ser lo mismo. Incluso la propia Exposición de Motivos de la LO 7/2000, de 22 de diciembre, recogía por entonces que «la realización de actos que entrañen descrédito, menosprecio, o humillación de las víctimas de los delitos terroristas o de sus familiares» tiene el principal objetivo de perseguir «conductas especialmente perversas de quienes calumnian o humillan a las víctimas al tiempo que incrementan el horror de sus familiares. Actos todos ellos que producen perplejidad e indignación en la sociedad y que merecen un claro reproche penal».

En esta idea, ya la STS 224/2010, de 3 de marzo, avanzaba por entonces que «en el mismo artículo, conviven dos figuras delictivas claramente diferenciadas. [...] Tal vez, la diferente acción típica y elementos que vertebran una y otra, hubiera aconsejado la tipificación separada en artículos diferentes». De ello se puede deducir varias ideas. La primera, que del delito de humillación de las víctimas se configura como un tipo autónomo. Así lo señala la sentencia al explicar que «en el caso de la humillación y menosprecio a las víctimas del terrorismo, el desvalor de la acción que sanciona el art. 578 CP tampoco quedaría totalmente protegido mediante la sola figura de las injurias, siendo así que su contexto –que además justifica un mayor reproche penal– lleva a ubicar esta intromisión, entre los delitos de terrorismo»[109]. En segundo lugar, este delito es de naturaleza «íntima» y «personal», que nada tiene que ver con el enaltecimiento. Así lo recoge la STS 752/2012, de 3 de octubre. Como tercer aspecto llamativo, la importancia del concepto de víctima que según la STS 656/2007, de 17 de julio, señaló, diferenciando entre directas e indirectas[110]. En cuarto lugar,

109 En esta línea, STS 4/2017, de 18 de enero, STS 623/2016, de 13 de julio, STS 752/2012, de 3 de octubre. Hay otras que apuntan en sentido contrario: STS 299/2011, de 25 de abril o STS 378/2017, de 25 de mayo. *Vid.* LEÓN ALAPONT, J., *Los delitos de enaltecimiento...*, op. cit., p. 70.

110 «Serían víctimas "directas" las personas que sufran lesiones corporales graves o daños graves en su salid física o mental como consecuencia de cualquier delito terrorista; y en caso de muerte, a título de víctimas "indirectas" diversos familiares». FJ 4.º.

ausencia del elemento subjetivo adicional del injusto puesto que es suficiente con el dolo genérico, tal y como advierte la STS 846/2015, de 30 de diciembre, cuando dice en su FJ 4.º que «basta con conocer el carácter objetivamente humillante y vejatorio y difundirlo haciéndolo propio». Eso sí, ¿qué tipo de dolo? No es lo mismo uno que otro, y como advierte León Alapont, «marcaría una notable diferencia en cuanto al límite de aquellas conductas que pudieran quedar extramuros del delito». Como quinta característica, el tiempo en el que se produce la humillación, es decir, si es o no reciente, ya que como destaca la STS 95/2018, de 26 de febrero, sobre el «Caso Cassandra», en la que se dice que «el propio transcurso del tiempo y la oxidación o agotamiento del tema en clave de humor negro permiten considerar que ya no estamos ante acciones especialmente perversas que tienen como objetivo específico la humillación o el descrédito de las víctimas, incrementando su padecimiento moral o el de sus familiares y ahondando en la herida que en su día abrió el atentado terrorista. De tal forma que aun cuando la conducta del acusado es reprobable y reprochable tanto desde un prisma social como incluso moral, al hacer mofa de una gravísima tragedia humana atribuible a actos terroristas injustificables, no parece que estemos ante un caso que requiera una respuesta del sistema penal, al no estimarla aquí como una reacción adecuada y proporcionada para solventar una situación controvertida como la suscitada, que presenta unos matices muy peculiares en el marco contextual y temporal en que emerge. Todo lo cual impone y exige sopesar y aquilatar con un exquisito tino y cautela la necesidad de operar con la norma penal». León Alapont considera que no es relevante el paso del tiempo para determinar si la conducta es humillante o no por lo que no puede suponer un elemento en el que fundar la atipicidad[111]. En mi opinión, como expresé más arriba, creo más útil establecer

---

111 LEÓN ALAPONT, J., *Los delitos de enaltecimiento…*, op. cit., p. 73.

si la organización terrorista que realiza el delito por el que se desprecia, menosprecia o humilla se encuentra o no operativa y tiene posibilidad de seguir produciendo atentados terroristas, más que con el propio paso del tiempo en sí mismo, que como él reflexiona, no ha de ser decisivo *stricto sensu.* Por último, que se configura como una cláusula de cierre que se utiliza como calificación alternativa, o incluso peor, como sustituto del enaltecimiento –como si de lo mismo se tratara una y otra–[112], motivo por el que –y no me extraña– se defienda su derogación, incluso, desde algunas posiciones y propuestas parlamentarias[113].

La jurisprudencia, en este sentido –como se ha dejado entrever–, a pesar de intentar diferenciar unas conductas (enaltecer o justificar) de las otras (despreciar, menospreciar o humillar), no siempre lo ha conseguido. Hasta el punto de que algunas resoluciones no han distinguido siquiera por cuál de ellas estaba condenando[114] o como dijimos, utiliza la humillación como cláusula de cierre[115]. O peor aún, utiliza justificación empleada por los tribunales para el delito de enaltecimiento, aunque ante humillación se esté. Así, por ejemplo, la STS 95/2018, de 26 de febrero, sobre el «Caso Cassandra» cuando expone en su FJ 2.º que

---

112 De esta opinión: LEÓN ALAPONT, J., *Los delitos de enaltecimiento…*, op. cit., 19.

113 La proposición de Ley Orgánica de reforma de la Ley Orgánica 10/1995, de 23 de noviembre, del Código Penal para la protección de la libertad de expresión, presentada en febrero de 2021 por el Grupo Parlamentario Confederal de Unidas Podemos, En Comú Podem, Galicia en Común advertía la derogación del art. 578 CP al entender que «existe también en la legislación penal española un problema relativo a la indefinición de determinados tipos penales, siendo el paradigma de este tipo de supuestos la ambigüedad en la definición del enaltecimiento del terrorismo, recogido en el artículo 578 del Código Penal».

114 Entre ellas, la STS 4/2017, de 18 de enero, sobre César Strawberry.

115 En sentido similar León Alapont cuando habla de «comodín» o «repuesto». LEÓN ALAPONT, J., *Los delitos de enaltecimiento…*, op. cit., p. 75.

«no se da ninguna de las circunstancias referidas en los criterios señalados en la jurisprudencia del TC, dado que acusado ni dio muestras con su conducta de que estaba pretendiendo incitar a la violencia abusando de un ejercicio ilícito de la libertad de expresión, ni provocaba al odio hacia grupos determinados, ni tampoco se valía de mofarse del atentado contra un expresidente de Gobierno ocurrido hace más de cuarenta años con intención de justificarlo o de incitar a nuevos atentados». En sentido similar la STS 4/2017, de 18 de enero, sobre el caso «Strawberry» cuando hace referencia a la incitación indirecta para fundar la condena. Al respecto es interesante el voto particular en el que se señala que «no cabe extrapolar a este caso, sin más, criterios desarrollados en relación con el puro enaltecimiento del terrorismo, puesto que la humillación, burla o escarnio a una víctima del terrorismo no conlleva conceptualmente la acción de animar directa o indirectamente a la comisión de nuevos delitos; exigencia de coincidencia que supondría un práctico vaciamiento del tipo y con ello una inasumible desprotección de tales víctimas»[116].

Muy interesante al respecto la opinión de León Alapont cuando señala que utilizar la doctrina del Tribunal Constitucional para aplicarla sobre el delito de humillación lleva consigo una «perversión implícita» ya que así se reconoce que la humillación debe suponer una incitación indirecta a la comisión de delitos de terrorismo, cuando de la interpretación literal no se deduce[117]. E incluso, añade, que la equiparación no puede venir de la necesidad de proteger especialmente a las víctimas del delito de terrorismo –o es que son más importantes que las de, por ejemplo, una agresión sexual–, sino de la creación de un peligro para cometer delitos de terrorismo, siendo aquí motivada por el descrédito, menosprecio y humillación tanto a las víctimas como a sus familiares. En esta línea, Lamarca Pérez advierte que «esta

---

116 Voto particular formulado por el Sr. D. Alfredo Montoya Melgar.

117 LEÓN ALAPONT, J., *Los delitos de enaltecimiento...*, op. cit., p. 76.

previsión vulnera el principio de igualdad pues todas las víctimas y sus familiares, y no solo las de los delitos terroristas, tienen derecho a que no se realice contra ellos los actos previstos en este tipo delictivo»[118]. O más aun, ampliar la protección reforzada a este colectivo de víctimas contribuye a tratar la protección de otras víctimas, como las de la guerra civil o el franquismo[119].

La búsqueda de una interpretación restrictiva para el delito de humillación de las víctimas debería ser posible, aunque, como se ha advertido ya, sean conductas y delitos independientes que conviven en el art. 578 CP. León Alapont establece dos posibilidades[120]. La primera, conectando el comportamiento vejatorio al enaltecedor y advirtiendo que solo sería típica la humillación en caso de que se justificara los delitos de terrorismo o la alabanza a sus autores. Es decir, exigiendo ambas conductas y no una u otra alternativamente; la segunda, condicionando al comportamiento humillante o vejatorio a las víctimas o sus familiares con un riesgo de que se cometieran delitos de terrorismo. Pero ¿qué hacemos si, como en la primera posibilidad, se cometen las dos

---

118 LAMARCA PÉREZ, C., «Delitos contra el orden público», en LAMARCA PÉREZ, C. (Coord.), *Delitos. La parte especial del Derecho penal,* 4.ª ed., Dykinson, Madrid, 2019, pp. 1038.

119 LEÓN ALAPONT, J., «Enaltecimiento y apología del franquismo, humillación y odio a las víctimas y otras conductas ¿penalmente relevantes?», en ACALE SÁNCHEZ, M., MIRANDA RODRIGUEZ, A. y NIETO MARTÍN, A. (Coords.), *Reformas penales en la península ibérica: ¿A "jangada de pedra"?,* Boletín Oficial del Estado, Madrid, 2021, pp. 77-102, p. 16. También LEÓN ALAPONT, J., «El odio hacia las víctimas de la guerra civil española y del franquismo: ¿nuevo paradigma punitivo?, en SÁNCHEZ GÓMEZ, R. (Dir.), *El tratamiento normativo del discurso del odio,* Aranzadi, Pamplona, 2021, pp. 183-203; LEÓN ALAPONT, J., «La descontrolada expansión de los delitos de odio: acerca de la propuesta de incriminar el odio hacia las víctimas de la Guerra Civil española y del franquismo», en TEIJÓN ALCALÁ, M. (Dir.), *El odio como motivación criminal,* La Ley, Madrid, 2022, pp. 207-235.

120 LEÓN ALAPONT, J., *Los delitos de enaltecimiento…,* op. cit., pp. 76-77.

conductas? La jurisprudencia y algunos autores han señalado que como cada conducta protege bienes jurídicos independientes la solución debería obtenerse aplicando las reglas del concurso de delitos (real o ideal). Sin embargo, otros autores, en virtud del principio de legalidad, apuntan a que el concurso sería de normas, y la conducta de enaltecimiento absorbería el resto de los comportamientos humillantes o vejatorios[121]. En mi opinión, me posiciono en la segunda alternativa puesto que, aunque ambos comportamientos son formas distintas de generar riesgo para la comisión de un hecho delictivos, se exige –o debiera al menos– continuidad en las declaraciones realizadas y el art. 578 CP prevé la misma pena para el enaltecimiento y la humillación. Sobre esta cuestión, Menéndez Conca señala que «ha de tratarse de más de un acto que implique descrédito, menosprecio o humillación de las víctimas o de sus familiares, no bastando solamente un mensaje o expresión que lesiones su honor y dignidad»[122] aunque puedan darse situaciones excepcionales en la que será mejor analizar el aspecto cualitativo que el cuantitativo[123].

Ahora bien, ¿cómo medir cuándo una expresión consigue despreciar, menospreciar o humillar? De forma distinta a lo que sucede con el delito de injurias del art. 208 CP, donde se exige requisitos específicos (gravedad y publicidad, entre otros) el delito de humillación no, o al menos, no se proporcionan criterios claros para valorarlo. Sobre la publicidad, por ejemplo, según la interpretación gramatical del precepto no cabría incluirla, pero de no hacerlo, sería imposible generar un riesgo de cometer deli-

---

121 LEÓN ALAPONT, J., *Los delitos de enaltecimiento…*, op. cit., p. 78.

122 MENÉNDEZ CONCA, L.G, «Estudio jurídico del delito de humillación a las víctimas del terrorismo», *Revista General del Derecho Penal,* núm. 36, 2021, pp. 1-42, p. 5.

123 LEÓN ALAPONT, J., *Los delitos de enaltecimiento…*, op. cit., p. 82.

tos si la humillación se llevara en privado[124], salvo que lo que aquí se interprete es la puesta el peligro o lesión del honor o dignidad, idea que aquí no se defiende. Y esto no supone, como advierte Etxeberria Bereziartua, que toda ofensa o descrédito sobre la víctima de terrorismo suponga la realización del delito, dado que el principio de ofensividad debiera exigir algo más, no solo desde la perspectiva subjetiva de la propia víctima sino también desde una representación objetiva, es decir, la creación de riesgo para cometer delitos terroristas[125]. Sobre la gravedad, algunos autores entienden que son actos que podrían encuadrarse en otros delitos (injurias, calumnias, integridad moral) pero que al ser sobre víctimas de terrorismo o familiares merecen una mayor protección[126]. León Alapont apunta que para ello se requiere un desprecio explícito o directo[127] y degradante u ofensivo[128].

Por último, a diferencia de las injurias, y dado que se configura como un delito público que debería exigir la creación de un riesgo para cometer delitos de terrorismo, el perdón del ofendido no extingue la acción penal (al no entenderse como delito leve según el art. 130.1. 5.ª CP). Coincido también aquí con León Alapont

---

124 Lamarca Pérez apunta que «amabas conductas, el enaltecimiento o la realización de actos de menosprecio, requieren además que el hecho sea público por lo que no deberá resultar punible la opinión emitida en privado o ante un reducido número de personas». LAMARCA PÉREZ, C., «Delitos contra el orden público», op. cit., p. 1037.

125 ETXEBERRIA BEREZIARTUA, E., «La libertad de expresión en el campo de batalla...», op. cit., p. 469.

126 OLMEDO CARDENETE, M.D., «Delitos contra el orden público (VI), De las organizaciones y grupos terroristas. Delitos de terrorismo», MORILLAS CUEVA, L. (Dir.), *Sistema de Derecho Penal. Parte especial*, 3.ª ed, Dykinson, Madrid, 2020, p. 1587.

127 De misma opinión es Vázquez González, C., «Delitos contra el orden público (II)», en SERRANO GÓMEZ, A., SERRANO MAÍLLO, A., SERRANO TÁRRAGA, M.D., y VÁZQUEZ GONZÁLEZ, C. (Dirs.), *Curso de Derecho Penal. Parte Especial*, 2.ª ed., Dykinson, Madrid, 2015, p. 874.

128 LEÓN ALAPONT, J., *Los delitos de enaltecimiento...*, op. cit., p. 83.

al entender que no se persigue un ataque a la dignidad u honor de la persona sino el peligro que se puede generar con la humillación para realizar delitos terroristas; misma razón por la que suscita dudas la posibilidad de aplicar la circunstancia atenuante de reparación del daño causado (art. 22. 5ª CP).

Muñoz Conde señala que, aunque el delito de humillación de las víctimas «viene a proteger el derecho de la víctima a la dignidad, o el de sus familiares a que se respete y no se incremente su dolor [...] se está haciendo un uso excesivo de este precepto para intentar castigar expresiones artísticas o de humor macabro que, aunque puedan a veces ser de mal gusto, pertenecen al ámbito de la libertad de expresión»[129]. Y es que «la necesidad de reducir el sufrimiento actual o futuro de las víctimas funciona hoy en día como una justificación de cualquier tipo de medida de represión penal y el imperativo político de mostrarse sensible ante los sentimientos de las víctimas sirve ahora para reforzar los sentimientos retributivos que influyen cada vez más en la legislación penal»[130]. Sin embargo, como apunta con buen criterio Vives Antón, conviene recordar que «poner a las víctimas como eje de la política criminal es un error ético, pues o es exigirles una imparcialidad y objetividad imposible

---

129 MUÑOZ CONDE, F., *Derecho Penal. Parte Especial,* 23.ª ed., Tirant lo Blanch, Valencia, 2021, p. 872. De misma opinión es Dolz Lago al considerar que se lesiona la dignidad de la persona y es el Estado el que debe asumir el deber de luchar. DOLZ LAGO, M.J., «Delito de descrédito, menosprecio o humillación víctimas del terrorismo: diferencias con el delito de enaltecimiento o justificación de las víctimas de terrorismo», *Diario La Ley,* 2013, pp. 5-6.

130 GARLAND, D., *La cultura del control. Crimen y orden social en la sociedad contemporánea,* Gedisa, Barcelona, 2005, p 240. En sentido similar, GARCÍA ARÁN, M., «Protagonismo de las víctimas y delitos de terrorismo» en Pérez Cepeda, A.I. y Portilla Contreras, G., *Terrorismo y contraterrorismo en el siglo XXI: un análisis penal y político criminal,* Ratio Legis, Salamanca, 2016, pp. 193-204.

para ellas o es plegarse a una idea de la justicia distinta de la que debería imperar en una sociedad racional»[131]. En definitiva, es necesario huir de interpretaciones formales para evitar situaciones intolerables en un Estado democrático de Derecho[132]. Y es que la humillación de las víctimas o de sus familiares, así como el enaltecimiento, no son delitos de terrorismo, como tampoco son terroristas quienes se mofan de ellas. León Alapont apunta acertadamente que «serán malnacidos, pero no terroristas»[133].

IV. ACTOS PREPARATORIOS PUNIBLES: UNA NECESARIA DELIMITACIÓN ENTRE LOS ARTÍCULOS 578 Y 579 DEL CÓDIGO PENAL

1. Evolución de la regulación penal

La primigenia redacción del art. 578 del Código Penal de 1995 sancionaba los actos preparatorios punibles (es decir, la proposición, la conspiración y la provocación) para la comisión de delitos de terrorismo (arts. 571-577 CP), con pena inferior en uno o dos grados a la prevista para el correspondiente delito. En consecuencia, el art. 579 CP estaba previsto entonces para cuestiones relacionadas con atenuantes por abandono voluntario de actividades delictivas, etc.[134].

---

131 VIVES ANTÓN, T.S., «La dignidad de todas las personas», *El País,* 30 de enero de 2015. Disponible en: https://elpais.com/elpais/2015/01/29/opinion/1422553991_283553.html [Última consulta: 28/11/2021].

132 LEÓN ALAPONT, J., *Los delitos de enaltecimiento…,* op. cit., p. 79.

133 Ibidem, p. 93. También en esta línea, CANCIO MELIÁ, M., «¿Strawberry o Cassandra?...», op. cit., p. 1502; BERNAL DEL CASTILLO, J., «El enaltecimiento del terrorismo y la humillación…», op. cit., p. 36.

134 «En los delitos previstos en esta sección, los Jueces y Tribunales, razonándolo en sentencia, podrán imponer la pena inferior en uno o dos grados a la señalada por la Ley para el delito de que se trate, cuando el sujeto haya abandonado voluntariamente sus actividades delictivas y se presente a las autoridades confesando los hechos en que haya participa-

En el año 2000, tras dejar el enaltecimiento y justificación del terrorismo, así como la humillación de las víctimas, reguladas en el art. 578 CP, el legislador se lleva al art. 579 CP los actos de provocación, conspiración y proposición modificando únicamente la previsión de los artículos para los que se podían llevar a cabo ahora, es decir, del art. 571 CP al art. 578 CP[135].

---

do y además colabore activamente con éstas para impedir la producción del delito o coadyuve eficazmente a la obtención de pruebas decisivas para la identificación o captura de otros responsables o para impedir la actuación o el desarrollo de bandas armadas, organizaciones o grupos terroristas a los que haya pertenecido o con los que haya colaborado».

135 El art. 579 CP tras la Ley Orgánica 7/2000, de 22 de diciembre, antes de la reforma operada en 2010:
«1. La provocación, la conspiración y la proposición para cometer los delitos previstos en los artículos 571 a 578 se castigarán con la pena inferior en uno o dos grados a la que corresponda, respectivamente, a los hechos previstos en los artículos anteriores.
2. Los responsables de los delitos previstos en esta sección, sin perjuicio de las penas que correspondan con arreglo a los artículos precedentes, serán también castigados con la pena de inhabilitación absoluta por un tiempo superior entre seis y veinte años al de la duración de la pena de privación de libertad impuesta, en su caso, en la sentencia, atendiendo proporcionalmente a la gravedad del delito, el número de los cometidos y a las circunstancias que concurran en el delincuente.
3. En los delitos previstos en esta sección, los Jueces y Tribunales, razonándolo en sentencia, podrán imponer la pena inferior en uno o dos grados a la señalada por la Ley para el delito de que se trate, cuando el sujeto haya abandonado voluntariamente sus actividades delictivas y se presente a las autoridades confesando los hechos en que haya participado y además colabore activamente con éstas para impedir la producción del delito o coadyuve eficazmente a la obtención de pruebas decisivas para la identificación o captura de otros responsables o para impedir la actuación o el desarrollo de bandas armadas, organizaciones o grupos terroristas a los que haya pertenecido o con los que haya colaborado.»
Texto del art. 579 CP tras la reforma operada por la Ley Orgánica 5/2010, de 22 de junio, por la que se modifica la Ley Orgánica

Se puede decir que poco cambiaba el nuevo apartado primero del art. 579 CP más allá de su nueva ubicación y que comparte

---

10/1995, de 23 de noviembre, del Código Penal (que como aspecto relevante incluye también la medida de libertad vigilada):
1. La provocación, la conspiración y la proposición para cometer los delitos previstos en los artículos 571 a 578 se castigarán con la pena inferior en uno o dos grados a la que corresponda, respectivamente, a los hechos previstos en los artículos anteriores.
Cuando no quede comprendida en el párrafo anterior o en otro precepto de este Código que establezca mayor pena, la distribución o difusión pública por cualquier medio de mensajes o consignas dirigidos a provocar, alentar o favorecer la perpetración de cualquiera de los delitos previstos en este capítulo, generando o incrementando el riesgo de su efectiva comisión, será castigada con la pena de seis meses a dos años de prisión.
2. Los responsables de los delitos previstos en este Capítulo, sin perjuicio de las penas que correspondan con arreglo a los artículos precedentes, serán también castigados con la pena de inhabilitación absoluta por un tiempo superior entre seis y veinte años al de la duración de la pena de privación de libertad impuesta en su caso en la sentencia, atendiendo proporcionalmente a la gravedad del delito, el número de los cometidos y a las circunstancias que concurran en el delincuente.
3. A los condenados a pena grave privativa de libertad por uno o más delitos comprendidos en este Capítulo se les impondrá además la medida de libertad vigilada de cinco a diez años, y de uno a cinco años si la pena privativa de libertad fuera menos grave. No obstante, lo anterior, cuando se trate de un solo delito que no sea grave cometido por un delincuente primario, el Tribunal podrá imponer o no la medida de libertad vigilada en atención a la menor peligrosidad del autor.
4. En los delitos previstos en esta sección, los jueces y tribunales, razonándolo en sentencia, podrán imponer la pena inferior en uno o dos grados a la señalada por la ley para el delito de que se trate, cuando el sujeto haya abandonado voluntariamente sus actividades delictivas y se presente a las autoridades confesando los hechos en que haya participado, y además colabore activamente con éstas para impedir la producción del delito o coadyuve eficazmente a la obtención de pruebas decisivas para la identificación o captura de otros responsables o para impedir la actuación o el desarrollo de organizaciones o grupos terroristas a los que haya pertenecido o con los que haya colaborado».

ahora contenido con dos apartados más. El segundo, sobre las penas de inhabilitación absoluta previstas desde entonces, y el tercero, de la anterior regulación que tenía el propio art. 579 CP antes de sufrir este cambio, y que hace referencia, como se anticipó ya, a atenuar la pena por comportamientos voluntarios tendentes a confesar los hechos en los que ha participado tras abandonar sus actividades delictivas.

Ya en el año 2010, además de incorporarse la libertad vigilada en este artículo (en el nuevo apartado tercero), se incluye junto al castigo de la provocación, la conspiración y la proposición, una especie de cláusula de recogida para castigar todo tipo de conductas de apología, con este tenor:

> «Cuando no quede comprendida en el párrafo anterior o en otro precepto de este Código que establezca mayor pena, la distribución o difusión pública por cualquier medio de mensajes o consignas dirigidos a provocar, alentar o favorecer la perpetración de cualquiera de los delitos previstos en este Capítulo, generando o incrementando el riesgo de su efectiva comisión, será castigada con la pena de seis meses a dos años de prisión».

Asimismo, la reforma de 2015 dota al art. 579 CP del siguiente contenido:

> «1. Será castigado con la pena inferior en uno o dos grados a la prevista para el delito de que se trate el que, por cualquier medio, difunda públicamente mensajes o consignas que tengan como finalidad o que, por su contenido, sean idóneos para incitar a otros a la comisión de alguno de los delitos de este Capítulo.
> 2. La misma pena se impondrá al que, públicamente o ante una concurrencia de personas, incite a otros a la comisión de alguno de los delitos de este Capítulo, así como a quien solicite a otra persona que los cometa.
> 3. Los demás actos de provocación, conspiración y proposición para cometer alguno de los delitos regulados en este Capítulo se castigarán también con la pena inferior en uno o dos grados a la que corresponda respectivamente a los hechos previstos en este Capítulo.
> 4. En los casos previstos en este precepto, los jueces o tribunales podrán adoptar las medidas establecidas en los apartados 4 y 5 del artículo anterior».

2. Regulación penal actual

Las modificaciones incorporadas tras las reformas penales advertidas, especialmente las de los años 2010 y 2015, confieren al actual art. 579 CP cuatro apartados que conviene analizar. Así, la conducta genérica pasa a sancionarse en el apartado tercero del art. 579 CP y, actualmente, en el apartado primero se castiga con la pena inferior en uno o dos grados a la prevista para el delito de que se trate la conducta de difusión pública de mensajes o consignas que «tengan como finalidad, o que, por su contenido, sean idóneos para incitar a otros a la comisión de los delitos de este Capítulo». Hay que destacar que, al ser comportamientos disyuntivos, no se requiere que los mensajes o consignas sean idóneas siempre y cuando tengan la finalidad de incitar a la comisión. Esta conducta fue incorporada por la LO 5/2010. Por su parte, el segundo párrafo prevé la misma pena a los que de forma pública, o ante una concurrencia de personas, incite a la comisión de alguno de los delitos del Capítulo, incorporando como novedad solicitar a otra persona que los cometa. En relación con estas dos últimas conductas, cabe señalar que los apartados 1 y 2 contribuyen a crear problemas de legalidad al no especificarse lo que debe considerarse mensajes o consignas «que tengan como finalidad o que, por su contenido, sean idóneos para incitar a otros» a cometer delitos de terrorismo. Cano Paños considera que «este cúmulo de imprecisiones da lugar a que, [...] planee la sombra de la inconstitucionalidad sobre el apartado 1 del art. 579»[136].

Para terminar, hay que señalar que el último párrafo del precepto permite que los jueces y tribunales puedan adoptar, como ocurría con los apartados cuatro y cinco del artículo anterior, la retirada de los contenidos, la supresión de los enlaces, así como acordar las medidas durante la fase de instrucción con carácter cautelar.

---

136 CANO PAÑOS, M.A., «La reforma de los delitos...», op. cit., p. 945.

Sin embargo, después de señalar *supra* las distintas opciones de interpretación a las que se puede llegar en el delito de enaltecimiento o justificación públicos del apartado primero del art. 578 CP, es decir, exigir incitación directa a la comisión de delitos de terrorismo; (2) exigir una incitación indirecta; o (3) no exigir ningún tipo de incitación –ni directa ni indirecta– sino la creación de un riesgo para la comisión de delitos terroristas[137], y tras posicionar nuestra idea en la más lógica –no tanto la exigencia de un componente incitador sino más bien la obligatoriedad de crear un riesgo a delinquir–, conviene aquí analizar si el tipo penal (art. 579 CP) exige o no una incitación, o más bien de qué tipo, puesto que no parecen surgir dudas cuando la literalidad del propio artículo recoge «sean idóneos para incitar a otros a la comisión de alguno de los delitos de este Capítulo» (art. 579.1 CP), «incite a otros a la comisión de alguno de los delitos de este Capítulo, así como a quien solicite a otra persona que los cometa» (art. 579.2 CP), o «demás actos de provocación, conspiración y proposición para cometer alguno de los delitos regulados en este Capítulo» (art. 579.3 CP). Falta, pues, determinar qué tipo de incitación –directa o indirecta– pretende cada uno de estos apartados.

De menor a mayor dificultad, empezamos por el tercer apartado. En él, se persiguen los actos preparatorios punibles y en el art. 18 CP se puede extraer algo. Por ejemplo, que la provocación está configurada como una forma de incitar de forma directa a la comisión de un hecho delictivo. Así, puede extraerse de su tenor literal al leer «la provocación existe cuando directamente se incite por medio de la imprenta, la radiodifusión o cualquier otro medio de eficacia semejante». Incluso con la apología ocurre lo mismo, como forma de provocación, donde se puede leer que

---

137 Descartando las dos primeras, por no ajustarse al tenor literal, parece más lógica, tal y como apunta León Alapont, decantarse por la tercera, es decir, creación de riesgo, aunque eso sí, con la problemática de determinar la frontera entre el propio riesgo generado y la libertad de expresión.

«será delictiva como forma de provocación y si por su naturaleza y circunstancia constituye una incitación directa a cometer un delito»[138]. De esta manera, ya sea provocación o apología, las dos exigen la reproducción de un mensaje que incite directamente a la realización de la conducta que se enaltece o ensalza[139].

Sobre los apartados primero y segundo la postura no es tan clara. Veamos. Pastrana Sánchez, por ejemplo, señala que el primer apartado exige una incitación indirecta y el segundo requiere una incitación directa[140]. E incluso puede tener sentido, es decir, el primer apartado recoge la difusión pública de mensajes o consignas que tengan como finalidad o que, por su contenido, sean idóneas para incitar a otros a la comisión de alguno de los delitos de este Capítulo. En cambio, el segundo apartado sí recoge de manera expresa que se «incite a otros a la comisión. Pastrana Sánchez sostiene así que el primer número del art. 579 CP (difundir por cualquier medio mensajes o consignas idóneos para incitar a la comisión de delitos de terrorismo) representaría un tipo de incitación indirecta, mientras que el art. 579.2 CP (incitar a la comisión públicamente o ante concurrencia de personas a la comisión de delitos de terrorismo, o solicitar a otra persona su comisión) castigaría la incitación indirecta[141]. Sin embargo, es importante también recordar que el propio apartado primero del art. 579 CP regula dos conductas alternativas, es decir, difundir públicamente mensajes o consignas que tengan como finalidad incitar a otros a la comisión de algunos de los delitos del Capítulo, por un lado; y, difundir

---

138 CUERDA ARNAU, M.L., «Terrorismo y libertades políticas», op. cit., pp. 82-83.

139 GARCÍA ARÁN, M., «De los delitos de terrorismo» en CÓRDOBA RODA, J., y GARCÍA ARÁN, M. (Dir.), Comentarios al Código Penal. Parte Especial (Tomo II), Marcial Pons, Madrid, 2004, pp. 2603-2633, p. 2631.

140 PASTRANA SÁNCHEZ, M.A., *La nueva configuración…*, op. cit., p. 275.

141 Ibidem, p. 275.

públicamente mensajes o consignas que, por su contenido, sean idóneos para incitar a otros a la comisión de los delitos del Capítulo, por otro. Con esto lo que se observa es que en la primera exige además del dolo, un elemento adicional del injusto, la finalidad de incitar, y en la segunda, sin esa finalidad, siendo típica desde el instante en que se considere idónea para incitar. De esta manera, no existe un argumento sólido para realizar esta inferencia y, como señala León Alapont, la alusión en el número 3 del art. 579 CP a la expresión «en los demás casos de provocación», parece estar requiriendo en todos los números una incitación directa[142] apuntando así que tanto el primero como el segundo, son modalidades distintas que exigen incitar directamente a la comisión de actos delictivos puesto que el tenor literal del tercer apartado recoge «los demás actos de provocación», dejando así entrever que el legislador recoge tres formas diferentes de provocación que obligan incitar directamente al hecho[143]. García Sánchez, advierte que una mejor –y más congruente– redacción de este precepto podría ser «la sustitución del término "los demás actos", por "todos los actos..." y eliminando el "también"). Es decir, se criminaliza los actos preparatorios comunicados generales a los tipificados para otros delitos y definidos en la parte general del Código Penal en los arts. 17 y 18, por lo que las conductas del punto 1 y del 2, serían ya subsumibles en el punto 3»[144].

---

142 LEÓN ALAPONT, J., «El enaltecimiento del terrorismo y la humillación...», op. cit., p. 22.

143 LEÓN ALAPONT, J., *Los delitos de enaltecimiento...*, op. cit., p. 66. También de esta misma opinión: MANZANARES SAMANIEGO, J.L., *Comentarios al Código Penal (tras las Leyes Orgánicas 1/2015, de 30 de marzo, y 2/2015, de 30 de marzo)*, 2.ª ed., *Diario La Ley,* Madrid, 2016, p. 1640.

144 GARCÍA SÁNCHEZ, B., «Revisión de algunas cuestiones "incuestionables" acerca de los delitos de terrorismo y la protección de los derechos fundamentales» en Revista General de Derecho Penal, 2021, núm. 35, pp. 1-40, p. 35.

Así las cosas, al margen de las posibles interpretaciones de la norma, en un u otro sentido, lo cierto es que la ampliación de las formas de provocación se acaba convirtiendo en lo que Alonso Rimo ha calificado como una «deriva preventiva»[145] que «busca una aplicación todavía más extensiva de este delito»[146] que poco ayuda a los jueces en sus labores de interpretación. Por ello, como se ha expuesto ya, los arts. 578 y 579 CP requieren una necesaria delimitación para interpretarlos conforme al principio de vigencia mientras no se produzca una modificación por parte del legislador. Y esto conlleva, por tanto, exigir la creación de un riesgo para la comisión de un delito de terrorismo –sin ningún componente incitador– en el delito de enaltecimiento o justificación públicas del art. 578 CP y reclamar la incitación directa (o, al menos, indirecta[147]) como componente incitador para el delito de humillación a las víctimas del art. 579 CP.

V. CONCLUSIONES PROVISIONALES

Las deficiencias del actual marco normativo –internacional y europeo–[148], exige una respuesta integral y armonizada para

---

145 ALONSO RIMO, A., «¿Actos preparatorios o pre-crímenes…», op. cit., p. 487.

146 BERNAL DEL CASTILLO, J., «El enaltecimiento del terrorismo y la humillación…», op. cit., p. 70.

147 León Alapont señala que, de no considerar, como Pastrana Sánchez, la exigencia de una incitación directa en el apartado primero del art. 579 CP, en todo caso serán indirectas, siempre y cuando fuera a la comisión de algún delito concreto de terrorismo. LEÓN ALAPONT, J., *Los delitos de enaltecimiento…*, op. cit., p. 68.

148 Teruel Lozano señala que «es necesario precisar de manera más concluyente algunos extremos que, como se ha dicho, han quedado abiertos y pueden dar lugar a distorsiones en su implementación por los Estados». TERUEL LOZANO, G.M, «Internet, incitación al terrorismo…», op. cit., 24.

regular las conductas sobre enaltecimiento del terrorismo, la humillación a sus víctimas y las distintas formas de provocación de acuerdo con las reglas y principios básicos de un Derecho penal liberal. Con todo, en el art. 578 CP cohabitan dos modalidades de una misma conducta: el apoyo moral a cometer delitos de terrorismo bien provenga del ensalzamiento o justificación de los delitos o de sus autores, o de la humillación de las víctimas o sus familiares. Y es que nuestro legislador patrio se empeña en reprimir conductas enaltecedoras, provocadoras, apologéticas y/o humillantes con una redacción vaga y ambigua que, en ocasiones –más de las deseables–, castigan conductas bien alejadas de la efectiva lesión de un bien jurídico personal y vulneran principios básicos del Derecho penal, como el de ofensividad o última ratio –en su carácter fragmentario–.

Sobre la primera modalidad, desde luego, es ilustrativo que el Código Penal de 1995 limitara la sanción de la apología a incitaciones directas para la comisión de delitos por no vulnerar derechos fundamentales y que en el año 2000 se ampliara sin exigir el componente incitador. En este sentido, Vives Antón afirma que «un fantasma recorre el Derecho penal de la democracia»[149]. Por ello, Núñez Castaño señala que es innecesario regular de forma expresa el enaltecimiento del terrorismo porque se exigen los mismos elementos típicos que en la apología del art. 18 CP, encontrando así «perfecto acomodo aquellos discursos o actos comunicativos que incluyeran una incitación directa a la comisión de actos violentos que afecten a los derechos ajenos»[150]. Para que el delito de enaltecimiento del terrorismo pueda castigarse de acuerdo con los valores constitucionales que propugna nuestra Carta Magna, no basta con que se ensalcen o justifiquen

---

[149] VIVES ANTÓN, T.S., «Sistema democrático y concepciones del bien jurídico…», op. cit., p. 20.

[150] NUÑEZ CASTAÑO, E., «Delitos de expresión y derechos fundamentales…», op. cit., pp. 78-79.

delitos terroristas o a sus autores, se lesione el honor de una o varias víctimas, o incluso se genere un clima hostil[151], sino que debe limitarse a la persecución de aquellos mensajes que, como afirma Galán Muñoz, puedan impulsar a «la comisión por parte de sus receptores de algún delito terrorista» obligando así a realizar un análisis de «la idoneidad inductora de cada mensaje enaltecedor, justificador o denigratorio para inducir a cometer tal clase de delitos»[152]. Es decir, debe restringirse la utilización del castigo y la sanción penal para los casos en los que se provoque directamente a la realización de un delito que ponga en riesgo la seguridad de individuos y/o grupos, pero no porque el discurso en sí mismo contribuya a generar un clima hostil.

Y es que la democracia española no es militante, es decir, el Tribunal Constitucional debe defender ideas contrarias al propio sistema democrático y regirse por las reglas generales, constituyendo delito únicamente cuando puedan quedar subsumidas en un tipo penal de provocación o proposición, o, dicho de otra manera, cuando suponga una incitación directa a la comisión delictiva, respetando tanto los principios y garantías del Derecho penal como nuestra Constitución. Por ello, no deben perseguirse discursos por el hecho de que «infundan o generen odio, ya que odiar no es un acto ilícito»[153], salvo que se pretenda configurar

---

151 BOZA MORENO, E., «El delito de enaltecimiento terrorista: un análisis desde la protección del derecho a la libertad de expresión», CARPIO DELGADO, J., HOLGADO GONZÁLEZ, M, PABLO SERRANO, A. (Dirs.), *Entre la libertad de expresión y el delito*, Aranzadi, Pamplona, 2021, pp. 201-225, p. 223.

152 GALÁN MUÑOZ, A., «El delito de enaltecimiento terrorista…», op. cit., p. 108.

153 TERUEL LOZANO, G.M., «Cuando las palabras generan odio: límites a la libertad de expresión en el ordenamiento constitucional español», *Revista Española de Derecho Constitucional*, 114, 2018, pp. 13-45, p. 37.

como un «delito de clima»[154], que tampoco se «constituye en sí mismo un resultado lesivo prohibido»[155], estando únicamente prohibido la provocación de actos violentos o discriminatorios. Pérez Cepeda señala que perseguir una estrategia policial centrada en el principio de precaución[156] que adelanta la protección de la seguridad hasta una etapa predelincuencial, criminaliza a los sujetos peligrosos y castiga comportamientos periféricos[157] lo único que busca es transmitir una sensación de seguridad ante acontecimiento terroristas que generan una gran alarma social[158]

---

154 CUERDA ARNAU, M.L., «Terrorismo y libertades políticas», op. cit., p. 85. BERNAL DEL CASTILLO, J., «El enaltecimiento del terrorismo y la humillación...», op. cit., p. 36.

155 TERUEL LOZANO, G.M., «Cuando las palabras generan odio...», op. cit., p. 37.

156 Gorjón Barraco apunta que «hasta ahora, el Derecho penal en este ámbito ha respondido a la lógica de la precaución, más que a la finalidad de prevención [...] al presumir que dicho entorno es la cantera para el posterior delito de terrorismo». *Vid.* GORJÓN BARRANCO, M.C., *Ciberterrorismo y delito de odio motivado por ideología*, Tirant lo Blanch, Valencia, 2019, pp. 279-282.

157 PÉREZ CEPEDA, A.I., *El pacto antiyihadista...*, op. cit., pp. 276-287. Llobet Anglí señala que se trata de una «presunción de peligrosidad». LLOBET ANGLÍ, M., «¿Qué fue de la libertad de expresión y la disidencia política en la apología del terrorismo? En busca de su bien jurídico protegido» en MASFERRER DOMINGO, A. (Coord.), Estado de Derecho y derechos fundamentales en la lucha contra el terrorismo. Una aproximación multidisciplinar (histórica, jurídico-comparada, filosófica y económica), Thomson Reuters Aranzadi, Cizur Menor, 2011, pp. 545-592, p. 572.

158 PAREDES CASTAÑÓN, J. M., «Terrorismo y antiterrorismo como estrategias político-militares», PÉREZ CEPEDA, A.I. (Dir.), RUIZ ARIAS, M. (Coord.), *El terrorismo en la actualidad: un nuevo enfoque político-criminal*, Tirant lo Blanch, Valencia, 2018, p. 190, advierte que «si los actores políticos [...] no se dedicasen a sobredimensionar intencionadamente la trascendencia jurídico-penal y política de los fenómenos de terrorismo, cabe dudar de que existiera una demanda social de criminalización y de excepcionalidad».

a base de limitar y vulnerar derechos y libertades públicas, que cuentan con el beneplácito de la sociedad y la justificación del propio Estado en el uso de esa legislación excepcional[159].

Alcácer Guirao expone de forma magnífica que lo verdaderamente importante para combatir los discursos xenófobos y discriminatorios no es la represión y un castigo desmedido sino el libre intercambio de ideas, el diálogo racional y la conciencia crítica de los ciudadanos porque «la tolerancia hacia el otro ha de inculcarse con la palabra, no puede imponerse con la sanción penal»[160]. Y eso, «en una sociedad con relativas dosis de estabilidad social [...] la alternativa a reprimir penalmente el discurso del odio debe ser asegurar por otras vías –civiles, administrativas, económicas– que los grupos minoritarios, potenciales víctimas del odio o la discriminación, o quienes hablen por ellos, dispongan de posibilidades expresivas de respuesta, que accedan en condiciones de igualdad a los medios de comunicación; que puedan, en suma, hacerse oír socialmente»[161].

Por ello, coincido con León Alapont sobre la eliminación del delito de enaltecimiento del terrorismo del Código Penal[162] porque, primero, no comporta laguna de punibilidad ni elimi-

---

159 FERNÁNDEZ ABAD, C., «A vueltas con el delito de enaltecimiento y humillación a las víctimas: ¿exigencia político criminal en un contexto dominado por las TIC o criminalización del discurso», en JIMÉNEZ GARCÍA, F., Seguridad y responsabilidad penal e internacional en el uso de las TIC y la inteligencia artificial, Iustel, Madrid, 2024, pp. 225 y ss.

160 ALCÁCER GUIRAO, R., «Discurso del odio, protección de minorías y sociedad democrática», *Revista Crítica Penal y Poder,* núm. 18, 2019, pp. 19-27, p. 26.

161 Ibidem, p. 26.

162 LEÓN ALAPONT, J., *Los delitos de enaltecimiento...,* op. cit., p. 173. También en LEÓN ALAPONT, J., «El enaltecimiento del terrorismo y la humillación...», op. cit.

na eficacia en la prevención de los delitos de terrorismo[163], y segundo, ya se recoge en al art. 577.2 CP cualquier actividad de captación o adoctrinamiento dirigida o que, «por su contenido, resulte idónea para incitar a cometer cualquiera de los delitos comprendidos en este Capítulo» por no hablar de otras opciones que se contemplan en otros artículos del Código Penal[164]. Por el momento, mientras no se logre su eliminación lo más coherente es interpretarlo de la manera más correcta y razonable posible[165] atentando a los jueces y tribunales a hacerlo igual, porque lo contrario, supone llegar a castigar meras consideraciones morales y la imposición de ideas hegemónicas[166].

Con respecto a la segunda modalidad, el delito de humillación o menosprecio a las víctimas, así como a sus familiares, es mayoritaria la doctrina que se posiciona en favor de su dero-

---

163 MIRA BENAVENT, J., «El delito de enaltecimiento del terrorismo, el de humillación a las víctimas del terrorismo y la competencia de la Audiencia Nacional: ni delito, ni terrorismo, ni competencia de la Audiencia Nacional», en ALONSO RIMO, A., CUERDA ARNAU, M. L., FERNÁNDEZ HERNÁNDEZ, A. (Dirs.), Terrorismo, sistema penal y derechos fundamentales, Tirant lo Blanch, Valencia, 2018, pp. 299-330, p. 317.

164 El art. 170.2 CP persigue la reclamación pública a cometer acciones violentas por parte de organizaciones o grupos terroristas con el fin de atemorizar, aunque no es aplicable a sujetos individuales. Sin embargo, hay preceptos que castiga la apología como forma de provocación, como ya se analizó.

165 Ramos Vázquez advierte los graves problemas probatorios (y de presunciones) o la difícil línea que separa los juicios de valor o la adhesión a una ideología, por deleznable que sea, del peligro real para bienes jurídicos dignos de protección. *Vid.* RAMOS VÁZQUEZ, J.A., «Presente y futuro del delito de enaltecimiento y...», op. cit., p. 793.

166 PAREDES CASTAÑÓN, J.M., «El "terrorista" ante el Derecho penal: por una política criminal intercultural», *Nuevo Foro Penal,* Vol. 6, núm. 74, 2013, pp. 99-177, pp. 131 y 153.

gación. Entre otros, Miró Linares[167], Carbonell Mateu[168], Mira Benavent[169], Cuerda Arnau[170], Pastrana Sánchez[171], entre otros. Pero también hay algunas opiniones que sostienen lo contrario, entre otras, las de Rodríguez Puerta[172] o Nieto Martín[173].

Dentro del primer grupo, se considera que no es sostenible castigar con penas privativas de libertad conductas que únicamente constituyen ofensas a los demás o a la colectividad, sin olvidar la dificultad probatoria que eso lleva implícito[174]. Además, en todo caso, «las expresiones humillantes para las víctimas del terrorismo deberían ser castigadas, en su caso, conforme a la regulación de otros delitos comunes: por ejemplo, los tipos de injurias y calumnias o amenazas»[175], sin olvidar los delitos contra la integridad moral. En Este sentido, el GEPC afirma que «el

---

167 MIRÓ LLINARES, F., «Derecho Penal y 140 caracteres...», op. cit., p. 43

168 CARBONELL MATEU, J.C., «Crítica a los sentimientos como bien jurídico-penal...», op. cit., 353.

169 MIRA BENAVENT, J., «El delito de enaltecimiento del terrorismo...», op. cit., p. 317.

170 CUERDA ARNAU, M.L., «Delitos contra el orden público», op. cit.

171 PASTRANA SÁNCHEZ, M.A., «El delito de enaltecimiento del terrorismo: clamores para su derogación», LEÓN ALAPONT, J. (Dir.)., *Temas clave de Derecho Penal: presente y futuro de la política criminal en España,* Bosch, Barcelona, 2021, pp. 495-424, p. 519.

172 RODRÍGUEZ PUERTA, J.M., «Art. 578» en QUINTERO OLIVARES, G. (Dir.), *Comentarios al Código Penal,* Tomo III, 5.ª ed., Aranzadi Thomson Reuters, Cizur Menor, 2008, pp. 1152-1153.

173 NIETO MARTÍN, A., «De la tenencia, tráfico y depósito de armas, municiones o explosivos y de los delitos de terrorismo», en ARROYO ZAPATERO, L.A., BERDUGO GÓMEZ DE LA TORRE, I., FERRÉ OLIVÉ, J.C., GARCÍA RIVAS, N., SERRANO-PIEDECASAS, J.R., TERRADILLOS BASOCO, J.M. (Dirs.), *Comentarios al Código Penal,* Iustel, Madrid, 2007, pp. 1081-1112, p. 1098.

174 MIRÓ LLINARES, F., «Derecho Penal y 140 caracteres...», op. cit., p. 43.

175 PASTRANA SÁNCHEZ, M.A., «El delito de enaltecimiento del terrorismo...», op. cit., p. 519.

menosprecio o la humillación no constituye en forma alguna un acto de terrorismo o de apología del mismo tratándose de un comportamiento que, de ser constitutivo de infracción penal, está mucho más cercano a los delitos de injurias o a los nuevos delitos contra la integridad moral, por lo que su tipificación expresa resulta además innecesaria y solo introduce confusión y duplicidad normativa»[176] añadiendo además que las agresiones más graves pueden ser sancionadas por el art. 510 CP[177]. Sobre esto último, teniendo en cuenta que se exigiría realizar una interpretación extensiva ya que el art. 510 CP exige una humillación por motivos racistas, antisemitas u otros referentes a la ideología, religión o creencias, pero no terroristas, y tal y como señala León Alapont, considerar a las víctimas de terrorismo dentro de la ideología resulta cuanto menos cuestionable[178]. Y es que como apunta Etxeberria Bereziartua:

> «Es necesario defender a todas las víctimas de cualquier agresión que puedan sufrir, pero flaco favor se les va a hacer con la utilización de un delito que se extiende, con sorprendente flexibilidad, para albergar en su seno incluso expresiones artísticas. Por ello, es preferible articular y poner los recursos necesarios para que las víctimas del terrorismo puedan defender su honor por las vías ordinarias sin la utilización y los problemas que causa este delito que, en el fondo, daña el propio prestigio de estas víctimas que pretende proteger»[179].

Otros autores, en cambio, sostienen que no debe ser objeto de las mismas críticas que se realiza sobre el delito de enalteciendo

---

176 GRUPO DE ESTUDIOS DE POLÍTICA CRIMINAL, *Una alternativa a la actual política criminal* sobre terrorismo, Tirant lo Blanch, Valencia, 2018, p. 37.

177 GRUPO DE ESTUDIOS DE POLÍTICA CRIMINAL, *Una propuesta alternativa…*, op. cit., p. 48.

178 LEÓN ALAPONT, J., *Los delitos de enaltecimiento…*, op. cit., p. 181.

179 ETXEBERRIA BEREZIARTUA, E., «La libertad de expresión en el campo de batalla…», op. cit., p. 469.

al contar este con «una base sólida de justificación político-criminal»[180] o porque, aunque podrían quedar abarcadas por delitos contra el honor o la integridad moral, como el art. 173.1 CP[181], «realizadas dentro del contexto violento de una organización terrorista, tienen una potencialidad lesiva mayor»[182].

Sea como fuere, cualquier intervención penal exige cumplir con los parámetros constitucionales que legitiman el *ius puniendi* por lo que la limitación del espacio vital –libertad– de un individuo debe exigir –lo más posible– la salvaguarda de bienes jurídicos de especial protección, siempre que no existan otras ramas del ordenamiento jurídico capaces de solucionar el problema de manera menos gravosa, con tipos concretos y bien determinados, que conlleven una carga lesiva razonable y penas proporcionadas según la gravedad de los hechos[183].

---

180 RODRÍGUEZ PUERTA, J.M., «Art. 578», op. cit., pp. 1152-1153.

181 «El que infligiera a otra persona un trato degradante, menoscabando gravemente su integridad moral, será castigado con la pena de prisión de seis meses a dos años».

182 NIETO MARTÍN, A., «De la tenencia, tráfico...», op. cit., p. 1098.

183 LEÓN ALAPONT, J., *Los delitos de enaltecimiento...*, op. cit., p. 18.

Capítulo II
El delito de colaboración y su permanente colisión con los principios de taxatividad y seguridad jurídica

SUMARIO: I. INTRODUCCIÓN. II. DELITO DE INTEGRACIÓN. III. DELITOS DE COLABORACIÓN. ADOCTRINAMIENTO PASIVO, AUTOADOCTRINAMIENTO Y TRASLADO O ESTABLECIMIENTO EN UN TERRITORIO EXTRANJERO. IV. DELITO DE FINANCIACIÓN DEL TERRORISMO. V. COLABORACIÓN GENÉRICA Y ADOCTRINAMIENTO ACTIVO. COLABORACIÓN IMPRUDENTE. VI. CONCURRENCIA DELICTIVA A PROPÓSITO DEL ARTÍCULO 575. VII. CONCLUSIONES PROVISIONALES.

I. INTRODUCCIÓN

Aunque la Asamblea General de Naciones Unidas no ha logrado aprobar un Convenio General sobre terrorismo, el Consejo de Seguridad se ha prodigado en imponer obligaciones a los Estados en esta materia. Este proceder ha sido objeto de crítica por varios motivos: el primero, por lo discutible que resulta según doctrina internacional[184], que un órgano como este pueda desempeñar

---

184 GARRIDO MUÑOZ, A., «Un nuevo cortocircuito legislativo en Naciones Unidas: la Resolución 2178 (2014) del Consejo de Seguridad

funciones legislativas sin un Convenio internacional sobre la materia; el segundo, por no utilizar como corresponde en casos como los de Siria o Irak la facultad que le otorga el Capítulo VII de la Carta de Naciones Unidas, es decir, la actuación militar o no militar en caso de amenaza o quebrantamiento de la paz por actos de agresión para restablecer la paz y la seguridad internacional[185]; y el tercero, por las continuas resoluciones elaboradas que intentan tratar la regulación de situaciones concretas y que son muestra de precipitación y falta de reflexión[186].

---

de Naciones Unidas relativa a los combatientes terroristas extranjeros», *Revista Derecho Internacional,* Vol. 67, núm. 1, 2015, pp. 303-304. También JIMÉNEZ GARCÍA, F., «Combatientes terroristas extranjeros y conflictos armados: utilitarismo inmediato ante fenómenos no resueltos y normas no consensuadas», en Revista Española de Derecho Internacional, Vol. 68, 2016, pp. 278-280.

Sánchez Frías recuerda que la RES 1373 de 2001 impone medidas penales contra la financiación del terrorismo, pero, a diferencia de la RES 2178, toma como punto de partida un Convenio previo, el Convenio Internacional para la represión de la financiación del terrorismo, abierto a la firma 9 de diciembre de 1999, con entrada en vigor el 10 de abril de 2002. SÁNCHEZ FRÍAS, A., «From dangerous citizens to foreign criminals: effects on human rights and state sovereignty of recent international and european responses to the terrorist threat», *Revista de Estudios Europeos,* núm. 75, 2020, p. 13.

185 En este sentido, Alcaide Fernández crítica que «cuando se ha considerado necesario recurrir a la fuerza, el Consejo de Seguridad no ha recomendado, decidido o autorizado acción alguna de las Naciones Unidas, favoreciendo por el contrario la "desnaturalización" de la legítima defensa». ALCAIDE FERNÁNDEZ, J., «Terrorismo y Derecho Internacional. Desarrollos normativos e institucionales tras el 11-S», Cursos de derecho internacional y relaciones internacionales de Vitoria-Gasteiz, núm. 1, 2017, pp. 31-112, pp. 62-63. *Vid.* GARCÍA SÁNCHEZ, B., «Instrumentos internacionales en la lucha contra el terrorismo (ONU)», en PÉREZ CEPEDA, A.I. (Dir.), El terrorismo en la actualidad: un nuevo enfoque político criminal, Tirant lo Blanch, Valencia, 2018, pp. 82-83.

186 Ropero Carrasco señala que lo razonable sería la elaboración de «un instrumento jurídico capaz de ofrecer una respuesta global con mayor

Según lo anterior, el Consejo de Seguridad de Naciones Unidas ha tratado de dar respuesta a dos aspectos claros a partir de la Resolución 2178 (2014) y que sirven de inspiración a la Ley Orgánica 2/2015: (1) la utilización de Internet como sistema de captación para realizar propaganda yihadista y (2) los denominados combatientes terroristas extranjeros. En primer lugar, sobre Internet, la Exposición de Motivos advierte su preocupación por la difusión de mensajes que resulten idóneos para incitar a la comisión de atentados o se utilicen para radicalizar o adoctrinar a sus receptores. Así, en este aspecto, pueden aplicarse delitos de provocación o apología –es decir, actos preparatorios–, en caso de que inciten a la comisión de un delito; o enaltecimiento, si no incitan directamente a su comisión, pero también delitos que persiguen captar, adoctrinar, adiestrar o formar con el principal objetivo de que los sujetos se incorporen a una organización o grupo terrorista o lleven a cabo actos terroristas. En segundo lugar, con respecto a los combatientes terroristas extranjeros[187], la Academia de Derecho Internacional Humanitario y Derechos Humanos de Ginebra los define como: «un individuo que abandona su país de origen o residencia habitual para unirse a un grupo armado no estatal en un conflicto armado en el extranjero

---

capacidad de trascendencia al planteado por un aspecto específico». ROPERO CARRASCO, J., *Las limitaciones del Derecho Penal frente al terrorismo Yihadista: una propuesta de racionalización de la respuesta penal en el marco de un análisis de las políticas de seguridad*, Thomson Reuters Aranzadi, Cizur Menor, 2022, p. 158.

187 VERVAELE, J., «Combatientes extranjeros (terroristas) ¿combatientes y/o terroristas o solamente enemigos?, PÉREZ CEPEDA, A.I. (Dir.), *El terrorismo en la actualidad: un nuevo enfoque político criminal*, Tirant lo Blanch, Valencia, 2018, pp. 209-246. FERNÁNDEZ ABAD, C., y ROPERO CARRASCO, J., «Ante la encrucijada del no derecho y la excepción penal normalizada: una reflexión crítica y propositiva a partir de la situación actual de los "combatientes terroristas extranjeros" europeos», *Revista de Derecho Penal y Criminología*, núm. 23, 2020, pp. 107-152, pp. 107-152.

y que está motivado principalmente por la ideología, la religión y/o el parentesco»[188]. La propia Resolución 2178 habla de personas que viajan de un lugar distinto de su lugar de residencia o nacionalidad con la finalidad de integrarse en organizaciones terroristas o recibir adiestramiento de ellas.

Teniendo esto en cuenta, el Secretario General de Naciones Unidas de 2021, en su Informe «Terrorismo y derechos humanos»[189] advierte entre sus conclusiones que la lucha contra el terrorismo y el respeto de los derechos humanos deben ser objetivos complementarios, siendo fundamental la colaboración con distintos agentes para que las políticas de lucha contra el fenómeno terrorista y la prevención del extremismo violento se apliquen de manera efectiva.

Sobre la legislación antiterrorista, señala que, aunque los Estados toman medidas para perseguir a los autores de los delitos de terrorismo, las iniciativas de enjuiciamiento se asientan sobre una legislación que no define de forma clara los delitos relacionados con el terrorismo. Por ello, se recomienda que definan y acoten su definición, en primer lugar, puesto que «los principios de seguridad jurídica y legalidad exigen que el derecho penal especifique con precisión los tipos de comportamiento y conducta que constituyen un delito, así como las consecuencias de cometer tal delito», ya que «resulta preocupante que se redacte legislación antiterrorista imprecisa y amplia y se aplique en

---

188 GENEVA ACADEMY OF INTERNATIONAL HUMANITARIAN LAW AND HUMAN RIGHTS, «Foreign Fighters under International Law», Academy Briefing, núm. 7, 2014. Disponible en: https://www.geneva-academy.ch/joomlatools-files/docmanfiles/Publications/Academy%20Briefings/Foreign%20Fighters_2015_WEB.pdf. [Última consulta: 22/12/2021].

189 Este informe se presenta en cumplimiento de la Resolución 74/147 de la Asamblea General. En el párrafo 37 de esa resolución, la Asamblea solicitó al Secretario General que le presentara, en su septuagésimo sexto período de sesiones, así como al Consejo de Derechos Humanos, un informe sobre la aplicación de la resolución.

ocasiones sin que sea necesaria una conducta violenta» puesto que se han tipificado como delito actividades preparatorias de actos de terrorismo definidas de forma vaga como la incitación al terrorismo, la apología, el enaltecimiento, etc. Y esto «puede menoscabar gravemente los principios de seguridad jurídica y legalidad». En definitiva, la principal función del Derecho penal debe ser aportar certeza a los comportamientos que los seres humanos realizan. Por ello, si no hay certeza, tampoco Derecho[190].

A continuación, y en conexión con lo avanzado ya, esta sección pretende abordar los artículos encargados de regular todas estas conductas de colaboración, –arts. 571, 572, 575, 576 y 577 CP–, y que son principalmente el delito de integración en organización o grupo terroristas[191] o cualquiera de los signos de apoyo y/o colaboración al catálogo de delitos del art. 573 CP como son el adoctrinamiento activo, pasivo, autoadoctrinamiento, financiación y colaboración. Sin embargo, cuando se hace referencia a la colaboración no es necesario que se ejecute un apoyo concreto a título de autor o partícipe[192] de un determinado delito sino cualquier aportación genérica a las actividades o finalidades de la organización, grupo o elemento terrorista. Por ejemplo, la reforma de 2010 ya introduce en el antiguo art. 576.3 CP como actos

---

190 CORSALE, M., *La certezza del diritto,* Giuffrè, Milán, 1970, p. 15.

191 GIL GIL, A., «La expansión de los delitos de terrorismo en España a través de la reinterpretación jurisprudencial del concepto "Organización terrorista"», en *Anuario de Derecho Penal y Ciencias Penales,* Vol. LXVII, 2014, pp. 105-154.

192 El legislador, advierte, en el artículo 576.2: «Si los bienes o valores se pusieran efectivamente a disposición del responsable del delito de terrorismo, se podrá imponer la pena superior en grado. Si llegaran a ser empleados para la ejecución de actos terroristas concretos, el hecho se castigará como coautoría o complicidad, según los casos». O también al final del artículo 577.1: «[...]Si se produjera la lesión de cualquiera de estos bienes jurídicos se castigará el hecho como coautoría o complicidad, según los casos».

de colaboración genéricos, llevar «a cabo cualquier actividad de captación, adoctrinamiento, adiestramiento o formación dirigida a la incorporación de otros a una organización o grupo terrorista o a la perpetración de cualquiera de los delitos previstos en este Capítulo». Asimismo, la modificación del Código Penal en el año 2015 trae consigo la persecución del que desea ser adoctrinado, adiestrado o formado. Es por ello por lo que tienen encaje conductas como la lectura de postulados religiosos que pudieran provocar la incorporación a una organización terrorista, recibir prácticas militares o de combate, o viajar a territorio extranjero con ese mismo fin, es decir, se tipifica la preparación de la preparación, o lo que doctrina y jurisprudencia han denominado acto «proto-preparatorio»[193]. Campo Moreno advierte en esta

[193] Por ejemplo, la STS 354/2017, de 17 de mayo, sobre el art. 575 explica en su FJ 1.º: «El alejamiento respecto de una acción concreta, en estos comportamientos de autoadoctrinamiento ideológico, donde se incrimina un acto protopreparatorio y eventualmente un acto preparatorio de un acto preparatorio, determina su configuración como un delito de peligro». O, «aun dotada esta forma preparatoria del autoadoctrinamiento de autonomía, no transforma su naturaleza de acto protopreparatorio, de mera voluntad ´cuasimanifestada´ (es decir, muy incipientemente manifestada), la previsión de una pena determinada al margen de la concreta tipología terrorista objeto de capacitación, pues la finalidad exigida, aunque no necesita que la autoformación vaya dirigida a la comisión de un atentado concreto o de una actividad terrorista concreta, sí exige que vaya encaminada a la comisión de una de las tipologías contenidas en el capítulo». Alonso Rimo argumenta que «así las cosas, creo que no resulta exagerado utilizar en este contexto el concepto de pre-crimen para expresar esa idea de castigo no tanto por lo que ha pasado cuanto, como destaca Zewdner, "por lo que no ha pasado y quizás nunca pase"». ALONSO RIMO, A., «¿Actos preparatorios o pre-crímenes? ¿Penas o pre-castigos? Aproximación al fundamento de la criminalización de la preparación delictiva», *Estudios penales y criminológicos*, Vol. XXXVIII, 2018, pp. 461-510, p. 467. También Galán Muñoz explica que «se llegaría así a castigar como delito consumado un mero acto preparatorio de lo que no dejaría de ser, a su vez,

misma línea que eso conlleva estar en «una fase muy alejada de la acción, un puro acto preparatorio»[194].

II. DELITO DE INTEGRACIÓN

1. Evolución de la regulación penal

Las nuevas formas de terrorismo han obligado a reflexionar sobre la exigencia o no de una organización estructurada jerárquicamente como ocurría hace algunos años con otras organizaciones terroristas de corte clásico. Sin embargo, el extendido uso de actores individuales por parte del terrorismo yihadista no significa que se admita sin discusión la existencia de un terrorismo individual, es decir, las acciones terroristas llevadas a cabo por actores individuales deben estar vinculadas a una organización o red para así ser consideradas. De esta forma, cuando los hechos de estos sujetos siguen la estrategia propuesta por la organización, no se duda en calificar estos ataques como terroristas[195]. En cambio, se discute si seguir las directrices de

---

sino otra actuación meramente preparatoria de la verdadera comisión participación en un atentado terrorista». GALÁN MUÑOZ, A., «¿Leyes que matan ideas frente a las ideas que matan personas? Problemas de la nueva represión de los mecanismos de captación terrorista tras la reforma del Código Penal de la LO 2/2015», *Revista de Derecho Penal y Criminología*, 3.ª Época, núm. 15, 2016, pp. 95-138, p. 110.

194 CAMPO MORENO, J.C., *Comentarios a la reforma del Código Penal...*, op. cit., p. 60.

195 Pérez Cepeda explica con buen criterio que los grupos o células deben tener conexiones con la organización, aunque sean superficiales. En este aspecto, señala que «cuando no es posible establecer la vinculación del grupo con los fines perseguidos con una organización terrorista con estabilidad y capacidad para alcanzar los fines, que siga sus directrices, con vínculos estables entre el grupo y la organización, asumiendo la jerarquía y disciplina de la organización y la ejecución de acciones pun-

la organización e inspirarse en ella puede ser lo mismo que integrarse en una organización o grupo terrorista, ya que una cosa es inspirarse y simpatizar con el grupo u organización y otra muy distinta, promover, constituir, organizar, dirigir o formar parte de él. Tal y como señala Ropero Carrasco:

> «La valoración de la actuación individual en el contexto de la organización o red con la que se vincula teleológicamente, y cuyas estrategias comparte, no sitúa a todos los posibles actores terroristas en el mismo plano, cuando de lo que se trata es de establecer su responsabilidad por el delito de integración en organización o grupo criminal»[196].

2. Regulación penal actual

En este aspecto, el Código Penal, en la Sección Primera del Capítulo VII del Título XXII, bajo la rúbrica «De las organizaciones y grupos terroristas», define y establece la penalidad de las organizaciones y grupos terroristas según el grado de implicación. En el art. 571 CP define la delincuencia terrorista haciendo énfasis en el elemento estructural y, en segundo lugar, en el art. 572 CP diferencia conductas de dirección u organización del grupo.

El estudio realizado por Becerra Muñoz y García Aguilar[197] arroja que, entre los años 2014 y 2016, la mayoría de los delitos que se imputan son por integración en organización terrorista, en concreto, un 77,9%, tal y como también ocurre con las condenas, un 66,3%. Y esto se debe, aunque una parte de la doctrina

---

tuales que agotan en una finalidad compartida, a mi juicio, tales células o agrupaciones no deberán ser calificadas como terroristas». PÉREZ CEPEDA, A.I., *El pacto antiyihadista…*, op. cit., p. 330.

196 ROPERO CARRASCO, J., *Las limitaciones del Derecho Penal…*, op. cit., p. 196.

197 BECERRA MUÑOZ, J., y GARCÍA AGUILAR, D., «La política criminal antiterrorista en los tribunales», *Boletín criminológico*, Vol. 24, núm. 179, 2018, pp. 1-13, pp. 5-8

abogue por una interpretación restrictiva que exija algo más que pertenencia, a la elevada amplitud con el que el tipo penal está descrito[198]. Años más tarde, según el estudio publicado por Ropero Carrasco[199], entre 2015 y 2020, pueden destacarse las siguientes:

— La STS 693/2016, de 27 de julio, y que confirma las condenas de la Audiencia Nacional para castigar a once miembros de una célula yihadista en Ceuta por el envío de combatientes a Siria, imponiendo doce años de prisión a los dirigentes de la organización, y diez años de prisión para el resto de los integrantes. Se considera probado que el grupo trasladó a veintinueve combatientes terroristas extranjeros.

— La SAN 19/2017, de 21 de julio, en la que se condena a los dos acusados por un delito de integración en organización terrorista a las penas de tres años de prisión e inhabilitación especial y absoluta, además de la medida de seguridad de libertad vigilada y costas.

— La STS 297/2017, de 26 de abril, sobre la Mezquita de la M-30 de Madrid, que condena como director de la organización y líder de la «Brigada Al Andalus» a Hahcen Ilassrien a la pena de 10 años de prisión y por integración en organización terrorista a sus siete colaboradores con

---

198 GIL GIL, A., «La expansión de los delitos de terrorismo en España a través del delito de pertenencia a organización terrorista», en AMBOS, K., MALARINO, E., y STEINER C. (Ed.), *Terrorismo y Derecho Penal,* Grupo Latinoamericano de Estudios sobre Derecho Penal Internacional, 2015, pp. 331-364.

199 ROPERO CARRASCO, J., «Análisis crítico de la reforma de los delitos de terrorismo por la Ley 2/2015 a partir del estudio de la jurisprudencia», en PÉREZ MANZANO, M., IGLESIAS RÍO, M.A., DE ANDRÉS DOMÍNGUEZ, A.C., MARTÍN LORENZO, M. y VALLE MARISCAL DE GANTE, M. (Coords), Estudios en homenaje a la profesora Susana Huerta Tocildo, Universidad Complutense, Madrid, 2020, pp. 749-760.

penas de ocho años de prisión[200]. Se observa como formas de colaboración son castigadas como actos de dirección o integración, cuando unas conductas, la de Mustafá Maya o Hahcen Ilassrien, en nada se parecen a las de los verdaderos líderes que dominan directamente la organización.

— La SAN 973/2018, de 9 de abril, que condena a los diez integrantes de la célula yihadista de Terrasa[201]. La sentencia recoge que «el delito de integración en organización criminal es un delito formal o de simple actividad que se consuma con la mera "pertenencia", sin necesidad de ningún otro acto, lo que en otro caso, daría lugar a otra infracción». Así, condena a tres integrantes como dirigentes imponiéndoles penas de 12 años de prisión más inhabilitación absoluta y especial durante veinte años, y libertad vigilada durante quince años. Al resto de integrantes, como participantes, a penas de ocho años de prisión, inhabilitación absoluta y especial de dieciséis años y libertad vigilada de seis años.

— La SAN 25/2018, de 15 de junio, en la que se castiga a un sujeto que, tras viajar a Siria a combatir, vuelve con la intención de atentar, y se le detiene en Varsovia[202]. Se le

---

200 PÉREZ, F.K., «Condenada la célula yihadista radicada en la mezquita de la M-30», *El País,* 28 de septiembre de 2016. Disponible en: https://elpais.com/politica/2016/09/28/actualidad/1475066084_183630.html [Última consulta: 27/08/2022].

201 «Los tres dirigentes de la célula yihadista desarticulada en la operación Caronte, condenados a 12 años de cárcel», *La Vanguardia,* 10 de abril de 2018. Disponible en: https://www.lavanguardia.com/politica/20180410/442427282210/yihadistas-condenados-operacion-caronte.html [Última consulta: 27/08/2022].

202 LA MONCLOA, «Detenido en Polonia un marroquí con residencia en España que regresaba a Europa tras combatir en las filas del DAESH», *La Moncloa,* 22 de junio de 2015. Disponible en: https://www.lamoncloa.gob.es/serviciosdeprensa/notasprensa/mir/Paginas/2015/220615daesh.aspx [Última consulta: 27/08/2022].

castiga por delito de integración en organización terrorista con una pena de ocho años de prisión, más su correspondiente inhabilitación absoluta y especial de veinte años, y libertad vigilada de diez años de duración.

— La STS 104/2019, de 27 de febrero, en la que se condenan a varios integrantes como autores de un delito de integración, algunos de ellos como dirigentes y otros como participantes.

— La STS 236/2019, de 9 de mayo, que daba la razón a la Audiencia Nacional en su SAN 3/2018, de 18 de enero, y castiga por pertenencia a organización terrorista al melillense Mustafá Maya, por captar y enviar personas a Siria, junto a otras cuatro personas que le ayudaban[203].

— La STS 251/2019, de 17 de mayo, en la que se confirma pena de ocho años de prisión por delito de integración en organización terrorista junto a inhabilitación especial y absoluta por tiempo de condena, así como libertad vigilada por plazo de diez años. Según se destaca en la resolución, el acusado había viajado a Siria entre 2012 y 2014 hasta en tres ocasiones, mantenía contacto con sus miembros, coadyubaba en la financiación de actividades de la organización, así como en la difusión de videos con imágenes extremadamente violentas. En definitiva, castiga por integración al entender que todas esas actividades lo vinculan claramente.

— La STS 592/2019, de 28 de noviembre, en la que se desestima el recurso de casación interpuesto. En ellas se justifica que el acusado y condenado era integrante de la organización dedicada al adoctrinamiento, captación y envío de voluntarios a zonas de conflicto con finalidad de

---

203 IRUJO, J.M., «El ojeador de yihadistas más activo de Europa», *El País,* 15 de julio de 2017. Disponible en: https://elpais.com/politica/2017/07/14/actualidad/1500054062_222012.html [Última consulta: 27/08/2022].

participar en la yihad con actos de terrorismo, y para ello había llevado a cabo una labor continuada en el tiempo y muy activa. Así, se mantiene la pena de diez años de prisión e inhabilitación absoluta por dieciocho años.

— La STS 47/2019, de 4 de febrero, que en una interpretación restrictiva del tipo penal decide condenar por enaltecimiento de terrorismo y absolver por el delito de integración además de por adoctrinamiento activo, pasivo y autoadoctrinamiento.

La principal conclusión que nos deja el análisis de estas sentencias, como señala acertadamente Ropero Carrasco, es que la manera de interpretar el art. 572 CP permite vincular la verdadera organización terrorista con otros «grupos organizados de colaboradores, que llevan a cabo conductas de prototerrorismo, difuminando la diferenciación entre los delitos de integración y colaboración, entre los que, sin embargo, existen diferencias de pena»[204]. Estoy también de acuerdo con otros autores en que lo verdaderamente importante para castigar por integración es que sea una estructura que se dirija a permanecer de forma estable en el tiempo como organización y que esté por encima de los propios actos delictivos que realiza[205], o dicho de forma más clara, que solo se castigue por delito de integración aquellas acciones que permiten mantener los pilares de una organización, sin que supongan la realización de un delito concreto de los que la organización busca, dado que si esto último sucediera sería entonces delito de colaboración –y no de integración–.

---

204 ROPERO CARRASCO, J., *Las limitaciones del Derecho Penal…*, op. cit., p. 198.

205 GARCÍA-PABLOS DE MOLINA, A., *Asociaciones ilícitas en el Código Penal,* 1977, p. 236.

3. Penalidad

El legislador prevé, para el apartado primero, una pena de prisión de ocho a quince años para los actos de promoción, constitución, organización o dirección, penas de prisión de seis a doce años para conductas de pertenencia o participación. En ese sentido, Pérez Cepeda argumenta que la pena agravada en los delitos de dirección solo debe justificarse cuando concurra en el sujeto un «pleno dominio (como creadores o como sucesores de estos) de la organización»[206] y no para una pluralidad de personas con vocación de permanencia que colaboran o incluso viajan, sin que pasen a la acción de forma directa[207].

Además, se añaden junto a las penas de prisión, penas de inhabilitación absoluta durante el tiempo de condena. En este sentido, merece especial atención el art. 579 bis CP:

> «El responsable de los delitos previstos en este Capítulo, sin perjuicio de las penas que correspondan con arreglo a los artículos precedentes, será también castigado, atendiendo proporcionalmente a la gravedad del delito, el número de los cometidos y a las circunstancias que concurran en el delincuente, con las penas de inhabilitación absoluta, inhabilitación especial para profesión u oficio educativos en los ámbitos docente, deportivo y de tiempo libre, por un tiempo superior entre seis y veinte años al de la duración de la pena de privación de libertad impuesta en su caso en la sentencia».

Esa inhabilitación especial, según el art. 579 bis CP, con la misma duración que la prevista para la inhabilitación absoluta en el antiguo 579 CP, es decir, entre seis y veinte años más de la duración de la pena privativa de libertad que, según las circuns-

---

206 PÉREZ CEPEDA, A.I., *El pacto antiyihadista…*, op. cit., p. 341.

207 MENDOZA CALDERÓN, S., «Medidas contra la radicalización terrorista en la Unión Europea y su persecución penal en España», en PÉREZ CEPEDA, A.I. y RUIZ ARIAS, M. (Dirs.), *El terrorismo en la actualidad: un nuevo enfoque político criminal*, Tirant lo Blanch, Valencia, 2018, pp. 135-140.

tancias en cada caso, tendrá en consideración el Juez o Tribunal para determinar su duración concreta. Sobre esta cuestión, y el régimen de aplicación de las penas de inhabilitación por los delitos de terrorismo, sería comprensible que no se acumularan junto a las penas de prisión de larga duración –por delitos graves–, sino que más bien las sustituyeran, como penas adecuadas para algunas formas de delincuencia terrorista más leve, entre los que podría destacarse, por ejemplo, la colaboración con organización terrorista o integración en organización terrorista, entre otras, resultando así una buena alternativa a la pena de prisión en estos casos. Lo contrario, es decir, acumular la pena de inhabilitación absoluta junto a penas de prisión de larga duración –por delitos de terrorismo graves– opera en contra de los principios penales –proporcionalidad y humanidad de las penas[208]–, entre otros.

Con respecto al art. 579 bis CP, apartado segundo, es preciso suprimir la medida de libertad vigilada para aquellos delitos más gravosos, o aplicarse como pena alternativa para los delitos menos graves, como, por ejemplo, la colaboración con organización terrorista o la integración en organización terrorista. De esta manera, puede imponerse como una pena alternativa a la prisión para los delitos menos graves de terrorismo, pero no como una pena accesoria a la pena de prisión prevista para cualquier delito de terrorismo, ya de por sí de desmedida duración, que lo hace inútil y agrava la falta de humanidad de estas penas.

---

[208] El principio de humanidad de las penas se encuentra expresamente recogido en el artículo 15 de la Constitución Española: «Todos tienen derecho a la vida y a la integridad física y moral, sin que, en ningún caso, puedan ser sometidos a penas o tratos inhumanos o degradantes. Queda abolida la pena de muerte, salvo lo que puedan disponer las leyes penales militares para tiempos de guerra».

III. DELITOS DE COLABORACIÓN. ADOCTRINAMIENTO PASIVO, AUTOADOCTRINAMIENTO Y TRASLADO O ESTABLECIMIENTO EN UN TERRITORIO EXTRANJERO

1. Evolución de la regulación penal: la radicalización como fundamento de la imputación penal

Es importante advertir que uno de los principales problemas que nos encontramos dentro del terrorismo yihadista, y de este tipo en particular, es la radicalización violenta en la ideología del terrorismo yihadista[209]. En este sentido, el estudio de la radicalización no solo ha permitido elaborar un concepto, conocer las causas que motiva su aparición, sus fases[210] o los espacios en los que con mayor probabilidad tiene lugar, sino que supone una buena parte de las políticas públicas en materia de terrorismo[211]. La radicalización, aunque no tiene una definición universalmente

---

209 ROPERO CARRASCO, J., «Legitimidad y eficacia en la lucha contra el terrorismo yihadista. Evaluación crítica de las reformas penales» en ROPERO CARRASCO, J., y JIMÉNEZ GARCÍA, F. (Dirs.) FERNÁNDEZ ABAD, C., y GONZÁLEZ LEÓN, C. (Coords.), *La RES 2178 de NU y su transposición a los derechos penales nacionales: propuestas de equilibrio entre la seguridad y los derechos individuales»,* Thomson Reuters Aranzadi, Cizur Menor, 2020, pp. 171-197.

210 Echaniz Carasusan, R., «Ertzaintza, periciales y autoadoctrinamiento», *Grupo de Estudios de Seguridad Internacional,* Granada, 2017. GARCÍA-CALVO, C., y REINARES, F., «Procesos de radicalización violenta y terrorismo yihadista en España: ¿cuándo? ¿dónde? ¿cómo?, *Real Instituto Elcano,* núm. 16, 2013, pp. 1-20.

211 SANZ MULAS, N., *Política criminal,* 4.ª ed., Ratio Legis, Salamanca, 2021. TAMAYO SÁEZ, M., y BAZAGA FERNÁNDEZ, I., «Radicalización violenta», en *Eunomía, Revista de Cultura de la Legalidad,* núm. 20, 2021, pp. 322-333. DE LA CORTE, L., «¿Qué sabemos y qué ignoramos sobre la radicalización yihadista?», MELLÓN ANTÓN, J.A. y PARRA, I., «Concepto de radicalización» en MELLÓN ANTÓN, J.A. (Dir.), *Islamismo yihadista: radicalización y contrarradicalización,* Tirant lo Blanch, Valencia, 2015, p. 40.

aceptada[212], puede ser definida siguiendo literatura especializada[213] como el proceso –vivo y mutable– por el que un individuo –o varios en conjunto– hace como suyas las opiniones políticas intransigentes y doctrinarias que conectadas con ideologías extremistas y/o creencias fundamentalistas y otras prácticas, le permiten liderar, apoyar e incluso ejecutar comportamientos antidemocráticos y terroristas[214]. Por tanto, habrá de tener en cuenta variables personales, sociales y contextuales. En este sentido, Jordán habla de variables micro, meso y macro[215] o individuales, relacionales y ambientales[216]. Sobre lo anterior, la Comisión Europea en 2005

---

212 DALGAARD-NIELSEN, A., «Violent Radicalization in Europe: What We Know and What We Do not Know», *Studies in Conflict & Terrorism,* núm. 37, 2014, pp. 213-236.

213 MELLÓN ANTÓN, J.A. y PARRA, I., «Concepto de radicalización» en MELLÓN ANTÓN, J.A. (Dir.), *Islamismo yihadista: radicalización y contrarradicalización,* Tirant lo Blanch, Valencia, 2015, pp. 17-37, p. 29. También GARCÍA-CALVO, C., y REINARES, F., «Procesos de radicalización violenta y terrorismo yihadista en España: ¿cuándo? ¿dónde? ¿cómo?, *Real Instituto Elcano,* núm. 16, 2013, pp. 1-20. FERNÁNDEZ ABAD, C., «El "discurso sobre la radicalización" como base para la securitización de la política social», *Revista de Derecho Penal y Criminología,* 3.ª Época, núm. 25, 2021, pp. 207-238. FERNÁNDEZ ABAD, C., y ROPERO CARRASCO, J., *La radicalización yihadista en prisión: una aproximación crítica al estudio del fenómeno y la respuesta ofrecida por parte del sistema penitenciario español,* Aranzadi, Cizur Minor, 2021.

214 Se define también como «un proceso dinámico e individual que conduce a la persona a una visión extrema y dicotómica de la realidad, donde se acepta y promueve el uso de la violencia como medio para conseguir instrumente los objetivos del grupo o movimiento». MOYANO, M., y TRUJILLO, H.M., *Radicalización islamista y terrorismo. Claves psicosociales.* Universidad de Granda, Granada, 2013.

215 JORDÁN, J., «Procesos de radicalización yihadista en España. Análisis sociopolítico en tres niveles», *Revista de Psicología Social,* Fundación Infancia y Aprendizaje, 2009, pp. 197-216, p. 201.

216 MORENO HUERTA, J.D., «Análisis del nuevo delito de autoadoctrinamiento del artículo 575.2 del Código Penal incorporado con la

define este proceso como «el fenómeno en virtud del cual las personas se adhieren a opiniones, puntos de vista e ideas que pueden conducirles a cometer actos terroristas»[217].

Ahora bien, una vez definido este concepto es importante distinguir entre radicalización intelectiva o cognitiva y comportamental o conductual, pues según esto, la forma de desradicalizarse y/o desvincularse es distinta[218]. En la primera, el sujeto adopta ideas y puede ejecutar delitos de expresión, como enaltecimiento, justificación o humillación de las víctimas; en la segunda, va un poco más allá y pasa a la acción a través del empleo de la violencia y pueden llevar a cabo delitos más violentos. En otro aspecto, Cohen Villaverde considera que el sujeto puede lograr esa radicalización cognitiva o conductual de forma directa, de forma indirecta o en combinación de las dos[219], es decir, teniendo contacto con un sujeto ya radicalizado, que se corresponde con el tipo penal en el que ahora nos encontramos, el adoctrinamiento o adiestramiento pasivo del art. 575.1 CP, o de manera individualizada mediante el

---

Ley Orgánica 2/2015», en *Anuario de Derecho Penal y Ciencias Penales*, Vol. LXX, 2017, pp. 329-386, p. 339.

217 CONSEJO DE LA UNIÓN EUROPEA, «Revised EU Strategy for Combating Radicalisation and Recruitment to Terrorism», *European Union*, 5643/5/2014, 2014, p. 11

218 En este sentido, Fernández Abad advierte que «la rehabilitación y la reinserción social de los terroristas yihadistas encarcelados en los países occidentales ha sido más asociada con la desvinculación que con la desradicalización, existiendo un especial cuidado a la hora de incluir en los programas de tratamiento cualquier aspecto referido a la ideología de la persona». FERNÁNDEZ ABAD, C., y ROPERO CARRASCO, J., *La radicalización yihadista en prisión…*, op. cit., p. 79. LOBATO, R.M., y GARCÍA COLL, J., «Desradicalización y desvinculación: aspectos formales y teóricos», *Revista de Estudios en Seguridad Internacional,* Vol. 8, núm. 1, 2022, pp. 191-210.

219 COHEN VILLAVERDE, J., «Terrorismo yihadista individual», en MELLÓN ANTÓN, J.A. (Dir.), *Islamismo yihadista: radicalización y contrarradicalización,* Tirant lo Blanch, Valencia, 2015, pp. 127-147, p. 135.

acceso a materiales físicos o virtuales, y que encaja con el tipo penal del autoadoctrinamiento o autoadiestramiento del art. 575.2 CP. En la directa, además, de distintas formas: vertical descendente –*top-down*–, vertical ascendente –*bottom-up*– u horizontal –*left-right*–[220].

Sin embargo, en el entorno jurídico-penal es preciso señalar que la radicalización de un individuo no necesariamente lleva implícito el paso al acto o, dicho de otra forma, se puede estar radicalizado en ideas concretas, más o menos deleznables socialmente, y no necesariamente convertirse en terrorista. En esta idea, Fernández Abad destaca que abrazar creencias extremas, tener crisis de identidad o rechazo a la situación personal o al grupo de pertenencia no se relacionan de forma exclusiva con el fenómeno terrorista[221]. Por ello, «la incapacidad para distinguir entre uno y otro grupo ha provocado que, ante la asunción acrítica de este marco epistemológico por parte de los poderes públicos, todas las personas que representan estos factores sean consideradas como intrínsecamente sospechosas y potencialmente peligrosos, lo que ha justificado la adopción de todo una serie de medidas de seguridad y control que, resultando altamente lesivas y discriminatorias, han afectado de manera desproporcionada a la comunidad musulmana»[222]. De opinión similar es Torres Soriano cuando señala que acceder a propaganda yihadista por la red y su difusión posterior forma parte de un «activismo de sustitución» que permite que sujetos yihadistas adscritos ideológicamente alimenten su identidad como musulmanes comprometidos cuando no han decidido pasar a la acción[223].

---

220 BOKHARI, L., HEGGHAMMER, T., LIA, B., NESSER, P., y TONNESSEN, T., «Paths to Global Yihad: Radcalisation and Recruitment to Terror Networks», Proceedings from a FFI Seminar, Oslo, 2006, pp. 1-64, p. 26.

221 FERNÁNDEZ ABAD, C., y ROPERO CARRASCO, J., *La radicalización yihadista en prisión…*, op. cit., p. 111.

222 Ibidem.

223 TORRES SORIANO, J.M., «Lecciones aprendidas de la lucha contra el yihadismo en Internet», *Instituto Español de Estudios Estratégicos,* núm. 4, 2017, pp. 4-5.

Se puede concluir, pues, que si partimos de la premisa[224] de que el origen de la intervención penal es la radicalización del individuo en ideas extremas sobre la yihad, la puesta en marcha del sistema penal y penitenciario sobre personas predominantemente musulmanas que no han pasado al propio acto violento *per se*, se está produciendo un etiquetamiento con capacidad criminógena por la forma de ser o pensar un determinado colectivo[225] que se dirige hacia a un Derecho penal del enemigo, que será expuesto con mayor detenimiento *ad infra*.

2. Regulación penal actual

Hasta la reforma de 2015, el legislador castigaba únicamente la conducta de aquellos miembros de una organización o grupo terrorista que adoctrinara, capacitara o adiestrara a otros, es decir, establecía penas de prisión y multa a aquellos que colaboraran con actos de «organización de prácticas de entrenamiento». En ese sentido, el art. 576.2 CP recogía los distintos actos de colaboración y las penas previstas al respecto[226]. Ahora, en cambio, es el

---

224 En esta línea, Ropero Carrasco advierte que la radicalización como indicio para la condena por delitos de terrorismo es una tesis que se ha abordado en profundidad en relación con el delito de autoadoctrinamiento, y que analizaremos más abajo en este mismo epígrafe. ROPERO CARRASCO, J., *Las limitaciones del Derecho Penal…*, op. cit., pp. 202 y ss.

225 Puede leerse al respecto: PÉREZ CEPEDA, A.I., *El pacto antiyihadista…*, op. cit., pp. 280 y ss. También: ROPERO CARRASCO, J., *Las limitaciones del Derecho Penal…*, op. cit., p. 202.

226 «Son actos de colaboración la información o vigilancia de personas, bienes o instalaciones; la construcción, el acondicionamiento, la cesión o la utilización de alojamientos o depósitos; la ocultación o traslado de personas vinculadas a organizaciones o grupos terroristas; la organización de prácticas de entrenamiento o la asistencia a ellas, y, en general, cualquier otra forma equivalente de cooperación, ayuda o mediación, económica o de otro género, con las actividades de las citadas organizaciones o grupos terroristas». Añadiendo en su

art. 577 CP en su párrafo segundo[227], junto a los clásicos delitos de colaboración del párrafo primero[228], sin olvidar la colaboración

---

apartado tercero: «Las mismas penas previstas en el número 1 de este artículo se impondrán a quienes lleven a cabo cualquier actividad de captación, adoctrinamiento, adiestramiento o formación, dirigida a la incorporación de otros a una organización o grupo terrorista o a la perpetración de cualquiera de los delitos previstos en este Capítulo»

227 El segundo y tercer párrafo del artículo 577.2: «Asimismo se impondrán estas penas a los que faciliten adiestramiento o instrucción sobre la fabricación o uso de explosivos, armas de fuego u otras armas o sustancias nocivas o peligrosas, o sobre métodos o técnicas especialmente adecuados para la comisión de alguno de los delitos del artículo 573, con la intención o conocimiento de que van a ser utilizados para ello. Las penas se impondrán en su mitad superior, pudiéndose llegar a la superior en grado, cuando los actos previstos en este apartado se hubieran dirigido a menores de edad o personas con discapacidad necesitadas de especial protección o a mujeres víctimas de trata con el fin de convertirlas en cónyuges, compañeras o esclavas sexuales de los autores del delito, sin perjuicio de imponer las que además procedan por los delitos contra la libertad sexual cometidos».

228 El artículo 577, en su primer párrafo: «Será castigado con las penas de prisión de cinco a diez años y multa de dieciocho a veinticuatro meses el que lleve a cabo, recabe o facilite cualquier acto de colaboración con las actividades o las finalidades de una organización, grupo o elemento terrorista, o para cometer cualquiera de los delitos comprendidos en este Capítulo.

En particular son actos de colaboración la información o vigilancia de personas, bienes o instalaciones, la construcción, acondicionamiento, cesión o utilización de alojamientos o depósitos, la ocultación, acogimiento o traslado de personas, la organización de prácticas de entrenamiento o la asistencia a ellas, la prestación de servicios tecnológicos, y cualquier otra forma equivalente de cooperación o ayuda a las actividades de las organizaciones o grupos terroristas, grupos o personas a que se refiere el párrafo anterior.

Cuando la información o vigilancia de personas mencionada en el párrafo anterior ponga en peligro la vida, la integridad física, la libertad o el patrimonio de las mismas se impondrá la pena prevista en este apartado en su mitad superior. Si se produjera la lesión de por imprudencia grave del tercer apartado[229] –a los que se harán referencia en el punto V del apartado siguiente–, los encargados de perseguir a «quienes lleven a cabo cualquier actividad de captación, adoctrinamiento o adiestramiento, que esté dirigida o que, por su contenido, resulte idóneo para incitar a incorporarse a una organización o grupo terrorista, o para cometer cualquiera de los delitos comprendidos en este Capítulo», tipificando así, como una nueva forma de colaboración el adoctrinamiento a terceros o adoctrinamiento activo y su captación[230].

Sin embargo, la novedosa redacción del actual art. 575 CP –del que trata este epígrafe– puede observarse, en primer lugar, el adoctrinamiento o adiestramiento pasivo del apartado primero, es decir, la recepción de adoctrinamiento y adiestramiento militar o de combate; en segundo lugar, el autoadoctrinamiento o autoadiestramiento del segundo apartado[231] y, en tercer lugar, el viaje, traslado o establecimiento a territorio extranjero del tercer apartado, ahora –tras la reforma de 2019–, sin la exigencia incorporada por el legislador en la modificación de 2015 de que el territorio extranjero tenga que estar «controlado por un grupo u organización terrorista», lo que amplía todavía más el tipo penal.

Sentado lo anterior, de los dos primeros párrafos del artículo se deben observar las siguientes cuatro conductas: (1) recibir adoctrinamiento de un tercero con la finalidad de capacitarse para llevar a cabo cualquiera de los delitos tipificados en el Capí-

---

cualquiera de estos bienes jurídicos se castigará el hecho como coautoría o complicidad, según los casos».

229 El artículo 577.3 tipifica: «Si la colaboración con las actividades o las finalidades de una organización o grupo terrorista, o en la comisión de cualquiera de los delitos comprendidos en este Capítulo, se hubiera producido por imprudencia grave se impondrá la pena de prisión de seis a dieciocho meses y multa de seis a doce meses».

230 En esta misma línea: STS 512/2017, de 5 de julio.

231 ROPERO CARRASCO, J., «Legitimidad y eficacia...», op. cit., pp. 184 y ss.

tulo; (2) recibir adiestramiento de un tercero con la finalidad de capacitarse para llevar a cabo cualquiera de los delitos tipificados en el Capítulo; (3) suministrarse a sí mismo adoctrinamiento con la finalidad de capacitarse para llevar a cabo cualquiera de los delitos tipificados en el Capítulo y; (4) suministrarse a sí mismo adiestramiento con la finalidad de capacitarse para llevar a cabo cualquiera de los delitos tipificados en el Capítulo.

2.1. Adoctrinamiento y adiestramiento pasivo

El novedoso y actual art. 575 CP castiga en el primer párrafo también a aquellos que reciban adoctrinamiento o adiestramiento, es decir, no castiga únicamente a la persona que alecciona, adoctrina o adiestra, sino también al alumno que recibe la enseñanza. En este sentido, en el primer apartado del art. 575 CP, tras la Ley Orgánica 2/2015, se establece:

> «Será castigado con la pena de prisión de dos a cinco años quien, con la finalidad de capacitarse para llevar a cabo cualquiera de los delitos tipificados en este Capítulo, reciba adoctrinamiento o adiestramiento militar o de combate, o en técnicas de desarrollo de armas químicas o biológicas, de elaboración o preparación de sustancias o aparatos explosivos, inflamables, incendiarios o asfixiantes, o específicamente destinados a facilitar la comisión de alguna de tales infracciones».

Se trata, por tanto, de delitos preparatorios[232] que el legislador ha considerado necesario incorporar en la categoría de delitos

---

232 En este sentido, la STS 13/2018, de 16 de enero, señala que «esta nueva tipificación presenta el mismo bien jurídico que el anteriormente referido delito de cooperación con organizaciones terroristas, esto es, impedir que las organizaciones terroristas cuenten con un sustrato de personas que compartan su credo y que posean aptitud para sostener en el tiempo, de una manera eficaz, la acción criminal que les caracteriza».

de peligro abstracto[233], puesto que no exige la efectiva puesta en peligro de ningún bien jurídico concreto.

Entre adoctrinar y adiestrar, ambos entendidos como un proceso para la asunción de ideas que justifican el uso de la violencia con fines políticos, el primero es definido por el Diccionario de la Real Academia Española como «inculcar a alguien determinadas ideas o creencias», y el segundo, como «hacer diestro, enseñar o instruir». El Tribunal Supremo, en el FJ 2.° de la STS 354/2017, de 17 de mayo, lo define como:

> «El hecho de inculcarse –infundirse con ahínco– de determinadas ideas o creencias. Equiparación, que determina en todo caso, que esta actividad de aprehensión de credos, debe tener una especial intensidad, sin que baste el mero acercamiento ideológico».

En este sentido, la STS 661/2017, de 10 de octubre, acaba condenando a uno de los dos sujetos por adoctrinamiento pasivo a una pena de dos años de prisión después de que la SAN 5/2017, de 28 de febrero, hubiese castigado por tentativa de traslado a territorio extranjero y por adoctrinamiento a la pareja.

Otro ejemplo de ello es la SAN 33/2018, de 25 de septiembre, que castiga a cuatro individuos, tres de ellos por delito de colaboración –adoctrinamiento activo– y, uno de ellos por adoctrinamiento pasivo. Este último, a la pena de cuatro años de prisión, además de inhabilitación absoluta, especial y libertad vigilada. Se advierte que la STS 140/2019, de 13 de marzo, dice que estaba adoctrinándose cuando comienza a tener contacto

---

233 Según explica Bernal del Castillo, «la naturaleza abstracta del peligro generado por las conductas en momentos anteriores al comienzo de la ejecución del delito se explica por la idoneidad de los actos preparatorios para poner en marcha un proceso de afectación futura del bien jurídico, que no puede determinarse todavía como peligro concreto en la mayor parte de los casos» en BERNAL DEL CASTILLO, J., «Actos preparatorios y provocación al terrorismo», *Cuadernos de Política Criminal, Segunda Época,* núm. 122, 2017, pp. 5-46, p. 8.

con el resto de los acusados y, además, reclamaba constantemente soporte ideológico a una de ellas, con la que pensaba casarse. Añade que esa afinidad ideológica no se materializa en actos de ensalzamiento. Sin embargo, aunque afirma que los hechos son constitutivos del delito de adoctrinamiento pasivo terrorista del art. 575.1 CP, por «la falta de motivación y por la relevancia de los hechos, no puede desbordarse la pena mínima que determina el precepto», imponiéndole así una pena de dos años de prisión.

2.2. Autoadoctrinamiento y autoadiestramiento

El párrafo segundo amplía el tipo penal a quienes, con idéntica finalidad, es decir, «capacitarse para cometer alguno de los delitos tipificados en este Capítulo», lleven a cabo «por sí mismos cualquiera de las actividades previstas en el apartado anterior». O, dicho de otra forma, no solo se exige castigo para el sujeto adoctrinado a través de un tercero, como exige el primer apartado del art. 575 CP, sino que también es punible la conducta del sujeto que se alecciona, adoctrina o adiestra de forma autónoma. Y es que el autoadoctrinamiento[234], regulado *ex novo* en el párrafo segundo del art. 575 CP, supone una expansión discutida[235] de la barrera de protección penal a un estadio previo todavía

---

234 Interesante el trabajo de GUIRAO CID, M.C., «Delito de autoadoctrinamiento: ¿adelantamiento de la intervención penal a la mera ideación subjetiva? Análisis de las sentencias», *InDret, Revista para el análisis del Derecho*, 2019, pp. 1-24. También MORENO HUERTA, J.D., «Análisis del nuevo delito...», op. cit., pp. 329-386.

235 ALONSO RIMO, A., «La criminalización de la preparación delictiva a través de la parte especial del Código penal. Especial referencia a los delitos de terrorismo», en ALONSO RIMO, A., CUERDA ARNAU, M.L., y FERNÁNDEZ HERNÁNDEZ, A., Terrorismo, sistema penal y derechos fundamentales, Tirant lo Blanch, Valencia, 2018, pp. 215-260, p. 252. También PUENTE RODRÍGUEZ, L., «El nuevo delito de autoadoctrinamiento terrorista», en *Diario La Ley*, núm. 8967, Sección Doctrina, 2017.

mayor, siendo uno de los aspectos más polémicos de la lucha contra el terrorismo que evidencia el eterno adelantamiento de las barreras de protección penal. Veámoslo.

La configuración del tipo penal impone penas de prisión de dos a cinco años a quien, «con la misma finalidad de capacitarse para cometer alguno de los delitos tipificados en este Capítulo, lleva a cabo por sí mismo cualquiera de las actividades previstas en el apartado anterior», accediendo «de manera habitual a uno o varios servicios de comunicación accesibles al público en línea o contenidos accesibles a través de Internet o de un servicio de comunicaciones electrónicas cuyos contenidos estén dirigidos o resulten idóneos para incitar a la incorporación a una organización o grupo terrorista, o a colaborar con cualquiera de ellos o en sus fines». O también, la presunción *iuris et de iure* del segundo párrafo cuando «adquiera o tenga en su poder documentos que estén dirigidos o, por su contenido, resulten idóneos para incitar a la incorporación a una organización o grupo terrorista o a colaborar con cualquiera de ellos o en sus fines», sin habitualidad. Es decir, alternativamente, existiendo habitualidad en el acceso a servicios de comunicación que resulten idóneos para incorporarse a la organización o grupo terrorista (o colaborar con ellos o sus fines), o sin existir dicho requisito (habitualidad), cuando con idéntica finalidad se adquiera o se tenga esos documentos[236]. A

---

[236] Alonso Rimo advierte sobre esta cuestión «que basta con que tales materiales y contenidos cumplan, alternativamente, con uno de esos requisitos o con el otro permite entender, en efecto, que también cumplimentaría el tipo quien visitara contenidos o poseyera documentos dirigidos a promover tal clase de infracciones, aunque no resultaran idóneos para ello. Se vendría a admitir así, haciendo una interpretación estrictamente literal del precepto -posible, por más que desde luego no aconsejable desde un punto de vista garantista-, que basta a efectos típicos con llevar a cabo una conducta carente de cualquier peligrosidad objetiva: tener o consultar materiales inidóneos para incitar a cometer delitos de terrorismo, aunque tales

este respecto, se entiende por documento a los efectos de este Código, según considera el legislador, «todo soporte material que exprese o incorpore datos, hechos o narraciones con eficacia probatoria o cualquier otro tipo de relevancia jurídica»[237]. Además, se incorpora que «los hechos se entenderán cometidos en España cuando se acceda a los contenidos desde el territorio español», como si no resultara una obviedad[238].

Ahora bien, la redacción del tipo penal manifiesta graves problemas, por su ambigüedad y extensión[239]. Aunque es cierto que el considerando undécimo[240] de la Directiva 2017/541/UE del

---

materiales, eso sí, debieran aspirar -estar dirigidos- a poseer dicha aptitud disuasoria». ALONSO RIMO, A., «¿Actos preparatorios o pre-crímenes...», op. cit., p. 471; SUÁREZ-MIRA RODRÍGUEZ, C. (Coord. y Dir.), Manual de Derecho penal. Parte especial, Tomo II, 7.ª ed., Civitas Thomson Reuters, Navarra, 2018, p. 833.

237 Art. 26 del Código Penal

238 CAMPO MORENO, J.C., *Comentarios a la reforma del Código Penal…*, op. cit., p. 63.

239 *Vid.*, la STS, 354/2017, de 17 de mayo, en la que se argumenta: «el tipo objetivo se formula alternativamente: el acceso habitual a internet o disyuntivamente, la adquisición o tenencia de documentos donde ya no se exige habitualidad, donde muestra la desmesurada extensión de su ámbito, pues ni siquiera se exige que se hubieran leído».

240 «La tipificación penal de la recepción de adiestramiento para el terrorismo complementa el delito ya reconocido de adiestramiento y aborda específicamente las amenazas que planean las personas que se preparan activamente para la comisión de delitos de terrorismo, entre ellas las que acaban actuando en solitario. La recepción de adiestramiento para el terrorismo incluye la obtención de conocimientos, documentación o capacidades prácticas. El aprendizaje autónomo, en particular a través de internet o consultando otro tipo de material de aprendizaje, también debe considerarse recepción de adiestramiento para el terrorismo cuando sea el resultado de una conducta activa y se efectúe con la intención de cometer o contribuir a la comisión de un delito de terrorismo. En el contexto de todas las circunstancias específicas del caso, esta intención puede inferirse, por

Parlamento Europeo y del Consejo de 15 de marzo de 2017, presta especial interés en tipificar la recepción del adiestramiento de aquellas personas que se preparen activamente para la comisión de delitos de terrorismo (entre ellas las que acaban actuando en solitario), no es menos cierto que años después de la reforma, los instrumentos internacionales en ningún caso contemplan que los Estados miembros tipifiquen como delito el adoctrinamiento meramente ideológico[241] con la finalidad de perpetrar delitos terroristas que no precisen técnicas de guerra. Es decir, la Directiva no lo incluye de forma expresa en el mínimo punitivo que los demás Estados deben cubrir. Cuerda Arnau argumenta que no hay obligación internacional que requiera la tipificación del autoadoctrinamiento, siendo más que suficiente con el castigo, en su caso, de la difusión pública de mensajes o consignas del art. 579 CP, el enaltecimiento del terrorismo del art. 578 CP y el adiestramiento para la comisión de actos terroristas. Prueba de ello es el art. 8 de la Directiva, en el que se regula:

> «Los Estados miembros adoptaran las medidas necesarias para garantizar que se tipifique como delito, cuando se cometa intencionadamente, recibir instrucción en la fabricación o el uso de explosivos, armas de fuego u otras armas o sustancias nocivas peligrosas, o en otros métodos o técnicas concretas, a los fines de la comisión o la contribución a la comisión de cualquiera de los delitos enumerados en el artículo 3, apartado 1, letras a) a i)».

Es decir, la conducta de adiestrarse, pero no adoctrinarse.

---

ejemplo, del tipo de materiales y de la frecuencia de la consulta. Por lo tanto, descargarse un manual para fabricar explosivos con el fin de cometer un delito de terrorismo podría considerarse recepción de adiestramiento par el terrorismo. Por el contrario, el mero hecho de visitar sitios web o de recopilar materiales con fines legítimo, como fines académicos o de investigación, no se considera recepción de adiestramiento para el terrorismo a tenor de la presente Directiva».

241 GALÁN MUÑOZ, A., «¿Leyes que matan ideas frente a las ideas…», op. cit., pp. 95-138.

Avanzado lo anterior, pasamos a analizar algunas de las interpretaciones jurisprudenciales que han realizado tanto la Audiencia Nacional como el Tribunal Supremo sobre la materia. De ellas puede anticiparse el planteamiento principal por el que se ha decantado el Tribunal Supremo al señalar que conviene hacer una interpretación restrictiva del tipo penal siendo necesario no solo mostrar que el individuo piensa de una determinada manera, sino que ha decidido pasar a la acción. En esta línea cabe destacar las siguientes resoluciones:

— En primer lugar, es interesante el extracto de la STS 354/2017, de 17 de mayo, al exponer que el castigo del autoadoctrinamiento, aunque también sería posible para el adiestramiento, no requiere que se materialice en la mente del autor la intención de cometer una acción terrorista concreta[242], realizando una interpretación restrictiva del tipo penal –castigando así por enaltecimiento–. En este sentido, en un primer momento, la SAN 39/2016, de 30 de noviembre[243], castigaba a un sujeto por autoadoctrinamiento a la pena de dos años y medio de prisión por difundir material propagandístico de índole yihadista y abordó el delito objeto aquí de análisis, indicando que para su perfeccionamiento es de obligado cumplimiento que el sujeto activo hubiese superado las cuatro etapas del proceso de adoctrinamiento establecido por el Estado Islámico: (1) victimismo, (2) culpabilización, (3) solución y (4) activismo

---

242 «Se tipifica la conducta del autodidacta, que por sí mismo lleva a cabo su adiestramiento o adoctrinamiento de manera autónoma, y, superando con ello las reglas generales de los artículos 17 y 18, se incriminan en esta nueva legislación los actos preparatorios individuales [...]».

243 SAN 39/2016, de 30 de noviembre. En este sentido, CANO PAÑOS, M.A., La nueva amenaza terrorista y sus (negativas) repercusiones en el ordenamiento penal y constitucional. Comentario a la sentencia de la audiencia nacional núm. 39/2016, de 30 de noviembre. *Revista de derecho constitucional europeo,* núm. 27, 2017.

y justificación de la violencia[244]. En la primera fase, el sujeto se ve víctima por ser musulmán y proyecta ese sentimiento en la difusión de imágenes, proyectando la idea de que la *umma* es víctima de las acciones que ejerce Occidente. En la segunda fase, se culpa e identifica a los grupos responsables, es decir, dirige su ira no solo contra Occidente sino también contra chiitas y países del golfo pérsico. En la tercera fase, se busca, como buen musulmán, ofrecer una solución a la opresión del pueblo musulmán, que está dirigida hacia el activismo islamista radical y violento. Y en la última fase, se produce la justificación de la violencia. Según expone Pérez Cepeda «la mayoría de los planes estratégicos confunden radicalismo con terrorismo [...] presumen que todo sujeto evolucionará siguiendo estas fases: pre-radicalización, identificación, adoctrinamiento y actuación, cuando la inmensa mayoría de los individuos radicalizados no llega a dar el paso de actuar»[245]. Sin embargo, el Tribunal Supremo[246] argumenta que «no basta, pues demostrar que el acusado piensa de una determinada manera, o que contacta o se relaciona con otros de la misma o similar ideología. Es necesario, mediante la constatación de hechos significati-

---

244 GUIRAO CID, M.C., «Delito de autoadoctrinamiento...», op. cit., pp. 6 y ss.

245 PÉREZ CEPEDA, A.I., «La criminalización del radicalismo...», op. cit., p. 21. *Vid.* FERNÁNDEZ ABAD, C., «El "discurso sobre la radicalización" como...», op. cit., pp. 207-238. FERNÁNDEZ ABAD, C., «La radicalización como elemento vertebrador de la política antiterrorista: una aproximación crítica», *Enfoques jurídicos,* núm., 4, 2021, pp. 9-26. FERNÁNDEZ ABAD, C., «Sobre el uso de la radicalización como elemento vertebrador de la lucha contra el terrorismo yihadista: dos tesis sobre la inoperancia de un concepto y sus consecuencias sociales.», *Cuadernos de política criminal,* núm., 134, 2021, pp. 157-197. FERNÁNDEZ ABAD, C., y ROPERO CARRASCO, J., *La radicalización yihadista en prisión...,* op. cit. AGUERRI, J.C., y FERNÁNDEZ ABAD, C., «La orden de servicios 3/2018...», op. cit., pp. 361-413.

246 STS 354/2017, de 17 de mayo.

vos, probar, al menos, que ha decidido pasar a la acción», absolviendo así del delito de autoadoctrinamiento del art. 575.2 CP y condenando por delito de enaltecimiento y justificación del terrorismo del art. 578 CP[247].

— Por su parte, la STS 306/2019, de 11 de junio, que confirma la absolución por autoadoctrinamiento, tal y como había realizado la SAN 2/2018, de 24 de enero. Entre los motivos, se cita la STS 503/2008, de 17 de julio, al señalar en el FJ 1.º que «es preciso acreditar que quienes defienden esas ideas, convirtiéndolas en sus fines, han decidido imponerlas a los demás mediante medios violentos [...]. Es necesario mediante la constatación de hechos significativos, probar, al menos *(sic)*, que ha decidido pasar a la acción».

— Y, por último, la STS 734/2017, de 15 de noviembre, apunta que el adoctrinamiento pasivo requiere de varios elementos, de ahí que acabe absolviendo por el delito de autoadoctrinamiento. Entre los motivos, advierte primero que el sujeto activo que realiza la conducta típica ha de ser el propio destinatario; segundo, el elemento subjetivo de capacitarse para llevar a cabo cualquiera de los delitos del Capítulo; y, tercero, el dolo. En este sentido, Guardiola señala que construcciones como estas, en las que la conducta en sí misma no es ofensiva de no asociarse a ella un elemento subjetivo que lo convierta[248], debe hacer calificar

---

247 Introducido por la Ley Orgánica 7/2000, de 22 de diciembre y modificado por la Ley Orgánica 2/2015, de 30 de marzo. *Vid.* MIRA BENAVENT, J., «Algunas consideraciones político-criminales sobre la función de los delitos de enaltecimiento del terrorismo y humillación a las víctimas del terrorismo», en Pérez Cepeda, A.I., y Portilla Contreras, G., *Terrorismo y contraterrorismo en el siglo XXI: un análisis penal y político criminal*, Ratio Legis, Salamanca, 2016, pp. 103-114.

248 GUARDIOLA GARCÍA, J., «Especiales elementos subjetivos del tipo en Derecho penal: aproximación conceptual y contribución a su teoría general», en *Revista de Derecho,* núm. 6, 2001, pp. 39-101, p. 78.

al tipo como un delito de intención[249], y dado que se dirige hacia la comisión de un delito propio, un delito mutilado en dos actos, es decir, «se tipifica una acción con la que el sujeto pretende alcanzar un resultado ulterior, que el tipo no requiere que se llegue a realizar»[250].

Sin embargo, otras resoluciones, tanto de la Audiencia Nacional como del Tribunal Supremo también han condenado por el delito objeto aquí de análisis sin tener en cuenta los motivos detallados del grupo anterior. Entre ellas:

— La SAN 38/2016, de 7 de diciembre, impone las penas de tres años y seis meses de prisión más las correspondientes inhabilitación absoluta, libertad vigilada y decomiso a un sujeto al que considera autor responsable de un delito de autoadoctrinamiento por concebir que ha realizado las cuatro fases expuestas anteriormente.

— Y la STS 655/2017, de 5 de octubre, que confirma la condena impuesta por la SAN 3/2017, de 17 de febrero, al castigar por un delito de colaboración activa y un delito de autoadoctrinamiento a la pena de ocho años de prisión, además de multa, inhabilitación especial, absoluta, y libertad vigilada.

Como conclusión, el análisis muestra una jurisprudencia vacilante que no termina de tener claro cómo interpretar el tipo penal. Pérez Cepeda afirma que las medidas adoptadas en las últimas reformas no están delimitando el Derecho penal conforme a los principios y garantías, sino que están restringiendo libertades y derechos fundamentales (libertad de expresión, libre

---

249 CUERDA ARNAU, M.L., y FERNÁNDEZ HERNÁNDEZ, A., *Adoctrinamiento, adiestramiento…*, op. cit., p. 218.

250 VV. AA., *Lecciones de Derecho Penal. Parte General,* 2.ª ed., Praxis, Barcelona, 1999, p. 203.

pensamiento, información o movimiento)[251]. Como señala Vives Antón, este adelantamiento punitivo resulta inadmisible por castigar manifestaciones de voluntad en las que no se observa ni un mínimo de lo que criminológicamente se llama «el paso al acto» y que no solo no produce un inicio de actos de ejecución sino tampoco de preparación[252]. En síntesis, nos dirigimos a una sociedad «en la que el interés en prevenir riesgos compite o incluso tiene más prioridad que la respuesta a daños causados»[253]. Y esto debe ser criticable desde diferentes puntos de vista.

Por una parte, se produce una anticipación de la barrera punitiva que excede los límites del Derecho penal, llegando a sancionarse en el camino hacia el delito la fase interna (o el pensamiento) del autor. En este sentido, Pérez Cepeda explica que el adelantamiento de la intervención penal a la propia ideología ya está presente en nuestro ordenamiento desde que se persigue el enaltecimiento o justificación el terrorismo con la salvedad de que para la comisión de ese delito se exige una exteriorización pública[254]. De opinión similar es Cancio Meliá cuando advierte:

> «Lo que hasta ahora no está penado, desde luego, es leer en soledad determinados textos con malas intenciones, o pensar determinadas cosas perniciosas en el fuero interno [...] No están penados hoy, ni aquí ni en ningún país occidental, porque no

---

[251] PÉREZ CEPEDA, A.I., «La criminalización del radicalismo...», op. cit., p. 22.

[252] CAMPO MORENO, J.C., «Terrorismo y mecanismos para el fin de la violencia», *Fuerzas armadas y seguridad pública: consideraciones en torno al terrorismo y la inmigración,* 2007, pp. 127-144.

[253] ZEDNER, L., «Fixing the future?» en Pérez Cepeda, A.I., «La criminalización del radicalismo y extremismo en la legislación antiterrorista» en PORTILLA CONTRERAS, G., y PÉREZ CEPEDA, A.I. (Dirs.), *Terrorismo y contraterrorismo en el siglo XXI. Un análisis político criminal,* Ratio Legis, Salamanca, 2016, pp. 17-34, p. 21.

[254] PÉREZ CEPEDA, A.I., «La criminalización del radicalismo...», op. cit., pp. 17-34.

> debe ser criminalizado el mero pensamiento en un Estado que no sea una dictadura totalitaria»[255].

Por otro lado, plantea enormes problemas de prueba, ya que es necesario acreditar la intención de querer capacitarse para cometer cualquier delito de terrorismo. Por tanto, ¿cómo acreditar la finalidad?[256] O ¿qué ocurriría si una vez finalizado el autoadoctrinamiento (o autoadiestramiento) terrorista, el individuo se echara atrás y no deseara seguir con el proceso iniciado? García-Pablos de Molina opina que aquellos que se entrenan por sí solos y se preparan son «aspirantes», pero «todavía no son miembros del grupo armado»[257], es decir, ni pertenecen al mismo, ni obligatoriamente cometerán atentados terroristas.

También hay que señalar la evidente falta de proporcionalidad, ya que no parece que el legislador tenga claro qué conductas son más graves, pues, por ejemplo, al delito de enaltecimiento del art. 578 CP le asigna una pena de uno a tres años. Sin embargo, ya que podría autoadoctrinarse para la realización de cualquier delito del Capítulo, incluido el enaltecimiento o humillación, ¿no es más grave consumar un delito que su (hipotética) preparación? ¿No se castigan los actos preparatorios contenidos en el art. 579 CP, como

---

255 CANCIO MELIÁ, M., «Pacto antiterrorista: por la pendiente deslizante hasta el fondo del barranco». *Eldiario.es*. 11 de febrero de 2015. Disponible en: http://www.eldiario.es/zonacritica/Pacto-antiterrorista-pendiente-deslizante-barranco_6_355624462.html [Última consulta: 29/11/2021].

256 STS 354/2017, de 17 de mayo. «En definitiva, tan largo preámbulo, sirve para destacar la falta de cobertura en los instrumentos internacionales mencionados en el Preámbulo de la LO 2/2015 de las modalidades de adoctrinamiento pasivo y de autoadoctrinamiento del artículo 575.1 y 575.2 CP, y la necesaria interpretación restrictiva de estas conductas típicas para posibilitar su subsistencia sin quebranto del derecho a la libertad ideológica y el derecho a la información».

257 GARCÍA-PABLOS DE MOLINA, A., «Asociaciones ilícitas y terroristas». *Comentarios a la Legislación Penal. Coordinados por Miguel Bajo Fernández*. Editoriales de Derecho Reunidas, Madrid, 1983, Vol. 1, pp. 109-171, p. 155.

el resto de la parte especial, con pena inferior en uno o dos grados? ¿Cuál es el motivo entonces que lleva al legislador a imponer la penalidad en el delito del art. 575 CP? Castro Liñares señala:

> «La tipificación de comportamientos como los incluidos actualmente en el Código Penal configura un escenario en donde resulta complejo observar la efectiva puesta en peligro del bien jurídico protegido. Es más, la redacción de los preceptos y la amplitud de conductas susceptibles de entrar en el tipo hacen surgir el problema en relación con la dificultad relativa a la subsunción de los casos concretos en la norma»[258].

Incluso Galán Muñoz se cuestiona cómo resolverá la jurisprudencia estos delitos autónomos después de cometerse el delito para el que el sujeto se adoctrina en cualquiera de sus formas. ¿Optaría por el principio de consunción en favor del posterior cometido o por un concurso de normas al no quedar absorbida totalmente la peligrosidad por ser delitos autónomos?[259]

En último lugar, y no por eso menos importante, teniendo en cuenta que los centros penitenciarios pueden ser un foco de radicalización[260], parece contradictorio sancionar con penas

---

258 CASTRO LIÑARES, D., «Política criminal y terrorismo en el Reino de España. ¿Tiempos nuevos o "déjà vu"?», *Revista Penal,* núm. 39, 2017, pp. 22 y ss.

259 GALÁN MUÑOZ, A., «¿Leyes que matan ideas frente a las ideas…», op. cit., p. 110.

260 Sobre esta cuestión: IGUALADA TOLOSA, C., «La radicalización yihadista en el entorno de las prisiones», *Instituto Español de Estudios Estratégicos,* núm. 104, 2017, p. 5. Así, «en este contexto carcelario, los islamistas radicales pueden llevar a cabo con total impunidad una labor de adoctrinamiento, generando identidad grupal, y legitimando en definitiva el terrorismo. Esta comunicación persuasiva cuenta con factores altamente favorables para su éxito como es el hecho de disponer de mucho tiempo para una evolución progresiva, la propia situación psicológica del preso, o las contingencias sufridas por el mismo al interaccionar con el ambiente físico y social del centro penitenciario»

privativas de libertad a sujetos en fases tan tempranas de la «supuesta» realización del delito[261]. Sin embargo, Fernández Abad plantea que, aunque las prisiones han sido vistas por la literatura especializada como «espacios aptos» para radicalizarse, también deben visualizarse como «espacios de oportunidad» en los que realizar un tratamiento penitenciario y buscar la rehabilitación y reinserción social de las personas condenadas[262]. A este respecto, tanto la Resolución 2178 (2014) del Consejo de Seguridad de Naciones Unidas[263] como la Comisión Europea[264] han incidido en la cuestión para la puesta en marcha de programas orientados a desradicalizarse, o al menos, desvincularse de estos grupos y

---

en AGUDO, E., JAÉN, M., y PERRINO A.L., *Terrorismo en siglo XXI. La respuesta penal en el escenario mundial.* Dykinson, 2016, p. 124.

261 En este sentido, FERNÁNDEZ ABAD, C., «La radicalización yihadista en las prisiones: una aproximación a sus causas e implicaciones» en ROPERO CARRASCO, J., y JIMÉNEZ GARCÍA, F. (Dirs.), FERNÁNDEZ ABAD, C., y GONZÁLEZ LEÓN, C. (Coords.), La RES 2178 de NU y su transposición a los derechos penales nacionales: propuestas de equilibrio entre la seguridad y los derechos individuales», Thomson Reuters Aranzadi, Cizur Menor, 2020, pp. 331-351. O también RIVERA BEIRAS, I., «Nuevamente sobre la emergencia y la excepcionalidad penal y penitenciaria» en ALONSO RIMO, A., CUERDA ARNAU, M.L., y FERNÁNDEZ HERNÁNDEZ, A. (Dirs.), *Terrorismo, sistema penal y derechos fundamentales,* Tirant lo Blanch, Valencia, 2018, pp. 395-418.

262 DÍAZ GÓMEZ, A., «Novedades en el tratamiento penitenciario de presos terroristas», en PÉREZ CEPEDA, A.I. (Dir.), *El terrorismo en la actualidad: un nuevo enfoque político criminal,* Tirant lo Blanch, Valencia, 2018, pp. 467-498. ACALE SÁNCHEZ, M., «Terrorismo y tratamiento punitivista: más allá de la prisión», en PÉREZ CEPEDA, A.I. (Dir.), *El terrorismo en la actualidad: un nuevo enfoque político criminal,* Tirant lo Blanch, Valencia, 2018, pp. 435-465.

263 RESOLUCIÓN 2178 (2014) de 24 de septiembre de 2014, S/RES/2178, p. 3.

264 CONSEJO DE LA UNIÓN EUROPEA, «Revised EU Strategy...», op. cit., p. 11.

organizaciones terroristas[265]. En España, por ejemplo, la Secretaría General de Instituciones Penitenciarias ha elaborado la Instrucción 8/2014, la Instrucción 2/2016 y la Orden de Servicios 3/2018[266]. La primera, bajo el nombre «Nuevo Programa para la prevención de la radicalización violenta»[267]. En este sentido, para evitar la radicalización en prisión, se divide a los internos en tres grupos según la facilidad con la que puedan verse involucrados en el proceso. En el Grupo A están los condenados por pertenencia o colaboración con organización terrorista; en el Grupo B se encuentran los que llevan a cabo labores de captación y proselitismo al resto de internos; y en el Grupo C quedan aquellos más vulnerables para adentrarse en el proceso por su situación personal. La segunda Instrucción, denominada «Programa Marco de intervención en radicalización violenta con internos islamistas»[268], tiene el objetivo no solo de retener y custodiar a los

---

265 CANO PAÑOS, M.A., «La lucha contra la amenaza yihadista más allá del Derecho penal: análisis de los programas de prevención de la radicalización y des-radicalización a nivel europeo», *Revista de Estudios en Seguridad Internacional,* Vol. 4, núm. 2, 2018, pp. 177-205. También FERNÁNDEZ ABAD, C., «Las prisiones como "espacios de oportunidad" en la lucha contra el terrorismo yihadista: ¿idoneidad de la respuesta española?, *Revista General de Derecho Penal,* núm. 34, 2020, pp. 1-45, pp. 5-6.

266 Puede ampliarse esta cuestión en: FERNÁNDEZ ABAD, C., «Las prisiones como...», op. cit., pp. 1-45. También en: AGUERRI, J.C., y FERNÁNDEZ ABAD, C., «La orden de servicios 3/2018...», op. cit., pp. 361-413. FERNÁNDEZ ABAD, C., y ROPERO CARRASCO, J., *La radicalización yihadista en prisión...,* op. cit., pp. 87 y ss.

267 Sobre esta cuestión, *Vid.* GUTIÉRREZ, J.A., JORDÁN, J., y TRUJILLO, H.M., «Prevención de la radicalización yihadista en las prisiones españolas. Situación actual, retos y disfunciones del sistema penitenciario», en *Athena Intelligence Journal,* Vol. 3, núm. 1, 2008.

268 CAROU GARCÍA, S. (2019). «Yihadismo y Derecho Penitenciario. La prevención del extremismo violento en prisión desde una perspectiva tratamental», *Anuario de Derecho Penal y Ciencias Penales,* LXXII, pp. 521-566, pp. 549 y ss.

internos sino también de reeducarlos y reinsertarlos en sociedad. En ella, se mantienen los Grupos A, B y C, pero se les asignan pautas y recomendaciones específicas, entre las que se pueden destacar promover una interpretación moderada del islam, facilitar el aprendizaje del español, mejorar el nivel educativo o la integración sociocultural. En tercer lugar, la Orden de Servicios posibilita una medición del radicalismo violento en prisión que, aunque no es novedosa[269], permite detectar y valorar actitudes que indiquen un riesgo real de cometer conductas violentas[270].

2.3. Traslado o establecimiento en un territorio extranjero

La reforma de 2015 hace referencia al fenómeno de los combatientes terroristas desplazados que se unen a las filas de organizaciones terroristas internacionales en alguno de los escenarios de conflicto bélico en el que los yihadistas tienen mayor presencia, entre los que pueden destacarse muy especialmente, Siria e Irak.

---

269 Para un análisis específico del caso español, remitimos a RIVERA BEIRAS, I., «Actuarialismo Penitenciario. Su recepción en España», en *Revista Crítica Penal y Poder*, núm.9, 2015, pp. 102-144. BRANDARIZ GARCÍA, J.A., *El modelo gerencial-actuarial de penalidad. Eficiencia, riesgo y sistema penal*, Madrid, Dykinson, 2016.
Sobre terrorismo y medición del riesgo de radicalización, se han desarrollado instrumentos como el ERG22 y el VERA. Para una revisión, HERZOG-EVANS, M. (2018). «A comparision of two structured judgment tools for violent extremism and their relevance in the French context», en *European Journal of Probation*, núm.1, pp. 3-27; LOGAN, C., y LLOYD, M., «Violent extremism: a comparison of approaches to assessing and managing risk», en *Legal and Criminological Psychology*, núm. 24, 2018, pp.141-161.

270 Para ampliar información sobre esta cuestión, AGUERRI, J.C., y FERNÁNDEZ ABAD, C., «La orden de servicios 3/2018...», op. cit., pp. 382 y ss.

Dicho esto, el tercer apartado del art. 575 CP, redactado conforme a la Ley Orgánica 1/2019, señala que «la misma pena se impondrá a quien para ese mismo fin, o para colaborar con una organización o grupo terrorista, o para cometer cualquiera de los delitos comprendidos en este Capítulo, se traslade o establezca en un territorio extranjero», recordando que la reforma de 2015 también añadía «controlado por un grupo extranjero»[271]. El precepto describe la conducta típica a través de un elemento objetivo y un elemento subjetivo. El primero, al exigir que el desplazamiento se realice a un país extranjero; y el segundo, determinando que dicho desplazamiento sea llevado a cabo con fines terroristas, sin incorporar ningún otro indicio de peligrosidad abstracta. Y, además, ampliando lo recomendado por la Directiva al permitir que entre esas finalidades mencionadas sea la realización de cualquiera de los delitos comprendidos en el Capítulo, entre los que podrían introducirse la colaboración o el enaltecimiento.

Esta modificación obedece a que «el viaje con fines terroristas tiene una regulación mucho más amplia en la Directiva 2017/541/UE que el fijado en la Resolución 2178 (2014) del Consejo de Seguridad de las Naciones Unidas que inspiró la Ley Orgánica 2/2015, de 30 de marzo, al no exigir que el viaje tenga por destino un territorio controlado por terroristas»[272].

Como ya se hizo referencia, tanto la Resolución del Consejo de Seguridad de Naciones Unidas 2178 como la Directiva 2017/541/UE del Parlamento Europeo y del Consejo, en su art. 9 así lo recogen[273]. Sin embargo, penalizar actos alejados de la puesta

---

[271] La modificación obedece a que la Directiva 2017/541/UE ampliaba el tipo eliminando este requisito que si exigía la Resolución del Consejo de Seguridad de Naciones Unidas 2178.

[272] MUÑOZ CONDE, F., *Derecho penal. Parte especial*, 22.ª ed., Tirant lo Blanch, Valencia, 2019, p. 827.

[273] El artículo 9 contempla el viaje con fines terroristas estableciendo que «cada Estado miembro adoptará las medidas necesarias para garantizar

en peligro de bienes jurídicos protegidos y de la comisión de delitos de terrorismo no parece acertado, cuando se evidencia la problemática de probar las finalidades[274], en cuyo caso, se cae en el Derecho penal simbólico[275]. Es más, aunque no se tipifique, nada hace pensar que estas conductas pudieran quedar exentas de castigo puesto que, si se prueba que un sujeto tiene la voluntad seria, firme y decidida de trasladarse a un escenario a cometer actos delictivos, se entiende que ya puede formar parte de la organización terrorista[276] y, por tanto, existen tipos penales previstos para su persecución, como la integración, la colaboración, el autoadoctrinamiento o el ensalzamiento, entre otros.

Aquí, como en el subapartado anterior, pasamos a analizar algunas de las interpretaciones jurisprudenciales que han realizado

---

que se tipifique como delito, cuando se cometa intencionadamente, el hecho de viajar a un país que no sea ese Estado miembro a los fines de la comisión o la contribución a la comisión de un delito de terrorismo a tenor del artículo 3, de la participación en las actividades de un grupo terrorista con conocimiento de que dicha participación contribuirá a las actividades delictivas de tal grupo a tenor del artículo 4, o del adiestramiento o la recepción de adiestramiento para el terrorismo a tenor de los artículos 7 y 8».

274 Sobre esta cuestión: CASTELLVÍ MONTSERRAT, C., «De las organizaciones y grupos terroristas y de los delitos de terrorismo», en CORCOY BIDASOLO M., MIR PUIG, S. (Dirs.), Comentarios al Código Penal. Reforma Ley Orgánica 1/2015 y Ley Orgánica 2/2015, Tirant lo Blanch, Valencia, 2015, pp. 1725-1750, p. 1737. También MUÑOZ CONDE, F., *Derecho Penal. Parte Especial,* 20.ª ed., Tirant lo Blanch, Valencia, 2015, p. 800; CANO PAÑOS, M.A., CANO PAÑOS, M.A., «La reforma de los delitos de terrorismo» en MORILLAS CUEVA, L. (Dir.), Estudios sobre el Código Penal reformado, Dykinson, Madrid, 2015, pp. 905-949, p. 930.

275 PASTRANA SÁNCHEZ, M.A., La nueva configuración de los delitos de terrorismo, Boletín Oficial del Estado, Madrid, 2020, p. 247. CUERDA ARNAU, M.L., y FERNÁNDEZ HERNÁNDEZ, A., *Adoctrinamiento, adiestramiento…,* op. cit., pp. 294-295.

276 O incluso, como acto preparatorio del concreto delito para el que se traslada.

la Audiencia Nacional o el Tribunal Supremo sobre este subtipo penal. Tal y como ocurría con el delito de autoadoctrinamiento, se observa una línea más represiva marcada por las resoluciones de la Audiencia Nacional que tienden a condenar, y otra menos represiva por parte del Tribunal Supremo que se decanta por la absolución.

— En primer lugar, es preciso destacar la SAN 5/2017, de 28 de febrero, que condena a los acusados como autores de un delito de adoctrinamiento pasivo de índole terrorista en concurso real con un delito de traslado a zona controlada por organización terrorista, sin entrar a justificar el motivo de la apreciación conjunta de ambas figuras. Sin embargo, la referida sentencia resultó casada por el Tribunal Supremo, quien a través de la STS 661/2017, de 10 de octubre absuelve a la acusada de ambos delitos por falta de prueba y al acusado del segundo de ellos por idéntica razón, lo que exoneró al tribunal de pronunciarse acerca de la relación concursal existente entre ambos preceptos. Sobre ello se argumenta que «el hecho de que los acusados llevaran mucha comida y ropa en el vehículo cuando se trasladaban a Marruecos al entierro de Benigno, y el dato de que viajaran en el barco sin billete de ida y vuelta» carecen de entidad probatoria para determinar que el acusado hubiese adoptado la decisión de irse a Siria. Añade, «no concurre prueba de cargo para poder afirmar que los acusados hubieran adoptado la decisión de trasladarse a Siria, y mucho menos de que hubieran ya iniciado el viaje».

— En la misma línea, la SAN 29/2017, de 30 de noviembre, también castiga los dos intentos de viaje de una mujer con su marido a Siria, a la que tras aplicársele la atenuante analógica de confesión con la intención de que la pena no sea tan desproporcionada, se le imponen dos años de prisión, además de las correspondientes inhabilitaciones.

— Por su parte, la SAN 31/2018, de 15 de octubre, condena por tentativa de traslado y autoadoctrinamiento –y no por integración o colaboración, separándose así de la tendencia mayoritaria– a un sujeto que se había trasladado hasta Turquía para integrarse en la organización terrorista ISIS. Debe recordarse, como se explicará más adelante en el apartado VI sobre concurrencia, que la práctica habitual en estos casos era consumir la tentativa de delito y castigar por el autoadoctrinamiento.

— Y la STS 137/2021, de 17 de febrero, sanciona por enaltecimiento del terrorismo a la pena de dos años y un día de prisión y multa de quince meses, así como responsable de un delito de traslado a territorio terrorista, en grado de tentativa, a la pena de un año de prisión.

— Por último, también del Tribunal Supremo, se destaca la STS 374/2019, de 23 de julio, por la que no se condena por traslado y sí se hace por un delito de captación o colaboración a un sujeto que, tras convencer a otro para viajar a Siria, lo deja allí y se vuelve. Se fundamenta en que existen actos de captación concluyentes. No se castiga por traslado porque el sujeto había fallecido y los actos propios de este sujeto quedan consumidos en la colaboración. Se desarrolla con mayor profundidad en el apartado IV sobre colaboración genérica.

Como conclusión del análisis jurisprudencial, debe apuntarse que la tipificación del traslado o desplazamiento, así como el autoadoctrinamiento, ha permitido expandir la intervención penal y lo que es más grave, la posibilidad de abrir un gran número de investigaciones que aprueban intervenir las comunicaciones y que ha posibilitado incoar procesos que después se acaban castigando con delitos como el de colaboración, con penas todavía mayores, como veremos más adelante en el apartado V.

Por ese motivo, solo parece legítimo perseguir y castigar a aquellos sujetos que estén recibiendo entrenamiento militar por parte de una organización, grupo o elementos terrorista con alguna de las finalidades previstas, pero no a aquellos sujetos que se trasladen o establezcan en territorio extranjero, como así parecen estar concediendo los tribunales al interpretar los hechos en algunos de los pocos ejemplos expuestos más arriba, según la escasa aplicación en la práctica.

3. Penalidad

Antes de concluir este apartado, conviene detenerse en la penalidad del art. 575 CP. En primer lugar, llama la atención que el legislador imponga la misma penalidad en los tres párrafos del precepto analizado, a saber, pena de prisión de dos a cinco años. En este sentido, Cano Paños critica su regulación al entender que no todas las conductas poseen el mismo grado de peligrosidad, ni tampoco están a la misma distancia de lesionar algún bien jurídico protegido, a pesar de que el legislador otorgue la misma penalidad para todas ellas[277]. En esta misma línea, Muñoz Conde critica la equiparación punitiva de todos los apartados del artículo al entender que no puede ser lo mismo recibir adiestramiento militar o de combate o manejar sustancias de poder destructivo que, proporcionarse a sí mismo, por curiosidad o interés, lectura de textos religiosos o cualquier actividad a las que hace referencia el art. 575.1 CP[278].

Y es que, según afirma Pérez Cepeda, la legislación antiterrorista mira al Derecho penal de autor, castiga la preparación de la propia preparación cuando tipifica la captación, el adiestramiento o adoctrinamiento como colaboración, pero también el viaje o traslado a zona de conflicto o, incluso, «conductas que

---

[277] CANO PAÑOS, M.A., «El terrorismo islamista en Europa. Respuestas penales y retos criminológicos desde una perspectiva española y anglosajona», en SUÁREZ LÓPEZ, J.M., *et al.* (Dirs.), *Estudios jurídico penales y criminológicos. En homenaje al Prof. Dr. H. C. Mult. Lorenzo Morillas Cueva*, Vol. II, Dykinson, Madrid, 2018, pp. 1801-1825, pp. 1808 y 1809.

[278] MUÑOZ CONDE, F., *Derecho Penal. Parte Especial,* 20.ª ed., Tirant lo Blanch, Valencia, 2015, p. 800.

están todavía en la fase ideológica amparadas por la libertad de pensamiento, como el autoadoctrinamiento»[279].

Por último, debe tenerse en cuenta que la tipificación de delitos como los aquí analizados contribuye a expandir la intervención penal, y no tanto porque hayan aumentado con tipos como el adoctrinamiento pasivo, el autoadoctrinamiento o el traslado y desplazamiento, sino por permitir la posibilidad de abrir un gran número de investigaciones que, en ocasiones, se acaban con penas más altas que las previstas en este tipo penal del art. 575 CP. Se analiza después la colaboración para ver esta cuestión con más profundidad. Además, por si fuera poco, este tipo penal plantea un sinnúmero de problemas de concurrencia delictiva con otros tipos penales de no sencilla solución, que veremos más adelante en el punto VI, y que, según jurisprudencia analizada, no siempre tienen un mismo criterio en su interpretación.

En conclusión, y siguiendo la línea propuesta por Paredes Castañón[280], se aboga por la supresión del art. 575 CP, pues no parece adecuado que los tres apartados tengan la misma penalidad, cuando el apartado primero podría tener encaje como delito de colaboración con grupo u organización criminal, en su caso[281], y el segundo y tercero no tienen la relevancia necesaria para poner en peligro ni lesionar bienes jurídicos de especial interés.

---

279 PÉREZ CEPEDA, A.I., *El pacto antiyihadista...*, op. cit., p. 350.

280 En este sentido, «se trata, respectivamente, de una tentativa de acto preparatorio [...] que deberá permanecer impune, para no anticipar la intervención penal en demasía», PAREDES CASTAÑÓN, J.M., «Una modesta proposición ...», op. cit., pp. 61-86.

281 Se recuerda que el tenor literal del art. 577 CP, hoy, establece pena de cinco a diez años y multa de dieciocho a veinticuatro meses a todo aquel que «lleve a cabo, recabe o facilite cualquier acto de colaboración con las actividades o las finalidades de una organización, grupo o elementos terrorista» teniendo en cuenta que «son actos de colaboración [...] la organización de prácticas de entrenamiento o la asistencia a ellas».

IV. DELITO DE FINANCIACIÓN DEL TERRORISMO

1. Evolución de la regulación penal

El actual art. 576 CP, también conocido como financiación del terrorismo o colaboración económica, es la suma de dos artículos existentes hasta la reforma del año 2015, concretamente, los antiguos 575 y 576 bis CP. El extenso artículo es la suma de un conjunto heterogéneo de conductas delictivas que pueden ser cometidas por sujetos de forma individual, así como por personas jurídicas, tanto de forma dolosa como imprudente. Campo Moreno insiste en la idea de que vencer al terrorismo pasa por anular sus fuentes de financiación[282]. Sin embargo, según parte de la doctrina, esta modalidad delictiva no tiene una ubicación correcta en los delitos de terrorismo puesto que carece de los elementos esenciales exigidos por estas infracciones, y que requieren necesariamente la presencia del dolo[283].

El primero –antiguo art. 575 CP– castigaba con pena superior en grado, sin perjuicio de las que procediera imponer conforme a otros actos de colaboración, a «los que, con el fin de allegar

---

282 CAMPO MORENO, J.C., *Comentarios a la reforma del Código Penal...*, op. cit., p. 64.

283 Cancio Meliá, por ejemplo, considera que el contenido de injusto es el mismo que en el de blanqueo de capitales, ubicación en la que el legislador alemán incorporó este delito. CANCIO MELIÁ, M., «Delitos de terrorismo» en ÁLVAREZ GARCÍA, F.J., y GONZÁLEZ CUSSAC, J.L., *Comentarios a la reforma penal de 2010,* Tirant lo Blanch, Valencia, 2010, pp. 259 y 529. También GARCÍA ALBERO, R., «Acumulación jurídica de penas y cumplimiento íntegro: la reforma de los artículos 76 y 78 CP», en GARCÍA ALBERO, R., y TAMARIT SUMALLA, J.M., *La reforma de la ejecución penal,* Tirant lo Blanch, Valencia, 2004, pp. 376-377. FERRÉ OLIVÉ, J.C., «Política criminal europea en materia de blanqueo de capitales y de financiación del terrorismo», GONZÁLEZ CUSSAC, J.L. (Dir.), *Financiación del terrorismo, blanqueo de capitales y secreto bancario: un análisis crítico,* Tirant lo Blanch, Valencia, 2009, pp. 163 y ss.

fondos a las organizaciones o grupos terroristas señalados anteriormente, o con el propósito de favorecer sus finalidades, atentaren contra el patrimonio». Tras la reforma, esa redacción pasa al párrafo tercero del actual art. 576 CP, modificando la literalidad de este al no requerir que esos delitos se cometan para colaborar con organizaciones o grupos, por un lado, e incorporando que atenten no solo contra el patrimonio, como antes de la reforma, sino también cometiendo extorsión, falsedad documental o cualquier otro delito (se verá unos párrafos más abajo). El segundo –antiguo art. 576 bis CP[284]– perseguía los delitos de financiación en general. En este sentido, por ejemplo, el párrafo primero tipificaba proveer o recolectar fondos para la comisión de delitos o para hacérselos llegar a una organización o grupo de terroristas, que con la reforma pasa a comprender el primer apartado del actual 576 CP, pero incorporando verbos como «recabar», «adquirir», «utilizar», «convertir», «transmitir» y «realizar» cualquier otra actividad con «bienes» o «valores» de cualquier clase[285], y no «fondos» como hasta entonces. Y, además, añadiendo «con la intención de que se utilicen, o a sabiendas que serán utilizados, en todo o en parte, [...].

---

284 El antiguo artículo 576 bis trataba de cumplir con el artículo 2 de la Convención Internacional para la represión de la financiación del terrorismo de Naciones Unidas, hecho en Nueva York, de 9 de diciembre de 1999 y ratificado por España el 1 de abril de 2002. También se ajustaba a la Recomendación 1373, a la Decisión Marco del Consejo de 13 de junio de 2002 o a la Directiva 2005/90/CE del Parlamento Europeo y del Consejo de 26 de octubre de 2005.

285 En este sentido, Campo Moreno o Castellví Montserrat se muestran críticos con la incorporación de tantos verbos al introducir una cláusula genérica «realizar cualquier otra actividad con bienes o valores de cualquier clase». CAMPO MORENO, J.C., *Comentarios a la reforma del Código Penal...*, op. cit., pp. 64 y 65; CASTELLVÍ MONTSERRAT, C., «De las organizaciones y grupos terroristas...», op. cit., p. 1740.

La tercera modificación destacable es la introducción de la financiación del terrorismo, incluso en su modalidad imprudente[286], a través del art. 576 bis CP[287], inspirado en el art. 2.1[288] del Convenio de las Naciones Unidas para la represión de la fi-

---

286 La Exposición de Motivos, en su aparado XXIX establece que «se completa, siguiendo la línea normativa trazada en materia de blanqueo de capitales, con la inclusión de la conducta imprudente de los sujetos especialmente obligados a colaborar con la Administración en la prevención de dicha financiación».

287 «1. El que por cualquier medio, directa o indirectamente, provea o recolecte fondos con la intención de que se utilicen, o a sabiendas de que serán utilizados, en todo o en parte, para cometer cualquiera de los delitos comprendidos en este Capítulo o para hacerlos llegar a una organización o grupo terroristas, será castigado con penas de prisión de cinco a diez años y multa de dieciocho a veinticuatro meses. Si los fondos llegaran a ser empleados para la ejecución de actos terroristas concretos, el hecho se castigará como coautoría o complicidad, según los casos, siempre que le correspondiera una pena mayor. 2. El que estando específicamente sujeto por la ley a colaborar con la autoridad en la prevención de las actividades de financiación del terrorismo dé lugar, por imprudencia grave en el cumplimiento de dichas obligaciones, a que no sea detectada o impedida cualquiera de las conductas descritas en el apartado primero de este artículo, será castigado con la pena inferior en uno o dos grados a la prevista en él. 3. Cuando de acuerdo con lo establecido en el artículo 31 bis de este Código una persona jurídica sea responsable de los delitos recogidos en este artículo, se le impondrán las siguientes penas: a) Multa de dos a cinco años, si el delito cometido por la persona física tiene prevista una pena de prisión de más de cinco años. b) Multa de uno a tres años, si el delito cometido por la persona física tiene prevista una pena de más de dos años de privación de libertad no incluida en el anterior inciso. Atendidas las reglas establecidas en el artículo 66 bis de este Código, los jueces y tribunales podrán asimismo imponer las penas recogidas en las letras b) a g) del apartado 7 del artículo 33».

288 «1. Comete delito en el sentido del presente Convenio quien por el medio que fuere, directa o indirectamente, ilícita y deliberadamente, provea o recolecte fondos con la intención de que se utilicen, o a sabiendas de que serán utilizados, en todo o en parte, para cometer:

nanciación del terrorismo de 1999 y de la Ley 10/2010, de 28 de abril, de prevención del blanqueo de capitales y la financiación del terrorismo[289]. En este sentido, la Decisión Marco 2002/475/JAI exige la tipificación de actos de colaboración intencionados, no imprudentes. García Albero señala al respecto que «lo doloso es inherente al concepto mismo de terrorismo y cualquier otra alternativa, en este ámbito, hace un flaco favor a la necesidad de no banalizar un tag que debe seguir siendo infamante por necesi-

---

a) Un acto que constituya un delito comprendido en el ámbito de uno de los tratados enumerados en el anexo y tal como esté definido en ese tratado;
b) Cualquier otro acto destinado a causar la muerte o lesiones corporales graves a un civil o a cualquier otra persona que no participe directamente en las hostilidades en una situación de conflicto armado, cuando, el propósito de dicho acto, por su naturaleza o contexto, sea intimidar a una población u obligar a un gobierno o a una organización internacional a realizar un acto o a abstenerse de hacerlo».

289 Surgida como consecuencia de la Directiva 2005/60/CE del Parlamento Europeo y del Consejo, relativa a la prevención de la utilización del sistema financiero para el blanqueo de capitales y para la financiación del terrorismo. En este sentido, VEGA SÁNCHEZ, M.V., Prevención del blanqueo de capitales y de la financiación del terrorismo. (Nueva Ley 10/2010, de 28 de abril), Editorial Universitaria Ramón Areces, Madrid, 2011, p. 50. Destacar que se ha producido una reciente modificación en los apartados 1, 3 y 4 del artículo 43 sobre el Fichero de Titularidades Financieras por Ley Orgánica 9/2022, de 28 de julio, por la que se establecen normas que faciliten el uso de información financiera y de otro tipo para la prevención, detección, investigación o enjuiciamiento de infracciones penales, de modificación de la Ley Orgánica 8/1980, de 22 de septiembre, de Financiación de las Comunidades Autónomas y otras disposiciones conexas y de modificación de la Ley Orgánica 10/1995, de 23 de noviembre, del Código Penal. En este sentido, *vid.* LEÓN ALAPONT, J., «Un comentario de urgencia a la Ley Orgánica 9/2022, de 28 de julio, por la que se establecen normas que faciliten el uso de la información financiera y otro tipo de prevención, detección, investigación o enjuiciamiento de infracciones penales», *Diario La Ley,* núm. 10123, 2022, pp. 1-12.

dades psicosociales básicas»[290]. Pastrana Sánchez argumenta que este tipo penal se configura como un delito de resultado cortado que además amplía su ámbito de aplicación, ya que antes de la reforma penal podía castigarse como una tentativa de colaboración y después se castiga como un delito consumado[291].

2. Regulación penal actual

De esta forma, el actual art. 576 CP recoge en el apartado primero el tipo base de financiación y castiga a aquellos que, de manera directa o indirecta, y por cualquier medio, recaben, adquieran, posean, utilicen, conviertan, transmitan o realicen cualesquiera otras actividades con bienes o valores con la finalidad de que sean utilizados o sabiendo que lo serán, en todo o parte, a la comisión de cualquiera de los delitos que se comprenden en el Capítulo. Al respecto, Navarro Cardoso expone que la tipificación de ese propósito pone en entredicho la posibilidad de que pueda cometerse con un dolo eventual, por ejemplo[292].

El segundo apartado del nuevo 576 CP[293] tipifica un subtipo agravado que contempla la pena superior en grado cuando los

290 GARCÍA ALBERO, R., «Capítulo VII. De las organizaciones y grupos terroristas y de los delitos de terrorismo», en QUINTERO OLIVARES, G. (Dir.), MORALES PRATS, F. (Coord.), Comentarios al Código Penal Español, Tomo II, 7.ª ed., Thomson Re¬uters Aranzadi, Cizur Menor, 2016, pp. 1884-1945, p. 1917.

291 PASTRANA SÁNCHEZ, M.A., *La nueva configuración…*, op. cit., p. 187. De esta misma opinión, GARCÍA ALBERO, R., «La reforma de los delitos…», op. cit., p. 375; MUÑOZ CONDE, F., *Derecho Penal. Parte Especial,* 18.ª ed., op. cit., p. 930.

292 NAVARRO CARDOSO, F., «Los tipos dolosos del delito de financiación del terrorismo», *Revista Electrónica de Ciencia Penal y Criminología,* 2018, p. 17.

293 «Si los bienes o valores se pusieran efectivamente a disposición del responsable del delito de terrorismo, se podrá imponer la pena superior en grado. Si llegaran a ser empleados para la ejecución de

«bienes» o «valores» se pusieran a disposición del responsable del delito de terrorismo de forma efectiva, con lo que se contempla como un delito de mera actividad que no necesariamente exige para su castigo la disposición de esos «bienes» o «valores»[294]. En este aspecto, tanto el Convenio de Naciones Unidas como el GAFI exigen el castigo del simple hecho de recolectar fondos, sin esperar a un ulterior resultado[295]. Y, si además de haberlos puesto a disposición del responsable fueran empleados para la ejecución de actos terroristas concretos, el hecho se castiga como coautoría o complicidad, es decir, lo que algunos autores denominan tipo de reenvío[296].

El apartado tercero del art. 576 CP, como se advertía más arriba, además de no requerir que los delitos se cometan para colaborar con organizaciones o grupos, incorpora otro subtipo agravado, también con pena superior en grado para los casos en que las conductas del primer apartado se hubiesen realizado atentando contra el patrimonio, extorsionando, con falsedad documental o cualquier otro delito, sin perjuicio de la relación concursal de delitos que nace según proceda de los apartados anteriores. Aquí,

---

actos terroristas concretos, el hecho se castigará como coautoría o complicidad, según los casos».

294 Para ampliar esta cuestión: CASTELLVÍ MONTSERRAT, C., «De las organizaciones y grupos terroristas...», op. cit., p. 1740. CORCOY BIDASOLO, M., VERA SÁNCHEZ, J. S., BOLEA BARDON, C., *Manual de Derecho Penal. Parte Especial. Tomo 1. Doctrina y Jurisprudencia con Casos Solucionados,* Tirant lo Blanch, Valencia, 2015, p. 780.

295 «El delito de financiación del terrorismo no debería requerir que los fondos de: a) se hayan usado efectivamente para realizar o intentar un acto terrorista (s) o (b) estén vinculados a un acto terrorista (s)». MERINO HERRERA, J., «Estrategias de persecución penal contra la financiación del terrorismo», *Revista Penal México,* núm. 8, 2015, pp. 115-140.

296 NAVARRO CARDOSO, F., «El delito de financiación del terrorismo en el Código Penal español (art. 576)», en FERRÉ OLIVÉ, J.C., y PÉREZ CEPEDA, A.I. (Dirs.), *Financiación del terrorismo,* Tirant lo Blanch, Valencia, 2018, pp. 79-112, p. 107.

algunos autores señalan que lo que se regulan son supuestos mediales que exceden de las recomendaciones internacionales y, además, acaban sancionándose a través de las reglas del concurso real, con el incremento en la penalidad que eso conlleva[297].

El cuarto apartado[298] tipifica un delito especial en el que se castiga al sujeto que, por imprudencia grave, y estando por ley obligado de forma específica a colaborar con las autoridades para la prevención de las actividades de financiación del terrorismo, no detecte o impida cualquiera de las conductas a las que hace referencia el párrafo primero del art. 576 CP, que ya desde la reforma de 2010 se empezaba a mostrar presente de acuerdo con la Ley 10/2010 de Prevención del blanqueo de capitales y de la financiación del terrorismo, inspirada en la Directiva 2005/60/CE del Parlamento Europeo y del Consejo de 26 de octubre de 2005.

Por último, el apartado quinto –art. 576.5 CP–, vigente hasta la reforma de 2019, contemplaba el delito de financiación del terrorismo para las personas jurídicas de acuerdo con el art. 31 bis, tal y como se encontraba hasta el 2015 redactado en el art. 576 bis 3 CP, en cuyo caso las penas a imponer eran de multa, de dos a cinco años o de uno a tres, en función de la gravedad del delito cometido por la persona física, y que actualmente puede encontrarse en el art. 580 bis CP. Ahora, en este art. 580 bis CP, tras

---

297 NAVARRO CARDOSO, F., «El delito de financiación del terrorismo…», op. cit., pp. 79-112. A mayor abundamiento sobre relación concursal de este delito: MACÍAS CARO, V.M., «Problemas concursales y de delimitación del delito de financiación del terrorismo», en FERRÉ OLIVÉ, J.C., y PÉREZ CEPEDA, A.I. (Dirs.), *Financiación del terrorismo,* Tirant lo Blanch, Valencia, 2018, pp. 113-138.

298 «El que estando específicamente sujeto por la ley a colaborar con la autoridad en la prevención de las actividades de financiación del terrorismo dé lugar, por imprudencia grave en el cumplimiento de dichas obligaciones, a que no sea detectada o impedida cualquiera de las conductas descritas en el apartado 1 será castigado con la pena inferior en uno o dos grados a la prevista en él».

la reforma operada por Ley Orgánica 1/2019, de 20 de febrero, viene a sustituir el contenido que la reforma de 2015 dotó al art. 576.5 CP, y que regula la responsabilidad penal de las personas jurídicas por delitos de terrorismo. En este momento, con respecto a su redacción original, son pocas las modificaciones, a excepción de las penas. A este respecto se incorpora, por un lado, la alternativa de multa proporcional del doble al cuádruple del perjuicio causado cuando la cantidad fuese elevada, siempre que el delito cometido por la persona física tuviera prevista una pena de más de dos años de privación de libertad[299] y, por otro lado, multa seis meses a dos años, o del doble al triple del perjuicio causado si fuese elevado en el resto de los casos[300]. Eso sí, sin olvidar la gran novedad de que este delito antes de su modificación se aplicaba para el delito de financiación del terrorismo de forma exclusiva, y ahora, tras la reforma, su aplicación lo es para cualquiera de los delitos contenidos en el Capítulo VII.

Para lograr el propósito propuesto por Campo Moreno de vencer al terrorismo anulando sus fuentes de financiación[301], Cuerda Arnau expone un doble ámbito de actuación: de un lado, sobre «el conjunto de técnicas de investigación y sanción clásicas», y de otro lado, «mejorar la gestión de las diferentes fuentes de información con el fin de [...] introducir mayor transparencia en un ámbito donde la opacidad es garantía de éxito para el con-

---

299 La redacción vigente con la reforma de 2015 tenía la misma multa por cuotas, pero para los casos en los que la privación de libertad superara los 5 años.

300 Antes de esta última reforma de 2019 es cierto que la multa por cuotas era más grave, es decir, de uno a tres años, sin embargo, solo se aplicaba a los supuestos en los que la pena para la persona física fuese de más de dos años de privación de libertad.

301 En este aspecto puede consultarse: BUSTOS RUBIO, M., «¿Cómo se financian los grupos y organizaciones terroristas? Una visión político-criminal», FERRÉ OLIVÉ, J.C., y PÉREZ CEPEDA, A.I. (Dirs.), *Financiación del terrorismo,* Tirant lo Blanch, 2018, pp. 13-56.

trario», sin olvidar «la indiscutible trascendencia que en toda esa estrategia tiene la cooperación y colaboración internacional»[302].

3. Penalidad

La penalidad establecida por el legislador para estas conductas es prisión de cinco a diez años. En este aspecto, es importante destacar que es una pena grave, de acuerdo con el art. 33 CP, y esto permite solicitar la extradición, de acuerdo con el art. 11 de la Convención internacional para la represión de la financiación del terrorismo, que según Merino Herrera:

> «Conecta con el criterio internacional consolidado en materia antiterrorista de no otorgar a este tipo de conductas delictivas el carácter de delito político, delito conexo a un delito político o delito inspirado en motivos políticos, dado que en ese contexto de represión penal multilateral se asume la ida de que los delitos políticos encuadran aquellos supuestos en los que se incrimina la libertad de expresión y, por ende, nada tienen que ver con la violencia terrorista y su financiación»[303].

---

[302] En este sentido, de reciente creación, la Ley Orgánica 9/2022, por la que se establecen normas que facilitan el uso de la información financiera y de otro tipo para la prevención, detección, investigación o enjuiciamiento de infracciones penales, que modifica la Ley Orgánica 8/1980, de 22 de septiembre, de Financiación de las Comunidades Autónomas y otras disposiciones conexas y de modificación de la Ley Orgánica 10/1995, de 23 de noviembre, del Código Penal. LEÓN ALAPONT, J., «Un comentario de urgencia...», op. cit., pp. 1-12. CUERDA ARNAU, M.L., «Terrorismo y libertades políticas», *Teoría y Derecho: revista de pensamiento jurídico*, núm. 3, 2008, pp. 61-97, p. 70. *Vid.* FERRÉ OLIVÉ, J.C., «Instrumentos internacionales en la lucha contra la financiación del terrorismo», en FERRÉ OLIVÉ, J.C., y PÉREZ CEPEDA, A.I. (Dirs.), *Financiación del terrorismo,* Tirant lo Blanch, Valencia, 2018, pp. 57-80.

[303] MERINO HERRERA, J., «Estrategias de persecución penal...», op. cit., p. 131.

También se ha modificado la pena de multa, del triple al quíntuplo de su valor, rompiendo así con el sistema de multas por cuotas vigente hasta entonces. Desde su tipo base, y según se ha avanzado, se producen agravaciones que permiten imponer la pena de prisión superior en grado del intervalo mencionado o atenuaciones –en uno o dos grados– para el tipo de financiación imprudente del cuarto apartado; por no mencionar las posibles relaciones concursales al respecto, que se reservan para el próximo apartado. El incremento punitivo de la regulación actual ya incluso se proponía allá por 2014 en el Informe de Evaluación que realizó España sobre el GAFI, en el que se advertía que «el hecho de que las condenas de prisión para quienes financian el terrorismo sean cortas es motivo de preocupación»[304].

A modo de conclusión, como ejemplo de aplicación práctica del tipo, así como las penas asociadas a él, la reciente SAN 1/2020, de 10 de febrero, condena a dos años y seis meses de prisión y diez mil euros de multa a un sujeto por mantener y financiar a su mujer durante el viaje que realiza para incorporarse a las filas de la organización terrorista DAESH con un importe de 6.455,50 €. Meses más tarde, el Tribunal Supremo en la STS 647/2022, de 27 de junio, rebaja la condena a un año y ocho meses de prisión, además de siete mil euros de multa, al entender que la menor gravedad del hecho, las circunstancias personales del autor y la relación personal que les unía justifican atenuar la pena en dos grados, y no en uno como se había hecho[305].

---

304 GRUPO DE ACCIÓN FINANCIERA FATF-GAFI, *Medidas contra el blanqueo de capitales y la financiación del terrorismo, Informe de Evaluación Mutua*, 2014, p. 73. Disponible en: https://www.tesoro.es/sites/default/files/informe_eval_mutua_esp2014.pdf [Última consulta: 29/09/2022].

305 El FJ 3.º recoge: «Debiera justificarse no solo por qué se ha rebajado un grado, sino también, lo que se omite, por qué no se descienden dos peldaños, pese a permitirlo la ley. Pensemos que con esa opción penológica el mínimo de prisión a imponer (dos años y seis meses)

V. COLABORACIÓN GENÉRICA Y ADOCTRINAMIENTO ACTIVO. COLABORACIÓN IMPRUDENTE

1. Evolución de la regulación penal

La colaboración genérica está presente en nuestro ordenamiento jurídico español desde 1975 en los artículos sexto y séptimo del Decreto-ley 10/1975, de 26 de agosto, sobre prevención del terrorismo[306]. Ropero Carrasco señala que ya desde

---

resulta superior al mínimo de la propia actividad terrorista financiada (dos años: desplazamiento a un país extranjero)».

306 Artículo sexto: «Uno. Serán castigados con la pena de prisión mayor los que construyeren, ordenaren o autorizasen la construcción, dispusieren o permitieren la utilización de locales deliberadamente ocultos y disimulados, hábiles para el secuestro, encierro u ocultación de personas.
Dos. Quienes conociendo la existencia de alguno de estos locales no lo pusieren en conocimiento de la autoridad incurrirán en la pena de prisión menor.
Tres. La autoridad judicial dispondrá inmediatamente la clausura y precinto de la dependencia a la que dieren acceso los referidos locales y, en su momento, ordenará la destrucción de la instalación y aparato de disimulo, que se ejecutará por los servicios municipales competentes».
Artículo séptimo: «Serán castigados con la pena de prisión mayor:
Uno: Los que alojaren o dieren albergue a persona o personas implicadas en organizaciones o actividades incluidas en este Decreto-ley, facilitaren sus desplazamientos, ocultaren o transportaren cosas o efectos a ellos pertenecientes o les prestaren cualquier género de ayuda para realizar sus propósitos.
Dos. Los que, implicados en organizaciones o grupos a que se refiere el artículo cuarto o en actividades terroristas, entraren o salieren clandestinamente del territorio nacional, y quienes, a tales fines, les facilitaren guía, documentación, medio de transporte o cualquier otro auxilio,
Tres. Los que transmitieren mensajes entre personas implicadas en las aludidas organizaciones o actividades terroristas o les suministraren datos o informaciones que pudieren favorecer sus designios.
Cuatro. Los que, sin estar legalmente autorizados, tuvieren en su poder sustancias, instrumentos o efectos para la fabricación, almacenaje o

entonces se persiguen conductas de colaboración como facilitar zulos, salir o entrar del territorio nacional con fines terroristas, poseer material de adiestramiento para el manejo de explosivos o tácticas terroristas[307]. Más adelante, el Real Decreto-ley 3/1979, de 26 de enero, sobre protección de seguridad ciudadana lo regula a través de su artículo segundo[308].

Tras su derogación, con la Ley Orgánica 9/1984, de 26 de diciembre, contra la actuación de las bandas armadas y elementos terroristas y de desarrollo del art. 55.2 de la Constitución, deja de estar castigada hasta ya la reforma que se produce con la Ley Orgánica 3/1988, de 25 de mayo, de Reforma del Código Penal, en su art. 174 bis CP[309]. Y no es ya hasta la entrada en vigor del Código Penal de 1995 cuando se tipifica el delito de colaboración

---

transporte de explosivos, elementos incendiarios, gases de empleo táctico u otros medios análogos.
Cinco. Los que tuvieren en su poder, sin razonable justificación, manuales o instrucciones de cualquier clase para la elaboración de sustancias o artefactos explosivos o incendiarios, manejo de armas de guerra, táctica de comandos o guerrilla urbana u otros análogos.
Seis. Los que cometieren el delito previsto en el artículo trescientos treinta y ocho bis del Código Penal [referido a la omisión del deber de denunciar delitos] en relación con los hechos a que se refiere este Decreto-ley.
Siete. Los que, con propósito de causar infundada alarma, anunciaren la supuesta colocación de artefactos explosivos o cualquiera otro atentado terrorista».

307 ROPERO CARRASCO, J., *Las limitaciones del Derecho Penal…*, op. cit., p. 182.

308 «El que recabe o facilite de cualquier modo informaciones o realice cualesquiera otros actos de colaboración que favorezcan la comisión de los delitos previstos en el número uno del artículo tercero de este Real Decreto-ley será castigado con la pena de prisión menor, salvo cuando correspondiere la imposición de pena más grave por aplicación de cualquier otra norma penal».

309 «1. Será castigado con las penas de prisión mayor y multa de 150.000 a 750.000 pesetas el que obtenga, recabe o facilite cualquier acto de colaboración que favorezca la realización de las actividades o la consecución de los fines de una banda armada o de elementos terroristas o rebeldes.

con bandas armadas por medio del art. 576 CP[310]. Los dos artículos, tanto el art. 174 bis CP como el art. 576 CP, castigan actos de cooperación generales que un «extraño» realiza en beneficio de la organización ilícita para el favorecimiento de las actividades o finalidades del grupo u organización. En este sentido, se incluyen un amplio catálogo de conductas de diversa índole. De la redacción originaria y su gran amplitud, introduciendo cláusulas como «cualquier otra forma equivalente de cooperación, ayuda o mediación, económica o de otro género», exige que los Tribunales realicen un esfuerzo en su interpretación para tratar de restringirlo en la medida de lo posible. Así, autores como Lamarca Pérez, Cancio Meliá o Ropero Carrasco hablan de una aportación material relevante para la organización o juicio ex ante de idoneidad[311]. Sin embargo, la jurisprudencia no ha tomado esos tintes restrictivos a los que se hace alusión en parte de la doctrina[312], como así puede observarse a través de la STS 2/1997, de

---

2. En todo caso, son actos de colaboración la información o vigilancia de personas, bienes o instalaciones, la construcción, cesión o utilización de alojamientos o depósitos, la ocultación o traslados de personas integradas o vinculadas a bandas armadas o elementos terroristas o rebeldes, la organización o asistencia a prácticas de entrenamiento y cualquier otra forma de cooperación, ayuda o mediación, económica o de otro género, con las actividades de las citadas bandas o elementos».

310 Cuando la información o vigilancia de personas mencionada en el párrafo anterior ponga en peligro la vida, la integridad física, la libertad o el patrimonio de las mismas, se impondrá la pena prevista en el apartado 1, en su mitad superior. Si llegara a ejecutarse el riesgo prevenido, se castigará el hecho como coautoría o complicidad, según los casos».

311 LAMARCA PÉREZ, C., «Terrorismo», en LAMARCA PÉREZ, C., *Derecho penal. Parte Especial*, 3.ª ed., Colex, Madrid 2005, p. 715; CANCIO MELIÁ, M., *Los delitos de terrorismo: estructura…*, op. cit., pp. 243-244. ROPERO CARRASCO, J., *Las limitaciones del Derecho Penal…*, op. cit., p. 182.

312 Véanse ejemplos citados por CANCIO MELIÁ, M., *Los delitos de terrorismo: estructura…*, op. cit., pp. 245-246 o por NÚÑEZ CASTAÑO, E. *Los delitos de colaboración con organizaciones y grupos terroristas*, Tirant lo Blanch, Valencia, 2013, p. 141.

29 de noviembre, sobre Herri Batasuna, y que estima conveniente su condena a seis años de prisión y multa por colaboración con banda armada, así como también a sus dirigentes[313]. Al respecto, véase un resumen destacado del FJ quinto[314].

---

313 LÁZARO, J.M., «Siete años de cárcel para los 23 dirigente de HB» *El País,* 2 de diciembre de 1997. Disponible en: https://elpais.com/diario/1997/12/02/espana/881017225_850215.html Última consulta: 10/09/2022]. También condena con multa de medio millón de pesetas por entender que el plan dirigido a la exhibición y difusión de material constituye un delito de colaboración con banda armada regulado en el artículo 174 bis a) del Código Penal de 1973.

314 «Cuando se usan conceptos normativos abiertos el problema de constitucionalidad se traslada del legislador al intérprete y aplicador de la norma. Por ello esta Sala [...] debe realizar esta labor siguiendo pautas objetivas y no discrecionales que determinen y complementen dichos preceptos haciéndolos previsibles y garantizando la taxatividad de la norma conforme [...] valores generalmente admitidos y conocidos socialmente, depurados desde la perspectiva del ordenamiento jurídico y, especialmente, desde la Constitución. [...]. Pudiera parecer cierto que la descripción normativa cuestionada contiene márgenes de indeterminación en algunas de sus expresiones. Más tal apreciación sólo es aparente, dado que aquéllas están integradas por conceptos que tienen un núcleo o esfera de certidumbre, que desvanece toda imagen de penumbra aplicativa mediante conocidos esquemas de argumentación jurídica utilizados en necesaria interacción con datos concretos del caso. De esta forma, como se ha dicho antes, cuando el legislador no aporta definiciones legales, es obligación de los órganos encargados de aplicar el Derecho la determinación progresiva del concepto, en el ejercicio de una actividad comprendida en la función de juzgar como tarea cuya suficiencia habrá de ponderarse en el contexto legal y jurisprudencial en el que el precepto penal se inscribe, pues el ordenamiento jurídico es una realidad compleja e integrada, dentro de la cual adquieren sentido y significación propia, también en el ámbito penal, cada uno de los preceptos singulares.
Así pues, la cláusula general del texto analizado no puede estimarse lesiva del principio de legalidad dado que permite determinar con claridad cuáles son las acciones prohibidas y constituye una evidente respuesta al designio legislativo de reducir al máximo las posibilidades

A pesar de la intención del Tribunal Supremo en tratar de explicar con detalle el respeto al mandato de taxatividad, autores como Asúa Batarrita o Núñez Cataño consideran que más que respetar dicha exigencia, el tipo penal busca permitir la entrada a casi cualquier tipo de colaboración[315]. Hasta incluso el Tribunal Constitucional, aunque concede el amparo a los recurrentes al considerar penas desproporcionalmente altas y vulneración del principio de proporcionalidad[316], no admite que haya sido vulnerado el mandato de taxatividad como garantía del principio de legalidad, pues en su opinión y según se observa en el FJ 30.°, se está ante una práctica habitual en materia de legislación antiterrorista según derecho comparado para no dejar al margen ninguna forma de colaboración individual o social que contribuya a apoyar a organizaciones o grupos terroristas[317].

---

de apoyo a las actividades terroristas a fin de proteger con toda amplitud los bienes jurídicos que la existencia de las mismas amenazas»

315 ASÚA BATARRITA, A., «Apología del terrorismo y colaboración con banda armada. Delimitación de los respectivos ámbitos típicos», *La Ley: Revista jurídica española de doctrina, jurisprudencia y bibliografía*, núm. 3, 1998, p. 1642. NÚÑEZ CASTAÑO, E. *Los delitos de colaboración...*, op. cit., p. 142.

316 Autores como Álvarez García, Cuerda Riezu o Navarro Frías amplían sobre esta cuestión. ÁLVAREZ GARCÍA, J.J., «Principio de proporcionalidad. Comentario a la STC de 20 de julio de 1999, recaída en el recurso de amparo interpuesto por los componentes de la Mesa Nacional de Herri Batasuna», *La Ley*, núm. 5, 1999, p. 2057; NAVARRO FRÍAS, I., «Principio de legalidad y el llamado delito de colaboración con banda armada: La nueva amenaza de una cuestión jurídica no bien resuelta en la STC 136/1999», Anales de la Facultad de Derecho, núm. 20, 2003, pp. 99-137; CUERDA RIEZU, A., «Proporcionalidad, efecto desaliento y algunos silencios en la STC 136/1999, que otorgó el amparo a los dirigentes de Herri Batasuna», en DÍEZ RIPOLLÉS, J.L. (Coord..), *La ciencia del Derecho penal ante el nuevo siglo. Libro Homenaje al profesor doctor don José Cerezo Mir*, Tecnos, Madrid 2002, p. 351.

317 «Puede afirmarse que nos encontramos ante una constante en lo que al derecho comparado se refiere en materia de legislación antiterrorista, es decir, la previsión de un tipo muy poco específico

Avanzado todo lo anterior, la reforma de 2010, según Ley Orgánica 5/2010, tuvo algunas consecuencias que merecen especial atención. En primer lugar, el legislador abandona el concepto banda armada, de acuerdo con la modificación que también realizaba en los arts. 571 y 572 CP. En segundo lugar, amplía la colaboración a conductas de captación, adoctrinamiento y adiestramiento o formación de terroristas a través del art. 576.3 CP –con el objetivo de reducir los contenidos que las organizaciones y grupos terroristas tratan de difundir por Internet en busca de nuevos miembros–, que están dirigidas no solo a incorporar integrantes en la organización sino también a perpetrar cualquiera de los delitos previstos en el Capítulo. Al respecto, Alonso Rimo señala que la fórmula elegida por el legislador no incluye únicamente los delitos nucleares sino cualquier tipo de conducta satélite al fenómeno, lo que implica poder castigarse la colaboración para llevar a cabo un delito de enaltecimiento[318].

2. Regulación penal actual

2.1. Colaboración genérica y adoctrinamiento activo

Ya en el 2015, el actual art. 577 CP regula la colaboración tras la nueva reforma operada por la Ley Orgánica 2/2015. Así, el primer párrafo del actual 577 CP se encarga de perseguir con penas de cinco a diez años y multa de dieciocho a veinticuatro meses a quienes lleven a cabo, recaben o faciliten actos de colaboración con las actividades o las finalidades de una organización, grupo

de colaboración o apoyo a grupos terroristas, condicionado por la necesidad de no dejar fuera, dentro de lo posible, ninguna forma o variedad de respaldo individual o social al fenómeno terrorista». *Vid.* STC 136/1999, de 20 de julio.

318 ALONSO RIMO, A., «La criminalización de la preparación delictiva...», op. cit., pp. 231-233.

o elemento terrorista[319], o para la comisión de cualquiera de los delitos comprendidos en este Capítulo. Es preciso destacar que la incorporación del término «elemento terrorista» en el tipo penal permite perseguir y penalizar cualquier forma de ayuda. Sin embargo, la tipificación de la colaboración era amplia ya incluso antes de la reforma al incluir «cualquier forma de ayuda». En este sentido, Navarro Frías señala que incluso vulnera principios como el de culpabilidad o de exclusiva protección de bienes jurídicos[320]. Además, se mantiene con respecto a su predecesor, «o para cometer cualquiera de los delitos comprendidos en este Capítulo»[321].

El legislador detalla que «en particular son actos de colaboración la información o vigilancia de personas, bienes o instalaciones, la construcción, acondicionamiento, cesión o utilización de alojamientos o depósitos, la ocultación, acogimiento o traslado de personas, la organización de prácticas de entrenamiento o la asistencia a ellas, la prestación de servicios tecnológicos, y cualquier otra forma equivalente de cooperación o ayuda a las actividades de las organizaciones o grupos terrorista, grupos o personas a que se refiere el párrafo anterior»[322]. Y añade que cuando la

---

319 Como consecuencia de la nueva definición de terrorismo, sin necesidad de probar su pertenencia o colaboración con ellas.

320 NAVARRO FRÍAS, I., «Principio de legalidad y el llamado delito de colaboración...», op. cit., pp. 99-137.

321 Según Cano Paños, «esto puede considerarse una reiteración innecesaria, toda vez que a nadie escapa que las finalidades de una organización, grupo o elemento terrorista son precisamente las de cometer delitos de terrorismo». CANO PAÑOS, M.A., «La reforma de los delitos...», op. cit., p. 936.

322 A este respecto, Campo Moreno, crítica nuevamente que «cualquier otra forma equivalente de cooperación o ayuda a las actividades de las organizaciones o grupos terroristas, grupos o personas» es suficiente para no tener que incluir tantos comportamientos dentro del tipo penal. CAMPO MORENO, J.C., *Comentarios a la reforma del Código Penal...*, op. cit., pp. 68 y 70. También García Albero entiende que el delito como «un auténtico ariete de la política criminal contra el

información o vigilancia ponga en peligro la vida, la integridad física, la libertad o el patrimonio, se impondrá la pena prevista en su mitad superior sin perjuicio de castigar como coautor o cómplice, según corresponda, cuando se produjera la lesión de cualquiera de los bienes jurídicos anteriores. Cano Paños señala que «cualquier otra forma equivalente de cooperación o ayuda» deja en mal lugar al principio de seguridad y certeza jurídica[323].

El segundo apartado recoge el «adoctrinamiento activo» e impone las mismas penas previstas del apartado primero –prisión y multa– cuando se lleven a cabo actividades de captación, adoctrinamiento o adiestramiento, que estén dirigidas o que, por su contenido, resulten idóneas para incitar a incorporarse a una organización o grupo terrorista, sin olvidarse de «los que faciliten adiestramiento o instrucción sobre la fabricación o uso de explosivos, armas de fuego u otras armas o sustancias nocivas o peligrosas, sobre métodos o técnicas especialmente adecuados para la comisión de alguno de los delitos del artículo 573, con la intención o conocimiento de que van a ser utilizados para ello». El origen de este apartado se encuentra en la reforma de la Ley Orgánica 5/2010 cuando el legislador trataba de adaptar la legislación para cumplir con las obligaciones de la Decisión Marco 2008/919/JAI e incriminar las conductas de captación y

---

terrorismo, un verdadero cajón de sastre al que acudir ausentes los elementos típicos del resto de figuras delictivas, o simplemente ante las dificultades probatorias que suscita el carácter determinado del resto de infracciones». GARCÍA ALBERO, R., «Capítulo VII. De las organizaciones y grupos terroristas…», op. cit., p. 1921.

323 CANO PAÑOS, M.A., «La reforma de los delitos…», op. cit., p. 936.

adiestramiento de terroristas[324]. Sin embargo, sobre el concepto «adoctrinamiento» surgen más dudas, al permitir castigar meras manifestaciones de opinión que entran –o pueden entrar fácilmente– en contradicción con derechos fundamentales como la intimidad, la libertad ideológica o la libertad de expresión, a excepción de que conformen una proposición o provocación, ya perseguibles por el legislador como actos preparatorios a través del art. 579 CP[325]. Sobre esta cuestión, Pérez Cepeda[326] señala que es controvertido incorporar el adoctrinamiento como colaboración porque, por una parte, no se encuentra en los instrumentos internacionales, ni siquiera en la posterior Directiva 2017/541/UE y, por otra parte, la propia Decisión Marco 2008/919/JAI advierte literalmente que «la expresión pública de opiniones radicales, polémicas o controvertidas sobre cuestiones sensibles, incluido el terrorismo, queda fuera del ámbito de la presente Decisión Marco»[327]. Muñoz Huerta recuerda que si según el Diccionario de la Real Academia Española adoctrinar supone «inculcar a alguien determinadas ideas o creencias», esta conducta no se separa «de la simple expresión de ideas,

---

324 El Código Penal, tras la reforma de 2010, en su artículo 576.3, tipificaba penalmente estas conductas. Sin embargo, conviene señalar que la Decisión Marco no hace referencia en ningún caso al adoctrinamiento en el artículo 3.2, e incluso el considerando 14 establece que «la expresión pública de opiniones radicales, polémicas o controvertidas sobre cuestiones políticas sensibles, incluido el terrorismo, queda fuera del ámbito de la presente Decisión Marco y, en especial, de la definición de provocación a la comisión de delitos de terrorismo».

325 El artículo 2 de la Decisión Marco incluye que no pueden «exigir a los Estados miembros la adopción de medidas que contradigan principios fundamentales relativos a la adopción de medidas que contradigan principios fundamentales relativos a la libertad de expresión».

326 PÉREZ CEPEDA, A.I., *El pacto antiyihadista...*, op. cit., p. 360.

327 Decisión Marco 2008/919/JAI del Consejo, de 28 de noviembre de 2008, por la que se modifica la Decisión Marco 2002/475/JAI sobre la lucha contra el terrorismo (ambas derogadas por la Directiva de 2017).

las cuales, por muy execrables que sean y se rechacen socialmente, se encuentran amparadas por el derecho fundamental a la libertad de expresión, a no ser que podamos hablar ya de una forma de provocación o proposición a la comisión de actos terroristas, tipificada en el artículo 579 del CP»[328].

Además, esta reforma introduce una nueva modalidad agravada que permite imponer la pena en su mitad superior, pudiendo llegar hasta superior en grado cuando la captación, adoctrinamiento o adiestramiento «se hubieran dirigido a menores de edad o personas con discapacidad necesitadas de especial protección o a mujeres víctimas de trata con el fin de convertirlas en cónyuges, compañeras o esclavas sexuales de los autores del delito, sin perjuicio de imponer las que además procedan por los delitos contra la libertad sexual cometidos»[329]. García Albero cuestiona la dificultad de realizar concursos junto al delito de trata[330] o Cano Paños advierte las complicaciones de probar estas conductas al entender que «no son pocos los casos en los que los propios menores de edad o las mujeres de religión musulmana se autoradicalizan y viajan de forma voluntaria a un país de Oriente Medio para unirse a la yihad»[331].

En este sentido, la STS 512/2017, de 5 de julio, confirma las penas por adoctrinamiento terrorista en varios sujetos al explicar que, al amparo del grupo operativo local creado bajo los dictados

---

328 MORENO HUERTA, J.D., «Terrorismo Yihadista y los nuevos delitos de captación, adiestramiento y adoctrinamiento tras la LO 2/2015», *Quaderns de ciències socials,* núm. 35, 2017, pp. 4-37, p. 23.

329 Se incorpora víctimas de trata como consecuencia del traslado de mujeres a las zonas en conflicto para casarse y tener descendencia. CASTELLVÍ MONTSERRAT, C., «De las organizaciones y grupos terroristas...», op. cit., p. 1743.

330 GARCÍA ALBERO, R., «Capítulo VII. De las organizaciones y grupos terroristas...», op. cit., p. 1929.

331 CANO PAÑOS, M.A., «La reforma de los delitos...», op. cit., p. 939.

de la organización, desempeñaba propaganda de mensajes y captaba personas para la organización con el objetivo de que se trasladaran a Siria e Irak y se integrarán en la organización o, en todo caso, cometieran actos violentos en España de manera individual. Podría cuestionarse si la propaganda puede tener cabida dentro de la captación, como interpreta de forma amplia este Tribunal, o merece ser llevado a los delitos de expresión, cuestión que rechaza al entender que es una conducta que «excede con mucho del delito del art. 578 CP». Al respecto, es interesante la explicación del Tribunal en esta misma sentencia al determinar que el adoctrinamiento es un delito de mera actividad o peligro abstracto por tratase la prevención de conductas graves socialmente, «de forma que el legislador anticipa su punición, siendo suficiente el peligro abstracto que las mismas entrañan, sin que por ello sea exigible la eficacia del resultado»[332].

La STS 13/2018, de 16 de enero, que confirma el fallo de la Audiencia Nacional[333], por un delito de colaboración con organización terrorista a la pena de cinco años de prisión y absuelve de los delitos de integración, autoadoctrinamiento y tentativa de desplazamiento. El Tribunal apuesta así por el principio de consunción una interpretación amplia y generosa del art. 577.2 CP (y que será desarrollada con mayor profundidad en el apartado VI sobre concurrencia delictiva).

La STS 65/2019, de 7 de febrero, que confirma la pena de prisión de cinco años a su autor por parte de la Audiencia Nacional al condenar por adoctrinamiento terrorista activo del art. 577.2

---

332 FJ 7.º.

333 La SAN 11/2017, de 17 de marzo, en la que se condena finalmente por un delito de colaboración con organización terrorista a la pena de cinco años de prisión, con inhabilitación absoluta libertad vigilada, así como parte de las costas. Además, se la absuelve de los delitos de integración en organización terrorista, autoadoctrinamiento y tentativa de traslado a territorio extranjero controlado por organización terrorista.

CP. En ella se dice que el condenado había desarrollados desde sus redes sociales la difusión de la ideología radical yihadista encomendada por la organización terrorista con el principal objetivo de atraer a potenciales individuos en favor de la yihad violenta. En el FJ 10.° se advierte que lo relevante es distinguir entre la mera adhesión a las ideas y los verdaderos actos de colaboración que integran el tipo penal objeto aquí de estudios. Por ello, afirma que los hechos probados sobre tenencia de material informático:

> «Suponen actos de permisividad de acceso a material tendente a captar adeptos para la causa terrorista, que, o bien puede llevarse a cabo por actos de difusión directa por el autor, o de una mera tenencia para permitir el acceso a esos contenidos que incitan a unirse a la organización terrorista, llevando a cabo una verdadera y auténtica función de contratación externalizada de colaboradores a actividades terrorista que lleva a cabo el autor del delito externo a la organización o grupo terrorista».

Es lo que se conoce con el nombre de terrorismo urbano, es decir, el terrorismo de Internet, que permite expandir el mensaje propagandístico terrorista para alcanzar adeptos de forma eficaz con poco esfuerzo. En el contenido de la sentencia, se niega la posibilidad de atenuar el tipo penal por el art. 579 bis CP del apartado cuatro, por lo que acaba imponiéndose la pena en el límite inferior de su marco penal abstracto.

La STS 150/2019, de 21 de marzo, por la que se absuelve del delito de integración al que le condenó la Audiencia Nacional[334] al considerar que los hechos perpetrados son constitutivos de un delito de adoctrinamiento y captación para organización terrorista del art. 577.2 CP.

Asimismo, la STS 267/2019, de 28 de mayo, confirma la condena de la Audiencia Nacional por un delito de colaboración con banda terrorista a una pena de seis años de prisión y multa de

---

334 SAN 19/2018, de 13 de julio.

veintidós meses y el resto de las penas accesorias como inhabilitaciones, comiso o costas procesales. Algunos de los hechos que se narran pueden tener encaje en el delito de enaltecimiento, ya que lo que el sujeto realiza son actos de ensalzamiento y enaltecimiento del terrorismo, además de la difusión de información y contenido publicitario. Entre los motivos expuestos por la defensa, se denuncia no recoger el elemento objetivo y subjetivo del tipo. Sin embargo, el Tribunal señala que «encaja de lleno en el tipo penal previsto» pues es un «luchador de palabra» e interactúa «con miles de usuarios en la red con la intención no de debatir ideas o creencias, sino [...] proceder a expandirlas con la idea de radicalizar con ellos a los más posibles para contribuir, enviándolos como combatientes»[335]. También, con respecto al elemento subjetivo, advierte que se desprende de la predominante voluntad de colaborar con la organización terrorista DAESH, sabiendo además que su conducta está favoreciendo a la organización.

O la STS 374/2019, de 23 de julio, no haber lugar al recurso de casación donde la Audiencia Nacional condena por colaborar con la organización terrorista Jabhat al-Nusra a una pena de prisión de siete años, multa de veinte meses, inhabilitación y libertad vigilada, así como el pago de las costas procesales. El acusado se encargaba de captar, adoctrinar, adiestrar la formación de terroristas y trasladar personas a zonas de conflicto. Se añade en el FJ 2.º que la *ratio legis* del precepto es «evitar que las organizaciones terroristas puedan servirse de individuos que, sin estar incardinados en ellas, coincidan en facilitar el propósito de aquellas de subvertir el orden constitucional o de alterar gravemente la paz pública».

También la STS 466/2019, de 14 de octubre, condena por un delito de adoctrinamiento activo a sus dos autores con pena de prisión de seis años por adoctrinar a dos mujeres y adoptar costumbres propias del radicalismo religioso musulmán desde el año 2016 tras

---

[335] FJ 2.º.

mostrar videos que tenían como principal finalidad proporcionarles argumentos ideológicos o religiosos para adoctrinar como paso previo a ser captadas para el yihadismo «y en última instancia llegar en su radicalización a la realización de actos de terrorismo»[336].

Como conclusión, el art. 577 CP se configura como un tipo penal que parece limitar los principios de seguridad jurídica y legalidad, al pretender, por un lado, aliviar la carga de la prueba para condenar al individuo, y por otro, instaurar un Derecho penal simbólico que conecta el castigo con cualquier acto que tenga vinculación terrorista. Es por lo que resulta necesario modificar este artículo para así concretar aquellas conductas que tienen relación con la organización terrorista. De esta forma, los Tribunales tendrían menos dificultad en realizar una interpretación restrictiva del artículo –ahora mucho más complicada–.

2.2. Colaboración imprudente

El tercer apartado del art. 577 CP, por si no fuera suficiente todo lo anterior, incorpora el delito de colaboración por imprudencia grave que permite su comisión por cualquier sujeto –y no solo aquellos legalmente obligados como incorporaba el delito de financiación del terrorismo en su modalidad imprudente del art. 576.4 CP–. Del artículo puede observarse que el legislador utiliza todas las fórmulas posibles para ampliar el tipo, es decir, habla de imprudencia, actividades o finalidades de una organización o grupo y comisión de cualquiera de los delitos cometidos en el Capítulo[337]. Aunque de la redacción parece entreverse

---

[336] Antecedentes de hecho 1.º.

[337] El artículo 577.3 tipifica: «Si la colaboración con las actividades o las finalidades de una organización o grupo terrorista, o en la comisión de cualquiera de los delitos comprendidos en este Capítulo, se hubiera producido por imprudencia grave se impondrá la pena de prisión de seis a dieciocho meses y multa de seis a doce meses».

que solo pueden castigarse por colaboración imprudente los casos en los que se realice con organización o grupo terrorista, al mencionarse en el apartado primero «elemento terrorista» y en el tercero «cualquiera de los delitos cometidos en este Capítulo», nos permite generar dudas sobre su aplicación práctica.

Esta nueva forma de regular la colaboración imprudente parece tener el propósito de facilitar la condena sobre aquellos sujetos en los que no se tengan suficientes indicios probatorios para afirmar la presencia de dolo[338] y traspasa la barrera que hasta este momento había logrado no castigar comportamientos que, incluso siendo objetivamente favorecedores, no eran dolosos[339]. Pastrana Sánchez señala que «se está abriendo la posibilidad de castigar la colaboración imprudente en varios delitos que solo son tipificados en su modalidad dolosa en otras partes del Código Penal»[340] y con ello permitir el castigo de la participación imprudente en delitos dolosos, a priori, prohibido por nuestro sistema penal. Hava García pone como ejemplo

---

338 CAMPO MORENO, J.C., *Comentarios a la reforma del Código Penal…*, op. cit., pp. 74-75. A este respecto, la STS de 29 de diciembre de 1989, advertía: «pero no basta la aportación material de elementos de apoyo, se exige, además, por imperativo del principio de culpabilidad que configura nuestro sistema penal que el acusado conozca la pertenencia a banda armas de las personas a las que presta su colaboración, es decir, que tenga conciencia de que está realizando actos de favorecimiento de los fines y actividades de la organización a la que presta ayuda».

339 Debe recordarse aquí que, en el 11-M se intentó imputar a la célula terrorista por un delito de colaboración con organización terrorista por facilitar los explosivos. Sin embargo, la defensa argumentó que no se podía acreditar que los individuos supieran que iba a ser utilizado para la realización de un atentado terrorista. El Tribunal Supremo advirtió que no se podía castigar por un delito de colaboración con organización terrorista en su modalidad imprudente, por entonces, no recogido en el Código Penal.

340 PASTRANA SÁNCHEZ, M.A., *La nueva configuración…*, op. cit., p. 254.

el tráfico de armas[341] y García Albero discute a este respecto que la financiación del terrorismo solo sea típica para aquellos sujetos legalmente obligados, es decir, sean delitos especiales, y la colaboración imprudente en cualquier otro delito que no sea económico resulte siempre punible[342].

Y aunque tradicionalmente se había rechazado que los delitos de terrorismo pudieran realizarse con imprudencia, al no cumplir con alguna de las finalidades exigidas por el art. 573 CP, debe señalarse que hasta la reforma de 2015 no era necesario que el sujeto obrara con alguna de las finalidades cuando colaborara con la organización; bastaba con que el sujeto conociera que se ponía a disposición de los criminales un bien o servicio que ayudaba o facilitaba su actividad[343]. Y, además, tras la reforma el legislador incorpora expresamente el art. 577.3 CP –que debe quedar circunscrito al sujeto que sin intención delictiva y sin saber que favorece a un plan criminal–, contradice y dota de mayor complejidad la interpretación sistemática del texto penal[344],

---

341 En este sentido, Hava señala que sería posible castigar por facilitar armas cuando el sujeto no toma las precauciones necesarias para evitar que sirvan a finalidades terroristas. HAVA GARCÍA, E., *El control penal de las armas. Análisis del Capítulo V del Título XXII del Código Penal*, Tirant lo Blanch, Valencia, 2019, pp. 55 y 56.

342 GARCÍA ALBERO, R., «Capítulo VII. De las organizaciones y grupos terroristas…», op. cit., p. 1923.

343 Al respecto: SAN 65/2007, de 31 de octubre: «el delito de colaboración con banda armada ni siquiera exige que el colaborador comparta los fines políticos o ideológicos de los terroristas, sino que basta con saber que se pone a disposición de esos criminales un bien o servicio, que se les está ayudando o facilitando su ilícita actividad, no siendo preciso conocer el delito concreto para el que se va a usar la aportación del colaborador».

344 En opinión de Campo Moreno: «Sin justificación en su debate Parlamentario, ni en su Preámbulo, se eleva la consecuencia jurídica para el tipo básico, de uno a tres años, y no de uno a dos, como antes, y, además, se le añade la pena de multa de doce a dieciocho meses». CAMPO MORENO, J.C., *Comentarios a la reforma del Código Penal…*, op. cit., p. 78.

que como advierte Pastrana Sánchez, «no se sostiene, ni lógicamente, ni en la construcción dogmático-penal del delito»[345]. De lo contrario, supone extender el castigo a supuestos de peligro abstracto o hipotético de algunos bienes jurídicos[346].

En ese sentido, se considera necesario eliminar la tipificación de la colaboración imprudente, como acto preparatorio imprudente, exigiendo al menos dolo de peligro respecto al resultado lesivo, recordando que incluso la cooperación en el delito –al igual que la participación–, cuando es imprudente deviene atípica como consecuencia de los presupuestos del principio de mínima intervención penal.

A mayor abundamiento, algunos autores advierten que el principio de autorresponsabilidad es el encargado de que no se pueda castigar a un sujeto porque otro se haya servido de sus comportamientos para realizar el delito con posterioridad, salvo que al colaborador le incumba estar en posesión de saber lo que hacía y deba cumplir con su mandato normativo, tal y como advierte Miró Llinares[347]. Y esto se puede asemejar, sin ser lo mismo, a ignorar de forma deliberada el uso concreto que se hará de esa colaboración cuando el sujeto ya ha decidido prestar su ayuda[348].

---

345 PASTRANA SÁNCHEZ, M.A., *La nueva configuración...*, op. cit., p. 261.

346 Hava García expone que en algunas ocasiones el Código Penal persigue la puesta en peligro de algunos bienes jurídicos cuando se realiza por imprudencia grave, entre ellos, el artículo 317 sobre omisión de medidas de seguridad en el trabajo que genera un peligro concreto para la vida, salud o integridad física. HAVA GARCÍA, E., «Responsabilidad penal por imprudencia en la celebración de grandes eventos: un análisis de algunas cuestiones problemáticas en el caso Madrid Arena», *InDret, Revista para el análisis del Derecho,* 2017, p. 19, nota 51.

347 MIRÓ LLINARES, F., *Conocimiento e imputación en la participación delictiva. Aproximación a una teoría de la intervención como partícipe en el delito,* Atelier, Barcelona, 2009, pp. 260 y ss.

348 Son supuestos de ignorancia deliberada que puede definirse como «no querer saber aquello que puede y debe conocerse, y sin embar-

En este sentido, pueden consultarse la STS 540/2010, de 8 de junio[349], o la STS 1524/2003, de 5 de noviembre, en la que se castiga por el traslado de Angelina a Francia alegando desconocimiento de la condición de miembro de ETA de Cristóbal[350].

Sin embargo, Pastrana Sánchez pone como ejemplo[351] el caso del encargado de la Guardia Civil que ha de custodiar un depósito de armas y comete un descuido al dejar la puerta abierta mientras va al servicio, estando estrictamente prohibido abandonar el puesto sin cerrar la puerta. ¿Qué ocurre si la organización terrorista se hace con armas y comete actos terroristas? Y añade, si en lugar de sustraer las armas, fuese un aficionado a la caza, ¿sería colaborador imprudente en un delito sobre protección de la fauna? Si esta última respuesta es negativa, la primera también

---

go se beneficia de esta situación». *Vid.*, la STS 1637/1999, de 10 de enero. Otras en esa misma línea: STS 946/2002, de 22 de mayo, STS 236/2003, de 17 de febrero, STS 420/2003, de 20 de marzo o la STS 782/2003, de 31 de mayo. Se ha criticado por la doctrina que se produce para el acusado una inversión de la carga de la prueba. FEIJOO SÁNCHEZ, B.J., «La teoría de la ignorancia deliberada en Derecho penal: una peligrosa doctrina jurisprudencial», *InDret, Revista para el análisis del Derecho,* núm. 3, 2015, pp. 1-28.

349 El FJ 6.º señala que «pero en todo caso no por ello cabría excluir la presencia del dolo necesario para la comisión de este delito, pues sería igualmente responsable en aplicación del principio de ignorancia deliberada (prestar la colaboración que se le solicita no queriendo saber aquello que puede y debe saberse) o del principio de indiferencia (prestar la colaboración que se le solicita sin preocuparse de sus consecuencias [...] la aceptación del encargo en determinadas circunstancias proclamaría el conocimiento de la realidad de lo que se ocultaba de acuerdo con el principio de ignorancia deliberada».

350 El FJ 2.º recoge «el consentimiento en efectuar el traslado sin querer saber la realidad de la que huía, no es sino la manifestación del principio de la "ignorancia deliberada", a que hace referencia la jurisprudencia de esta Sala».

351 PASTRANA SÁNCHEZ, M.A., *La nueva configuración...*, op. cit., pp. 58 y ss.

habría de serlo concluyendo que tipificar actos de colaboración imprudente en los delitos de terrorismo se adentra en terreno de responsabilidad penal objetiva, que debería estar prohibido.

3. Penalidad

La penalidad asociada al tipo penal analizado de colaboración genérica y adoctrinamiento activo es una pena de prisión de cinco a diez años y multa de dieciocho a veinticuatro meses. Además, como ya se ha advertido, varios subtipos permiten agravar la pena con mitad superior e incluso hasta pena superior en grado. En el primer caso, cuando los actos de colaboración de información o vigilancia pongan en peligro la vida, integridad física, libertad o patrimonio. En el segundo caso, cuando los actos de colaboración se dirijan a menores, personas discapacitadas necesitadas de especial protección o mujeres víctimas de trata con el fin de convertirlas en cónyuges, compañeras, esclavas, entre otros. Sin embargo, llama la atención que conductas e interpretaciones tan amplias de este delito, tengan penas asociadas así de elevadas. De no controlar este aspecto, conductas propias del delito de autoadoctrinamiento, traslado o desplazamiento a territorio extranjero o incluso el enaltecimiento, la provocación o la apología, acaban encuadrándose en el tipo de colaboración genérica. Y esto supone un incremento punitivo notable de la penalidad.

Es además trasladable a este punto lo avanzado en el apartado de integración, es decir, que, junto a las penas aquí establecidas, y como ocurre en el resto de los delitos de este Capítulo, también se imponen en función de la gravedad del delito, número y circunstancias que concurra, penas de inhabilitación absoluta y relativa de entre seis y veinte años más a la duración de la pena privativa de libertad impuesta, según se observa en el apartado primero del art. 579 bis CP y la imposición de la medida de libertad vigilada de cinco a diez años para aquellas condenas que tengan penas de prisión privativas graves, es decir, superiores a 5 años, como ocurre en estos supuestos.

Con respecto a la penalidad asociada a la colaboración imprudente, el legislador prevé la imposición de pena de prisión de seis a dieciocho meses y multa de seis a doce meses.

VI. CONCURRENCIA DELICTIVA A PROPÓSITO DEL ARTÍCULO 575

1. Problemas dentro del propio tipo penal

El tipo penal de referencia incorpora distintas figuras delictivas que conviene diferenciar: el adoctrinamiento y el adiestramiento pasivos en su párrafo primero, el autoadoctrinamiento y el autoadiestramiento del párrafo segundo y el traslado o establecimiento a territorio extranjero del párrafo tercero. Así pues, un sujeto que realiza cualquiera de las conductas previstas[352], habrá incurrido en algún delito de terrorismo contemplado en el Capítulo. Teniendo en cuenta que el adoctrinamiento y el adiestramiento son conceptos que obedecen a cuestiones disímiles[353], podríamos encontrar problemas concursales internos que conviene

---

352 Ya se destacó más arriba las múltiples opciones. En resumen, (1) recibir adoctrinamiento o adiestramiento militar o de combate por parte de un tercero, con la finalidad de capacitarse para llevar a cabo delitos de terrorismo; (2) llevar a cabo ese adoctrinamiento o adiestramiento de forma autónoma, de nuevo con la misma finalidad, bien sea accediendo de forma habitual a servicios de comunicación abiertos al público, adquiriendo o poseyendo documentos que resulten idóneos para incitar a la incorporación a una organización o grupo terrorista o a colaborar con ellos (esta idoneidad también se le exige al acceso habitual); (3) trasladarse o desplazarse «para ese mismo fin» o para «colaborar».

353 Cuerda Arnau hace una delimitación conceptual sobre esta cuestión en CUERDA ARNAU, M.L., y FERNÁNDEZ HERNÁNDEZ, A., *Adoctrinamiento, adiestramiento...*, op. cit., pp. 204 y ss.

estudiar: (1) la primera posibilidad sería que un sujeto recibiera adoctrinamiento y adiestramiento de un tercero; (2) una segunda posibilidad estaría en que un sujeto se adoctrinara y adiestrara a sí mismo; (3) la tercera alternativa se produciría cuando el sujeto se autoadoctrina pero solicita adiestramiento a un tercero; (4) y por último, el sujeto solicita adoctrinamiento a un tercero, pero se adiestra en técnicas militares o de combate a sí mismo.

Como argumenta Cuerda Arnau[354], los dos primeros párrafos del art. 575 CP son tipos mixtos alternativos por la forma en la que se encuentran redactados («recibir adoctrinamiento o adiestramiento»), es decir, se cometerá un único delito sin importar el número de conductas de adoctrinamiento o adiestramiento –por parte de terceros como a sí mismo– que se hayan llevado a cabo y del tiempo que pudiera haber pasado entre ellos. Lo mismo ocurriría si hubiese que castigar a través del art. 575.2 CP por acceder habitualmente a servicios de comunicación abiertos y también por adquirir o poseer esos documentos. Y esto debe ser así para no atentar contra el principio de proporcionalidad, principalmente, entre otros.

Sin embargo, ¿qué ocurre si se alterna la modalidad comisiva para cometer el tipo penal? O, dicho de otra forma, ¿qué ocurre si un sujeto se adoctrina a sí mismo y acude a un tercero para ser adiestrado, o al revés, recurre a un tercero para adoctrinarse y se autoadiestra en el manejo de técnicas que le permitan la ejecución de un delito de terrorismo; es decir, la tercera y cuarta alternativas propuestas más arriba? La respuesta no debería variar con respecto a lo avanzado ya hasta aquí, ya que es indiferente no solo el tipo que se vulnera sino también la modalidad comisiva llevada a cabo (de forma autónoma o a través de terceros).

¿Esto a qué se debe? Son supuestos que no generan excesivas complicaciones porque en ellos el autor lesiona un único bien

---

354 CUERDA ARNAU, M.L., y FERNÁNDEZ HERNÁNDEZ, A., *Adoctrinamiento, adiestramiento…*, op. cit., pp. 292.

jurídico al infringir un único tipo penal. Se realiza un único hecho –aunque pueda ser adoctrinado y adiestrado por terceros o se adoctrine y adiestre por su cuenta– y se está ante un único delito –y no una pluralidad de ellos–. Además, debe advertirse que el adoctrinamiento y adiestramiento son fases de un mismo proceso en una relación de sucesión temporal que, aunque puedan realizarse con varias conductas, no supera la unidad fáctica a efectos de valoración penal.

¿Y con el tipo penal de traslado o establecimiento en un territorio extranjero? La redacción del art. 575.3 CP dispone «la misma pena se impondrá a quien, para ese mismo fin, o para colaborar con una organización o grupo terrorista», se traslade o establezca en territorio extranjero. A este respecto, aunque el art. 575.3 CP podría concurrir con los párrafos que le preceden, la propia interpretación literal del tipo lo parece descartar. En primer lugar, porque presupone «para ese mismo fin» como capacitación técnica o adiestramiento y, en segundo lugar, porque la STS 13/2018, de 16 de enero, se pronunció al respecto de la posible relación concursal entre el traslado y establecimiento del art. 575.3 y el delito de colaboración del art. 577 CP. Sobre esta cuestión, la SAN 5/2017, de 28 de febrero, condenaba a los acusados como autores de un delito de adoctrinamiento pasivo con un delito de traslado –en concurso real–, sin embargo, la insuficiencia de pruebas hizo que la STS 661/2017, de 10 de octubre, absolviera a los acusados y no se pronunciara sobre estos hechos. En similar dirección, la STS 150/2019, de 21 de marzo, establece que la tentativa de traslado representa una manifestación de la finalidad que tiene el sujeto de autoadoctrinarse, castigando así por este último tipo penal –negando el concurso real–. La pena impuesta en este caso es de cuatro años de prisión; muy cerca del límite superior.

2. Problemas con otros tipos penales

2.1. Relación entre los artículos 575 y 572

Al margen del propio art. 575 CP pueden divisarse problemas concursales externos que conviene señalar y que tienen estrecha conexión con este. El primero de ellos es la relación concursal que se produce entre el art. 575 CP y el art. 572 CP de integración o participación activa en organización criminal.

Recuérdese que el adoctrinamiento y adiestramiento es un proceso y la integración o participación en una organización terrorista aúna todo el desvalor jurídico del adoctrinamiento y adiestramiento en tanto en cuanto constituye parte de la actividad propia de integrante y/o participante, motivo por el que debe negarse una relación concursal de delitos y considerar que esta fricción debe ser resuelta por el principio de consunción del art. 8.3 CP[355], en favor del art. 572 CP. Cuestión distinta es la relación concursal –real– que pudiera surgir entre el tipo penal del art. 572 CP, con otros delitos que fueran cometidos si no operara el principio de consunción.

2.2. Relación entre los artículos 575 y 576

Las relaciones concursales entre la colaboración del art. 575 CP, en cualquiera de sus modalidades, y el delito de financiación del art. 576 CP no son las más habituales. Sin embargo, algunos autores han desarrollado en profundidad otras relaciones concursales más representativas/usuales entre el delito de financiación del terrorismo

[355] «El precepto penal más amplio o complejo absorberá a los que castiguen las infracciones consumidas en aquel».

y otros tipos penales como las organizaciones o grupos terroristas del art. 572 CP o la colaboración genérica del art. 577 CP[356].

Incluso así, en el sentido propuesto en este apartado, se puede encontrar la SAN 32/2018, de 18 de diciembre, que castiga en concurso real a un sujeto por enviar ciento treinta euros a un amigo que está en Turquía por autoadoctrinamiento y financiación a las penas de tres años y tres meses por el primero y un año y tres meses por el segundo tras bajar la pena en dos grados (pues el intervalo del delito es entre cinco y diez años de prisión) al entender que debe aplicarse la cláusula de menor gravedad del art. 579 bis CP en su cuarto apartado. También se le impone pena de multa de ciento cincuenta euros más las inhabilitaciones correspondientes y la libertad vigilada. Además, se añade que, tras el cumplimiento de tres años de prisión, se le deberá expulsar del territorio nacional con prohibición de regresar a España en un plazo de siete años, medida que muestra la poca confianza que se tiene en los programas de desradicalización en prisiones.

2.3. Relación entre los artículos 575 y 577

El segundo de ellos que puede ser destacado es la relación concursal entre los arts. 575 y 577.2 CP sobre colaboración con organización terrorista. Como ya se avanzó *ad supra,* la STS 13/2018, de 16 de enero, se pronunció a este respecto. En ella, se rechazaba la concurrencia –real– de delitos por ser el primero un acto preparatorio de una futura colaboración[357]. La resolución

---

356 NAVARRO CARDOSO, F., «El delito de financiación del terrorismo…», op. cit., pp. 79-112.

357 En el FJ 2.° se puede observar: «El precepto supone un nuevo adelantamiento del ámbito de protección penal, sancionándose una actuación que resulta preparatoria del adoctrinamiento pasivo, de la colaboración con una organización terrorista, o de la integración de sus filas, siempre que el comportamiento iniciador consista en

del Tribunal Supremo condenaba a la acusada como autora de un delito de colaboración con organización terrorista, absolviéndola de integración en organización terrorista, autoadoctrinamiento y desplazamiento a territorio extranjero –en grado de tentativa– y advertía que la nueva tipificación presentaba:

> «El mismo bien jurídico que el anteriormente referido delito de cooperación con organizaciones terroristas, esto es, impedir que las organizaciones terroristas cuenten con un sustrato de personas que compartan su credo y que posean aptitud para sostener en el tiempo, de una manera eficaz, la acción criminal que les caracteriza».

De nuevo, como ocurre con el art. 572 CP, debe ser el principio de consunción el que resuelva esta apariencia concursal de delitos en favor del delito de colaboración del art. 577 CP, quedando por tanto como un concurso aparente de normas o de leyes –y no de delitos–, salvo que, como especifica el mismo Tribunal en esa sentencia:

> «Puedan existir supuestos en los que alguno de los comportamientos de adoctrinamiento pasivo descritos en el artículo 575 del Código Penal, no necesariamente agoten la antijuricidad (sic) de la colaboración externa con organizaciones terroristas contemplada en el artículo 577 del Código Penal».

Véase, por ejemplo, el sujeto que, tras adoctrinarse ideológicamente, adoctrina a otros sujetos y, además, asiste también a campos de entrenamiento para adiestrarse en el empleo de técnicas que le capaciten para la comisión de delitos de terrorismo. Este supuesto requiere repensar y analizar si se lleva a cabo conductas desvinculadas de las actividades de colaboración que no queden amparadas en el propio tipo de colaboración y, en consecuencia, podría resolverse acudiendo al concurso real de delitos. En mi

---

ubicarse en el lugar donde ese comportamiento es alcanzable, al fijarse como elemento descriptivo del tipo penal que el sujeto activo se traslade o establezca en un territorio extranjero controlado por un grupo u organización terrorista».

opinión, y siguiendo lo anticipado por el Tribunal Supremo, castigando por el delito de colaboración con organización terrorista parece quedar abarcado todo el desvalor del hecho.

Aquí también podría ser objeto de análisis qué solución merecen los supuestos en los que el sujeto ha consumado un delito del art. 575 CP e iniciado actos ejecutivos de colaboración, pero sin su consumación. Siguiendo el tradicional *iter criminis* sería punible la última fase alcanzada debido al principio de subsidiariedad del art. 8.2 CP[358] al entender que es un proceso que culmina con la colaboración; sin embargo, el art. 575 CP tiene autonomía para perseguirse de forma autónoma. ¿Se castiga por el delito consumado, por el intentado –de similar pena por aplicación del art. 62– o por los dos? Es decir, ¿absorbe o no todo el desvalor de la acción?

2.4. Relación entre los artículos 575 y 578

La tercera relación concursal que puede destacarse se produce con el art. 578 CP, el delito de enaltecimiento y justificación. En este sentido, la STS 354/2017, de 17 de mayo, absuelve al acusado de un delito de autoadoctrinamiento con finalidad terrorista y le condena por un delito de enaltecimiento del terrorismo. Asimismo, considera que:

> «Siendo finalidad última de la autoformación posibilitar llevar a cabo cualquier de los delitos tipificados en este Capítulo y no exclusivamente, como en los instrumentos europeos se circunscribe a los delitos de "terrorismo" en sentido restringido (los previstos en el art. 573), conlleva en su correlación con los delitos "relacionados con la actividad terrorista", que se originen solapamientos con diversas de las conductas allí contempladas y problemas concursales, de no siempre fácil resolución; donde

---

358 «El precepto subsidiario se aplicará sólo en defecto del principal, ya se declare expresamente dicha subsidiariedad, ya sea ésta tácitamente deducible».

el criterio de la absorción impedirá con frecuencia aplicar el subsidiario de la alternatividad (previsto exclusivamente en defecto de los demás establecidos en el art. 8 CP)».

Precisamente, la SAN 39/2016, de 30 de noviembre, condena por autoadoctrinamiento al considerar que surgía un concurso de normas que debía resolverse por el principio de alternatividad del art. 8.4 CP[359], como el Tribunal Supremo después rechazó. ¿Tal vez tendría algo que ver que el tipo penal del art. 578 tiene prevista una pena menor?

Sobre esta cuestión, podrían darse algunas disyuntivas. Por ejemplo, que los actos de ensalzamiento permitan probar que el sujeto está adoctrinado en una fase muy avanzada del proceso de radicalización, siempre que tales actos de ensalzamiento no lleguen a la realización del delito de enaltecimiento. En este supuesto, el principio de consunción resolverá en favor del art. 575 CP. Otra opción será que el sujeto se haya adoctrinado o adiestrado y pase a la acción a través de conductas enaltecedoras en las que produce incitación directa a terceros y crea un clima favorable para la comisión de delitos, donde surgirá un concurso real de delitos entre los dos tipos penales. Y una tercera alternativa en la que el art. 578 CP desplaza al art. 575 CP por no haberse podido probar el proceso de adoctrinamiento o no se aprecia capacitación o adoctrinamiento más allá de la realización del propio acto de enaltecimiento[360].

---

359 «En defecto de los criterios anteriores, el precepto penal más grave excluirá los que castiguen el hecho con pena menor».

360 FJ 3.º «Mientras que, en autos, no se precisa ni acredita, cuál de las actividades delictivas relacionadas con organizaciones y grupos terroristas o con delitos de terrorismo, era la destinataria de la capacitación autodidacta relatada. Solamente se concluye y ello en la fundamentación jurídica, una "asunción de ideales", que aunque no se explicita, resulta obvio que la resolución recurrida refiere al

2.5. Relación entre los artículos 575 y 579

Otra relación concursal más que podría atenderse en este espacio es la que se plantea con el art. 579 CP sobre el castigo de los actos preparatorios punibles de cualquiera de los delitos de terrorismo, incluido el art. 575 CP. Sin embargo, esto significa admitir que se permite castigar actos preparatorios de otros actos preparatorios, los denominados actos protopreparatorios. ¿Y esto no atentaría contra principios básicos limitadores del *ius puniendi*? Cuerda Arnau manifiesta de forma acertada que la doctrina rechaza de manera mayoritaria la tentativa de delitos materialmente preparatorios, aunque formalmente lo sean autónomos, al no existir un mínimo contenido de injusto que legitime el castigo, ya que hacerlo sería vulnerar el principio de ofensividad e intervención mínima[361].

Por último, la concurrencia delictiva entre los delitos preparatorios y la ejecución del delito para el que se prepara depende de la naturaleza preparatoria –o autónoma– del tipo. En el primer caso, se producirá un concurso aparente de normas y se aplicará el principio de consunción; y en el segundo caso –incluso aunque materialmente fuese preparatorio–, se aplicará un concurso de delitos. Al respeto es interesante la crítica de Cuerda Arnau:

> «[E]l criterio que ha de servir de guía en la resolución de esta cuestión no es tanto el carácter preparatorio o autónomo [...] sino si cada una de las infracciones que coexisten ostenta un contenido de injusto propio y diferenciado del otro»[362].

En conclusión, habiendo visto las no pocas dificultades que plantea la redacción de este tipo penal en concreto, y su relación

---

radicalismo yihadista, pero ello tampoco deviene en manifestación de resolución delictiva alguna».

361 CUERDA ARNAU, M.L., y FERNÁNDEZ HERNÁNDEZ, A., *Adoctrinamiento, adiestramiento...*, op. cit., p. 301.

362 Ibidem, p. 303.

con otras figuras penales con las que podría concurrir, tanto en concurso de normas como en concurso de delitos real, una última cuestión que anima a reflexionar es si no cabría aquí una hipotética concurrencia delictiva medial al entender que las conductas del art. 575 CP son un medio necesario para la ejecución del delito (fin)al.

VII. CONCLUSIONES PROVISIONALES

Las nuevas modificaciones introducidas por el legislador en la reforma del año 2015, especialmente las del art. 575 CP, suponen un auténtico desafío para los tribunales encargados de aplicarlos e interpretarlos. De esta forma, el Capítulo intenta hacer un recorrido por este y otros tipos penales de colaboración recogidos en el Código Penal, entre ellos, el delito de integración, la financiación del terrorismo o la colaboración genérica del art. 577 CP, del que se advierten las siguientes conclusiones.

En primer lugar, sobre el delito de integración es conveniente señalar que un gran número de las resoluciones revisadas se acaban posicionándose en el delito de integración en organización o grupo terrorista (art. 572 CP) y en el delito de colaboración genérica (art. 577 CP). El motivo se debe a la amplitud con la que ambos tipos penales están descritos y a la aplicación de la regla concursal de consunción, además de considerar que generalmente el traslado y/o preparación del viaje lleva implícito un vínculo que permite castigar ya por, como poco, colaboración. Por ello, la jurisprudencia española en los procesos por terrorismo yihadista, recurren de manera mayoritaria al castigo por colaboración con organización terrorista en aquellas supuestos en los que el sujeto no participa en la ejecución directa de los hechos (y tampoco consta una pertenencia a la organización)[363]. La pregunta aquí sería entonces: ¿para qué pues tantos tipos penales?

En segundo lugar, como ya se anticipó, el legislador castiga con pena de dos a cinco años a quien, con la finalidad de capacitarse para la comisión de alguno de los delitos de terrorismo (o de organizaciones o grupos terroristas), lleve a cabo de manera individual actividades de las previstas en el primer apartado del art. 575 CP. De esta manera, se configura como una tentativa de un acto preparatorio que no debería castigarse de forma autónoma para no anticipar la barrera de la protección penal a un estadio previo excesivo. Por otra parte, la tipificación del traslado o establecimiento en un territorio extranjero supone una anticipación de la protección penal a fase de preparación individual, y esto también se opone al principio de legalidad y menor lesividad que debe excluir el castigo de las ideas o pensamientos por muy reprobables que puedan ser socialmente, pues de lo contrario, supone invadir la esfera privada del individuo y, en definitiva, coartar su libertad. Del análisis jurisprudencial puede observarse dos líneas; una, más amplia por parte de la Audiencia Nacional, en la que se advierten condenas por adoctrinarse pasivamente, autoadoctrinarse de forma individual o trasladarse o desplazarse a territorio extranjero, con las dificultades probatorias que conlleva, así como la invasión en la libertad ideológica del individuo o al libre acceso a la información, entre otros derechos fundamentales, y otra línea más restrictiva por parte del Tribunal Supremo, donde no solo se exige que el sujeto interiorice una ideología concreta o se traslade y establezca en un territorio sino que pase a la acción y se ponga en efectivo peligro o riesgo el bien jurídico que protege los delitos de terrorismo (sin que baste simplemente la adhesión ideológica).

---

363 MESTRE DELGADO, E., *Delincuencia terrorista y Audiencia Nacional*, Centro de Publicaciones del Ministerio de Justicia, Madrid, 1987, p. 195; CANCIO MELIÁ, M., *Los delitos de terrorismo: estructura...*, op. cit., 234.

Sin embargo, tampoco es unánime el Tribunal Supremo, ya que unas se decantan por absolver y otras, en cambio, por castigar por delitos de enaltecimiento terrorista, por ejemplo.

En tercer lugar, sobre la financiación del terrorismo es posible afirmar algunas cuestiones de especial importancia. Entre otras, que puede castigarse tanto en personas individuales, como en personas jurídicas, tanto en su versión dolosa como imprudente, esto último, criticado por buena parte de la doctrina al exigir obligatoriamente la presencia de dolo.

En cuarto lugar, sobre la colaboración genérica, es preciso señalar que la amplitud con la que está redactado el tipo penal no se compadece con las exigencias del principio de taxatividad, por mucho que el Tribunal Constitucional no lo entienda así, permitiendo la entrada de casi cualquier tipo de colaboración, incluso, la realizada de manera imprudente. Esta última modalidad de colaboración –imprudente–, permite condenar en aquellos supuestos donde la investigación no deja clara la presencia del elemento doloso como requisito subjetivo, dando paso así a castigar comportamientos que en otras partes del Código Penal resultan impunes, al menos, todavía. Quién sabe de continuar con esta dinámica expansiva. Por todo lo anterior, tenía razón ya entonces el fiscal Zaragoza Aguado al señalar que «la respuesta preventiva o anticipada a este fenómeno criminal descansa esencialmente en dos instrumentos penales que han adquirido extraordinaria importancia en los últimos años [...] el delito de integración en organización terrorista [...] y el delito de colaboración con organización terrorista»[364].

Por último, y como no podía ser de otra forma, tantos artículos, tan ampliamente redactados y con tantos comportamientos

---

[364] ZARAGOZA AGUADO, J.A., «Comentario previo a la Sección 2.ª (De los delitos de terrorismo)», en GÓMEZ TOMILLO, M. (Coord.), *Comentarios al Código Penal,* 2.ª ed., Lex Nova, Valladolid, 2011, p. 1943.

parecidos, nos ha llevado a tener que analizar de forma breve las principales dificultades encontradas sobre las relaciones de concurrencia entre sí; unas veces, concursos de normas, y otras veces, concursos de delitos; en ocasiones, dentro de un mismo tipo penal, y en otras, con otros tipos penales parecidos. En definitiva, un sinfín de posibilidades que ni siquiera todavía los jueces tienen claro.

La complejidad para compatibilizar los delitos de colaboración con las exigencias de taxatividad y seguridad jurídica, emanadas del art. 25.1 CE, son evidentes según ha resaltado la doctrina como consecuencia de la amplitud con la que están descritos los tipos, así como que sea un delito de mera actividad y baste con crear un peligro hipotético[365], sin exigir lesión ni puesta en peligro de un bien jurídico concreto[366]. Por tanto, puede afirmarse sin riesgo a equívocos que la poca claridad, concreción y certeza con el que están redactados los tipos suponen una vulneración de los principios de taxatividad, seguridad jurídica y proporcionalidad, motivo por el que un adelantamiento tan extremo de la barrera penal no solo carece de legitimidad sino de utilidad penal[367] y eficacia, pues no solo vulnera principios básicos del Derecho penal, sino que incluso puede contribuir a que sujetos que tienen curiosidad por aproximarse a los ideales de una organización terrorista yihadista, acaben radicalizándose en prisión –no solo ideológicamente– e incluso con mayor extremismo[368].

---

365 CAMPO MORENO, J.C. *Represión penal del terrorismo. Una visión jurisprudencial*, Editorial General de Derecho, Valencia, 1997, p. 59; ASÚA BATARRITA, A., «Apología del terrorismo y colaboración…», op. cit., p. 1641; NÚÑEZ CASTAÑO, E. *Los delitos de colaboración…*, op. cit., p. 137.

366 Ibidem, pp. 133-134.

367 FERNÁNDEZ HERNÁNDEZ, A., «Concepto de radicalización. Consecuencias de su uso en el ámbito jurídico penal», en CUERDA ARNAU, M.L., y FERNÁNDEZ HERNÁNDEZ, A. (Dirs.), *Menores y redes sociales*, Tirant lo Blanch, Valencia, 2016, p. 57.

368 Sobre esta cuestión: FERNÁNDEZ ABAD, C., y ROPERO CARRASCO, J., *La radicalización yihadista en prisión…*, op. cit.

Capítulo III
El derecho penal en materia antiterrorista o cómo castigar al enemigo mediante la categorización autores peligrosos y malvados

SUMARIO: I. INTRODUCCIÓN. II. PRIMEROS PASOS: UN DERECHO PENAL GARANTISTA Y CONSTITUCIONAL. III. EL AVANCE DEL PUNITIVISMO: DESDE EL DERECHO PENAL DEL CIUDADANO HACIA EL DERECHO PENAL DEL ENEMIGO. IV. EL DERECHO PENAL DEL ENEMIGO EN MATERIA ANTITERRORISTA. V. LA NECESIDAD DE EVALUAR LAS REFORMAS PENALES: ¿PARA CUÁNDO UNA REFLEXIÓN? VI. CONCLUSIONES PROVISIONALES: UN PASO MÁS EN LA EXCEPCIÓN A LAS GARANTÍAS DE DERECHO.

I. INTRODUCCIÓN

El Código Penal de 1995 ha sufrido más de 40 reformas hasta la fecha[369], de las cuales, once de ellas han tenido efectos en ma-

---

369 DÍEZ RIPOLLÉS, J.L., «La nueva política criminal general española», en *Cuadernos penales José María Lidón*, núm. 1, Las recientes reformas penales: algunas cuestiones, 2004, pp. 11-29.

teria de terrorismo[370]. Aunque las primeras reformas del Código Penal contra el fenómeno terrorista buscaban acomodarse a las nuevas realidades criminológicas con las que se identificaban las organizaciones terroristas domésticas que, durante la segunda mitad del siglo XX, tuvieron un protagonismo importante, las últimas reformas se justifican en los cambios introducidos por la normativa internacional con motivo de las nuevas formas de terrorismo internacional y/o global.

En este sentido, a propósito de la reforma del año 2015, el ex ministro de Justicia Juan Carlos Campo Moreno advertía que la sociedad democrática, tanto a nivel nacional como a nivel internacional, no consigue lograr un equilibrio adecuado para regular el fenómeno terrorista observando así el binomio libertad-seguridad[371] o «el vínculo entre dos normas contradictorias del individualismo contemporáneo, la de la reivindicación infinita de derechos y la demanda casi infinita de protección»[372].

Como apunta Garland, parece que nos enfrentamos a realidades distintas en función del tipo de delincuente al que nos dirigimos, existiendo así "una criminología del sí mismo que caracteriza a los delincuentes como consumidores racionales y normales, tal como nosotros" y una "criminología del otro, del desafilado atemorizante, el extraño amenazante, el resentido y excluido [...]

370 Leyes Orgánicas: 2/1998, de 15 de junio; 7/2000, de 22 de diciembre; 1/2003, de 10 de marzo; 7/2003, de 10 de junio; 15/2003, de 25 de noviembre, 20/2003, de 23 de diciembre; 2/2005, de 22 de junio; 4/2005, de 10 de octubre; 5/2010, de 22 de junio; 2/2015, de 30 de marzo y 1/2019, de 20 de febrero.

371 BERGALLI, R., «Libertad y seguridad: un equilibrio extraviado en la Modernidad tardía», en LOSANO, M.G., y MUÑOZ CONDE, F. (Coords.), *El derecho ante la globalización y el terrorismo: «cedant arma togae»: Actas del Coloquio Internacional Humboldt,* Tirant lo Blanch, Valencia, 2004, pp. 59-78.

372 CAMPO MORENO, J.C., *Comentarios a la reforma del Código Penal...*, op. cit., p. 11.

utilizada para demonizar al delincuente, expresar los miedos e indignaciones populares y promover el apoyo al castigo estatal"[373] que es la empleada contra el fenómeno terrorista y todo lo que entra en contacto con él. En sentido similar, Jakobs advierte un Derecho penal del ciudadano y un Derecho penal del enemigo[374].

En esta dirección, la tendencia de la actual política criminal a la que viene asistiéndose en las últimas décadas está sufriendo una progresiva expansión que nos hace afirmar que la legislación penal en materia antiterrorista cuestiona las principales garantías de un Derecho penal liberal como el que debería imperar en la actualidad en un Estado social y democrático de Derecho.

Sin embargo, aunque es cierto que la Resolución del Consejo de Seguridad de Naciones Unidas 2178 recuerda perseguir la financiación, planificación, preparación o comisión de actos terroristas, no menos cierto es afirmar que el logro de ese objetivo deberá –o al menos debería– realizarse teniendo presente los límites del *ius puniendi* que imperan en un Derecho penal garantista propio de las sociedades democráticas.

A continuación, se analizan de forma breve las principales características del Derecho penal actual en esta materia.

II. PRIMEROS PASOS: UN DERECHO PENAL GARANTISTA Y CONSTITUCIONAL

A lo largo de la historia se han ido desarrollando múltiples sistemas políticos. En un primer momento, con monarquías absolutas y el monopolio del poder en una sola persona. Más adelante, y aunque por poco tiempo, con la Declaración de los Derechos del

---

373 GARLAND, D., *La cultura del control...*, op. cit., pp. 231-232.

374 MUÑOZ CONDE, F., «¿Es el Derecho Penal internacional un "Derecho Penal del Enemigo"?», en *Revista Penal*, núm. 21, 2008, p. 97.

Hombre y del Ciudadano de 1789 se evidencia que algo debe cambiar en este aspecto para que el poder soberano le tenga el pueblo y, en consecuencia, se reconocen derechos civiles y políticos como la igualdad entre los hombres (pero no las mujeres –todavía–)[375].

Ya después de la II Guerra Mundial, y tras la creación de la Organización de Naciones Unidas, se aprueba el 10 de diciembre de 1948 la Resolución 217 A (III) en la que aparece la Declaración Universal de los Derechos Humanos "como un ideal común para todos los pueblos y naciones"[376]. Incluso, en su art. 10[377] se dispone que toda persona debía tener derecho, en igualdad, a ser oída de forma pública y justa por un tribunal imparcial e independiente que fuera el encargado de determinar sus derechos y obligaciones o examinar cualquier acusación contra ella en materia penal. O también el art. 11[378] cuando señala que las personas acusadas de delito tienen derecho a la presunción de inocencia mientras no quede probada su culpabilidad, de acuerdo con la ley, en juicio público, y tras asegurarse todas las garantías para su defensa.

Esas garantías pretenden proteger a los ciudadanos de cualquier abuso que pueda cometer el Estado. En este aspecto, Fe-

---

375 PECES-BARBA MARTÍNEZ, G., «Tránsito a la modernidad y Derechos Fundamentales», en PECES-BARBA MARTÍNEZ, G., y FERNÁNDEZ GARCÍA, E. (Dirs.), Historia de los Derechos Fundamentales, Vol. I, Dykinson, Madrid, 1998, pp. 13-264, pp. 225 y ss.

376 NACIONES UNIDAS, Declaración Universal de los Derechos Humanos, Adoptada y proclamada por la Asamblea General en su resolución 217 A (III), de 10 de diciembre de 1948.

377 De forma literal: «Toda persona tiene derecho, en condiciones de plena igualdad, a ser oída públicamente y con justicia por un tribunal independiente e imparcial, para la determinación de sus derechos y obligaciones o para el examen de cualquier acusación contra ella en materia penal».

378 De forma literal, «1. Toda persona acusada de delito tiene derecho a que se presuma su inocencia mientras no se pruebe su culpabilidad, conforme a la ley y en juicio público en el que se le hayan asegurado todas las garantías necesarias para su defensa».

rrajoli señala que separar moral y derecho es importante para que las garantías del Estado de Derecho funcionen[379], incluso, aunque sea la misma sociedad la que reclame esos cambios, ya que ser demócrata supone "reconocer como personas incluso a los que, a nuestro juicio, hayan causado los más graves daños sociales"[380]. De esta forma, se produce el nacimiento de Derecho penal subjetivo, para limitar el *ius puniendi* del Estado y garantizar los derechos y libertades fundamentales de todos los individuos. Así, tanto el Código Penal como la Constitución Española recogen una serie de principios que limitan el ejercicio del Estado, que es quien posee el monopolio del ejercicio de la violencia, tanto en el momento de creación de las normas penales, por parte del legislador; en el momento de aplicarlas por los órganos judiciales; o durante su ejecución. Entre los principios limitadores más importantes, deben destacarse el principio de legalidad, el principio del hecho, principio de exclusiva protección de bienes jurídicos, el principio de mínima intervención, el principio de menor lesividad, el principio de proporcionalidad de las penas, el principio de culpabilidad y el principio de humanidad y resocialización de las penas.

A) El principio de legalidad es el más importante por excelencia, y de él se desprende la seguridad jurídica. Tiene su origen en la Ilustración y fue formulado por Feuerbach a través del aforismo latino *nullum crimen sine lege praevia, stricta et scripta; nula poena sine lege; nemo damnetur nisi per legale iudicium*[381]. Este principio posee la imagen principal de que el Estado tiene que ejercer su actividad de acuerdo con las disposi-

379 FERRAJOLI, L., *Derecho y razón…*, op. cit., p. 854.

380 VIVES ANTÓN, T.S., «La dignidad…», op. cit. https://elpais.com/elpais/2015/01/29/opinion/1422553991_283553.html [Última consulta: 28/11/2021].

381 «No hay delito sin ley previa, cierta y estricta; no hay pena sin ley; no hay sanción sin un juicio legal».

ciones legales vigentes –lo más ciertas y estrictas posibles– y previas a la comisión de un hecho[382]. En esta idea, Lamarca Pérez señala que, aunque la legalidad penal garantiza que el ciudadano sepa si una conducta está o no prohibida en el momento de su realización y supone una limitación importante al poder del Estado, «no es una garantía en sí misma, ni asegura la justicia o moralidad del mandato»[383].

B) El principio del hecho prohíbe la imposición de un castigo por la forma de ser, vivir o pensar del individuo, por muy malvados que sean sus pensamientos, porque, de lo contrario, se atenta contra derechos fundamentales como la libertad ideológica (art. 16 CE) o el derecho a expresar y difundir libremente el pensamiento (art. 20 CE). Este principio se manifiesta en el aforismo latino «*cogitationis poenam nemo patitur*»[384] y presume la impunidad de la fase interna del *iter criminis* hasta que el sujeto no exterioriza su propósito criminal en un comportamiento, al menos, como actos preparatorios. Gómez Martín advierte que el Derecho penal debe prohibir conductas y no formas de ser o pensar[385]. En esta dirección, Cuesta Aguado afirma que el principio de responsabilidad por el hecho es un principio

---

382 «La norma punitiva permita predecir con suficiente grado de certeza las conductas que constituyen infracción y el tipo y grado de sanción del que puede hacerse merecedor quien la cometa, lo que conlleva que no quepa constitucionalmente admitir formulaciones tan abiertas por su amplitud, vaguedad o indefinición, que la efectividad dependa de una decisión prácticamente libre y arbitraria del intérprete y juzgador (por todas, SSTC 100/2003, de 2 de junio, FJ 2.º, ó 26/2005, de 14 de febrero, FJ 3.º». *Vid.* STC 283/2006, de 9 de octubre, FJ 5.º.

383 LAMARCA PÉREZ, C., «Principio de legalidad penal», en *Eunomía, Revista en Cultura de la Legalidad,* núm. 1, 2001, p. 157.

384 «Con el pensamiento no se delinque»

385 GÓMEZ MARTÍN, V., *El derecho penal de autor,* Tirant lo Blanch, Valencia, 2007, pp. 328-329.

estructural en nuestro ordenamiento jurídico «y de él se deriva que la culpabilidad sólo puede ser generada por el hecho realizado y no por la propia personalidad o forma de vida»[386]. Lo contrario, supone avanzar hacia un Derecho penal de autor, insostenible en nuestro Estado de Derecho.

C) El principio de exclusiva protección de bienes jurídicos permite castigar aquellas conductas o comportamientos que lesionan o ponen en peligro los bienes jurídicos más exclusivos o importantes–. Sobre esta cuestión, Mir Puig advierte que no pueden protegerse «intereses meramente morales» o políticos, ya que si así fuera, lo que estaría protegiendo sería al Estado y eso es más propio de una dictadura que de un Estado de Derecho[387]. De esta manera es el bien jurídico y su importancia el que debiera determinar la política criminal que se sigue sobre un determinado problema, y no las connotaciones sociales, morales o políticas que conllevan[388]. ¿Se está esto consiguiendo hoy en esta materia? Parece ser que no. Para explicar esta respuesta, parte de la doctrina penal se posiciona en considerar que la teoría del bien jurídico está en crisis y los tipos penales se van dirigiendo hacia un Derecho penal simbólico incierto[389]. Roxin afirma que la indeterminación con la que se define el concepto del bien jurídico permite al legislador

---

386 DE LA CUESTA AGUADO, P.M., *Culpabilidad: exigibilidad y razones para la exculpación,* Dykinson, Madrid, 2005, p. 57.

387 MIR PUIG, S., *Derecho Penal. Parte General,* 10.ª ed., ed. Reppertor, Barcelona, 2016, p. 131.

388 BERDUGO GÓMEZ DE LA TORRE, I., «Lección 1. El Derecho Penal», en DEMETRIO CRESPO, E., y RODRÍGUEZ YAGÜE, C. (Coords.), *Curso de Derecho Penal: Parte General,* Ediciones Experiencia, Barcelona, 2016, pp. 10 y ss.

389 PÉREZ DEL VALLE, C., «En el punto de mira. La crítica a la teoría de los bienes jurídicos», *InDret, Revista para el análisis del Derecho,* núm. 379, 2006, pp. 1-17.

elaborar normas, en ocasiones, según mejor le convenga favoreciendo así la aparición de normas simbólicas que pretenden solventar el problema en una fase, a veces tan adelantada, que acaba invadiendo hasta las ideas[390]. Y esto, trae consigo un alto nivel de abstracción. ¿Debe permitirse en un Estado democrático de Derecho que trata de garantizar la seguridad jurídica? Rotundamente no.

D) El principio de mínima intervención[391] exige recurrir al Derecho penal únicamente cuando mecanismos de instancias anteriores no han conseguido solventar el problema (carácter subsidiario); pero, además, acudir cuando la importancia del bien jurídico para la convivencia social y la gravedad con la que se le ataca así lo exijan (carácter fragmentario). En esta línea, Jiménez Mejía señala que «la sensibilidad al riesgo ha llevado a funcionalizar el Derecho Penal como un medio para amenazar, prevenir, paralelo y no residual a otras medidas de control»[392], motivo por el cual la mínima intervención se ausenta de las políticas públicas seguidas por el legislador. ¿Es la búsqueda de réditos electorales el origen

---

FEIJOO SÁNCHEZ, B.J., «Sobre la crisis de la teoría del bien jurídico», *InDret, Revista para el Análisis del Derecho,* núm. 2, 2008, pp. 1-16, p. 4. SILVA SÁNCHEZ, J.M., «No sólo bienes jurídicos», *InDret, Revista para el Análisis del Derecho,* núm. 3, 2019, pp. 1-2.

390 ROXÍN, C., «El concepto de bien jurídico como instrumento de crítica legislativa sometido a examen», *Revista Electrónica de Ciencia Penal y Criminología,* núm. 15, 2013, pp. 1-27, p. 6.

391 CUERDA RIEZU, A., «El principio de intervención mínima no es para los jueces», en *Jueces para la democracia,* núm. 101, 2021, pp. 113-117.

392 JIMÉNEZ MEJÍA, D., «La crisis de la noción material del bien jurídico en el Derecho Penal del Riesgo», *Nuevo Foro Penal,* núm. 82, 2014, pp. 134-162, p. 136. Sobre esta idea también: PÉREZ CEPEDA, A.I., «De la sociedad neoliberal del riesgo a la expansión del Derecho penal», en MUÑOZ CONDE, F. (Coord.), *Problemas actuales del derecho penal y de la criminología. Estudios penales en memoria de la Profesora Dra. María del Mar Díaz Pita,* Tirant lo Blanch, Valencia, 2008, pp. 163-200.

de esta gran deriva prevencionista? Es pertinente recordar aquí que el Derecho penal no es el único instrumento de control social, existiendo muchas otras herramientas, tanto informales (la familia, la escuela, la moral) como formales (todo el ordenamiento jurídico en su conjunto)[393]. Porque no debe olvidarse que la función pedagógica para solucionar problemas sociales no debe caer sobre el Derecho penal sino sobre la educación, la inclusión social, la interculturalidad y el fortalecimiento de políticas integradoras que busquen la cohesión social. Y cuando nada de esto funcione, será el momento de recurrir a él.

E) Por último, el principio de proporcionalidad o prohibición de exceso, es decir, la intervención del Estado para limitar derechos fundamentales debe ser idónea, necesaria y proporcional. Aunque no está regulado en ningún artículo concreto de la Constitución Española, y tampoco es unánime la doctrina al respecto, el Tribunal Constitucional considera que tiene su fundamento en el art. 1 CE, que establece como valores superiores la libertad, la igualdad y la justicia; en el art. 15 CE, que prohíbe las penas o tratos inhumanos o degradantes; en el art. 9.3 CE al prohibir la arbitrariedad de los poderes públicos con penas injustas y desproporcionadas, o incluso, en el art. 10 CE sobre la dignidad de la persona y los derechos que le son inherentes como persona. El principio de proporcionalidad exige equilibrio entre la pena y la gravedad del delito tanto de forma abstracta como de forma concreta. Sobre el primero, la gravedad de la pena debe ponderarse y proporcionarse a la gravedad del delito cometido. En esto, el bien jurídico protegido por el legislador y la intensidad del ataque pueden ser determinantes para establecer penas más o menos graves, no siendo lo mismo la vida que la libertad o

---

393 HASSEMER, W., y MUÑOZ CONDE, F., *Introducción a la Criminología*, Tirant lo Blanch, Valencia, 2001, pp. 31-33.

la propiedad que la posesión. Sobre el segundo, sirve para que el órgano judicial al aplicar la pena, lo haga conforme a todos los elementos que afectan a su gravedad, es decir, no únicamente al hecho cometido sino a todas las circunstancias que afectan en mayor o menor medida al hecho en sí.

En este epígrafe se ha intentado exponer de forma sucinta los fundamentos que están en el origen del Estado de Derecho, así como los principios y garantías que afianzan el efectivo ejercicio de los derechos fundamentales y legitiman la intervención penal en un Estado democrático. En lo que sigue se pretende analizar cómo determinadas líneas de política criminal imperantes en materia antiterrorista pueden llegar a devaluar estas garantías, comprometiendo la calidad democrática de nuestro Estado de Derecho[394]. Y, es que, en un Estado democrático de Derecho tan importante es garantizar la seguridad, como los derechos fundamentales de los ciudadanos –incluso, los delincuentes, que les son inherentes a ellos también como personas–.

III. EL AVANCE DEL PUNITIVISMO: DESDE EL DERECHO PENAL DEL CIUDADANO HACIA EL DERECHO PENAL DEL ENEMIGO

La tendencia actual de adelantar la barrera de protección penal a una fase anterior al hecho, que incluso llega a invadir la esfera del pensamiento del autor, pretende gestionar la alarma social que provocan determinados problemas sociales y tranquilizar así a los ciudadanos. Esta anticipación punitiva no parece lograr el objetivo de garantizar la seguridad de manera efectiva

---

394 Para ampliar sobre esta cuestión, PÉREZ CEPEDA, A.I., «Política criminal contra el terrorismo en la actualidad», MEDINA CUENCA, A. (Coord.), *Perspectiva multidimensional del conflicto penal, de la política criminal a la concreción normativa «la línea invisible»*, UNIJURIS, Cuba, 2019, pp. 429-460.

y real; pero sí lo consigue de forma simbólica, creando una sensación de falsa seguridad, y este efecto simbólico es sumamente rentable en términos políticos. Esto es lo que se conoce como populismo punitivo[395] y Derecho penal simbólico.

Estas prácticas que, inicialmente, nacen con la justificación de proteger a la sociedad frente a la «amenaza terrorista para los sistemas democráticos», –discurso que facilita su aceptación acrítica–, tienen una tendencia perversa hacia la expansión que, lamentablemente, están extendiéndose a otras formas de delincuencia que ni implican la misma gravedad ni suponen un ataque directo para el sistema.

Sin embargo, –aún hay más–, para recurrir a ese adelantamiento el legislador se apoya en la idea de peligrosidad, y no del propio hecho, sino del autor al que se dirige la norma penal, abandonando el Derecho penal del hecho y pasando a lo que se conoce como Derecho penal de autor, es decir, perseguir al sujeto por cómo es y no por lo que haya hecho; técnica que resulta más propia del Derecho penal de sistemas autoritarios y no se ajusta a los principio y valores propios de los Estados democráticos de Derecho que las sociedades occidentales –y otras– han conseguido construir.

1. La utilización de un Derecho penal simbólico

La ya consolidada tendencia político criminal en materia de terrorismo muestra un planteamiento dicotómico, en el que cualquier tipo de vinculación con la organización terrorista

---

395 ANTÓN-MELLÓN, J.A., ÁLVAREZ, G., y ROTHSTEIN, P.A., «Populismo punitivo en España (1995-2015): presión mediática y reformas legislativas», *Revista Española de Ciencia Política,* núm. 43, 2017, pp. 13-36. También VARONA GÓMEZ, D., «¿Somos los españoles punitivos?: Actitudes punitivas y reforma penal en España», *InDret, Revista para el Análisis del Derecho,* 2009, pp. 1-31.

debe ser erradicada[396]. En este sentido, nos dirigimos hacia un Derecho penal simbólico, en el que está representada, cada vez con un mayor peso, la legislación penal en general, pero muy considerablemente también, como se ha tratado de evidenciar, la legislación penal en materia antiterrorista.

Como indica Díez Ripollés, el Derecho penal simbólico se entiende como un «problema de desajuste entre los efectos que se pretende (fin) o se creen (función) conseguir, y los que realmente se pretenden u obtienen»[397]. Las conductas que se tipifican en el Código Penal son cada vez más amplias –doblemente castigadas incluso– y, además, se las impone una mayor penalidad. El motivo, no es un mayor éxito en la prevención, sino más bien, comunicar y «transmitir a la sociedad ciertos mensajes o contenidos valorativos» que no tienen la capacidad «para modificar la realidad social por la vía de prevenir la realización de comportamientos indeseados»[398] y esto solo tiene –y tendrá– graves consecuencias en los derechos y garantías constitucionales propias de un Derecho penal garantista. Según Llobet Anglí, las legislaciones antiterroristas no pretenden luchar de forma eficaz contra la delincuencia organizada –en general–, o el terrorismo –en particular–, pero sí buscan por todos los medios

---

396 Gil Gil dice que «asistimos en España a una paulatina expansión, tanto legal como jurisprudencial, de los delitos de terrorismo, mediante la ampliación y anticipación de la intervención penal, que se ve aumentada por la reinterpretación jurisprudencial de la calificación como organización terrorista y de las conductas de pertenencia y de colaboración con las mismas». GIL GIL, A., «La expansión de los delitos de terrorismo en España a través de la reinterpretación jurisprudencial...», op. cit., p. 147.

397 DÍEZ RIPOLLÉS, J.L. (2002). «El derecho penal simbólico y los efectos de la pena», en Arroyo ZAPATERO, L.A., NEUMANN, U., y NIETO MARTÍN, A. (Coords.), *Crítica y justificación del Derecho Penal en el cambio de siglo,* UCLM, Cuenca, pp. 147-172, p. 163.

398 Ibidem, p. 163.

que al menos lo parezca, «aunque, de ese modo, el sistema penal corra el riesgo de perder toda credibilidad»[399].

Como decía Aristóteles, la virtud está en el término medio o equilibrio entre los extremos, determinado individualmente. Y antes, Sócrates, había señalado que lo «bueno es lo útil». Por esto, y todo lo anterior, parece recomendable que la lucha contra el fenómeno terrorista –así como la lucha contra el resto de los fenómenos delictivos– no se exceda de forma ineficaz, destruyendo las garantías constitucionales y penales propias de un Estado democrático de Derecho que, por otro lado, es precisamente lo que el fenómeno terrorista pretende destruir[400].

En este aspecto, el marco legislativo es importante, pero no es el único factor, ni tampoco el componente que determina la eficacia. La coordinación entre los distintos organismos de las Fuerzas y Cuerpos de seguridad del Estado en la transmisión de información y, de estas con las Fuerzas y Cuerpos de seguridad de Europa, es un activo esencial en el éxito de la lucha antiterrorista. Dolores Delgado señala en este sentido que luchar contra el terrorismo exige hacerlo de manera coordinada e integral, pero sin saltarse los límites que establece el Estado, incluso en aras de conseguir una seguridad perfecta –que no existe más que la teoría–, para así alcanzar una política criminal racional respetuosa con los derechos fundamentales y el propio Estado[401].

---

399 LLOBET ANGLÍ. M., «¿Terrorismo o terrorismos?, op. cit., p. 239.

400 Para ampliar distintas estrategias y planes de seguridad a nivel nacional: GONZÁLEZ LEÓN, C., «La ciberdelincuencia en el Derecho español contemporáneo a la luz de la normativa internacional y europea», en JIMÉNEZ GARCÍA, F., *Seguridad y responsabilidad penal e internacional en el uso de las TIC y la inteligencia artificial,* Iustel, Madrid, 2024, pp. 161 y ss.

401 DELGADO, D., «Frente al terrorismo», *El País,* 14 de marzo de 2018, Disponible en: https://elpais.com/elpais/2018/03/06/opinion/1520365127_470538.html [Última consulta: 25/09/2021].

2. La utilización de un Derecho penal de autor

La implantación de un Derecho penal de autor y simbólico dirigido hacia los «terroristas», debería erradicarse para cumplir con las exigencias de un Derecho penal liberal garantista propio en un Estado liberal de Derecho como en el que nos encontramos –o deberíamos encontrarnos– en la actualidad[402]. Autores como Ferrajoli o Roxin han apuntado en esa dirección al considerar que el Derecho penal no puede olvidarse de sus principios más importantes (mínima intervención, principio de hecho, exclusiva protección de bienes jurídicos, proporcionalidad, etc.). Mir Puig aclara que los actos que no ponen en peligro ningún bien jurídico protegido por el legislador no pueden llevar consigo un castigo[403]. Otros autores, como Pérez Cepeda, han afirmado que los derechos fundamentales y las garantías procesales deben ser límites insalvables de la limitación del *ius puniendi*[404].

En este sentido, parece lógico suponer que, si se realizan actos concluyentes dirigidos desde una organización terrorista hacia individuos con el propósito de llevarlos a cabo, serían merecedores de sanción penal de forma proporcional al injusto cometido, y en la fase de delito que corresponda; pero, por ejemplo, aquellos comportamientos de personas que, individualmente, a través de Internet, se adoctrinan a sí mismos no parecen que justifiquen la intervención penal. Varios son los motivos: en

---

402 Para ampliar esta cuestión: NUÑEZ CASTAÑO, E., «Las transformaciones sociales y el Derecho penal: del Estado liberal al Derecho penal del enemigo», en MUÑOZ CONDE, F. (Coord.), *Problemas actuales del derecho penal y de la criminología. Estudios penales en memoria de la Profesora Dra. María del Mar Díaz Pita*, Tirant lo Blanch, Valencia, 2008, pp. 115-162.

403 MIR PUIG, s., *Derecho Penal. Parte General*, 9.ª ed., Reppertor, Barcelona, 2011, p. 185.

404 BERDUGO DE LA TORRE, I., y PÉREZ CEPEDA, A.I., «Derechos Humanos y Derecho Penal. Validez de las viejas respuestas frente a las nuevas cuestiones» *Revista penal México*, núm. 1, 2011, pp. 41 y ss.

primer lugar, porque no suponen objetivamente un peligro –ni siquiera abstracto– para los bienes jurídicos protegidos por el legislador y, en segundo lugar, porque no constituyen subjetivamente por el autor, una verdadera perturbación social mediante la comunicación de peligrosidad[405]. Ni existe un daño social real o potencial, ni tampoco existe siquiera un daño simbólico.

Sin embargo, la posición no es unánime en la doctrina penal y autores como Silva Sánchez han formulado alternativas advirtiendo que es necesario considerar las demandas sociales y crear un Derecho penal de dos velocidades como un sistema híbrido que busca una vía intermedia para flexibilizar las garantías materiales y procesales imponiendo penas menos severas[406]. Pero en la realidad, ni lo uno ni lo otro. La realidad es que se flexibilizan las garantías penales, procesales y penitenciarias y se elevan las penas, cada vez más graves y desproporcionadas[407]. Silva Sánchez, en su intento de buscar otras soluciones, plantea una tercera velocidad, para transformar así el Derecho penal de la pena por el Derecho penal de las medidas de seguridad aplicables a sujetos peligrosos[408]. Por incidir en la cuestión, y siguiendo la opinión de Silva Sánchez, solo desde la teoría en la que se entiende el injusto «como lesión de un interés en un plano empírico»[409] el castigo

---

405 PASTOR MUÑOZ, N., *Los delitos de posesión y los delitos de estatus: una aproximación político-criminal y dogmática.* Atelier, Barcelona, 2005. También LLOBET ANGLÍ, M., «Lobos solitarios yihadistas…», op. cit., p. 60.

406 SILVA SÁNCHEZ, J.M., *La expansión del Derecho Penal…*, op. cit., pp. 165 y ss.

407 LAMARCA PÉREZ, C., «Legislación penal española y delitos de terrorismo: la suspensión de garantías», en PORTILLA CONTRERAS, G., y PÉREZ CEPEDA, A.I. (Dirs.), *Terrorismo y contraterrorismo en el siglo XXI. Un análisis penal y político criminal,* Ratio Legis, Salamanca, 2016, pp. 173-191.

408 SILVA SÁNCHEZ, J.M., *La expansión del Derecho Penal…*, op. cit., pp. 183-185. Pastor Muñoz, N., *Los delitos de posesión…*, op. cit. También LLOBET ANGLÍ, M., «Lobos solitarios yihadistas…», op. cit., p. 60.

409 *Vid.,* las teorías contrapuestas de Silva Sánchez en LLOBET ANGLÍ, M., «Lobos solitarios yihadistas…», op. cit., pp. 57 y ss.

se fundamenta en la peligrosidad del autor, más que en el verdadero peligro del hecho en sí mismo. Y, con la desconfianza que actualmente impera en la sociedad[410], tanto en la capacidad para poder reinsertar y reeducar a los sujetos, cómo en la prevención de los hechos delictivos, la solución a la que parece dirigirse el Derecho penal en la actualidad, ya desde hace algún tiempo, es a la inocuización de los delincuentes con penas cada vez de mayor duración que habrán de cumplir de forma íntegra y efectiva[411].

Ahora bien, aunque es cierto que conductas como recibir adoctrinamiento con la finalidad de capacitarse o adoctrinarse son conductas externas, algunos autores[412] se oponen a una interpretación del principio del hecho porque:

> «No basta con el hecho desnudo, desligado de su ofensividad, que es, a fin de cuentas, una exigencia que la Constitución proyecta sobre la ley y la aplicación de la ley. De ahí que no sea legítimo castigar por sí sola la mera manifestación de voluntad, pese a ser en sí misma un hecho. En efecto, la manifestación de voluntad exteriorizada es un hecho –o, si se prefiere, una acción– en el mismo sentido en que lo es hablar, canta o comunicarse. Pese a ello, no creo que pueda decirse que la exteriorización del propósito de delinquir colma las exigencias del principio del hecho. Si ese fuera el rédito que cabe esperar del mismo, lo cierto es que su capacidad limitadora del *ius puniendi* sería muy exigua, pues, así concebido, no excluiría la legitimidad de castigar la simple voluntad contraria a la norma con tal de que ésta se exteriorizara»[413].

---

410 SILVA SÁNCHEZ, J.M., *La expansión del Derecho Penal…*, op. cit.,

411 El artículo 25.2 de la Carta Magna, así como la Ley General Penitenciaria o el Reglamento Penitenciario, indican que «las penas privativas de libertad y las medidas de seguridad deberán estar orientadas hacia la reeducación y reinserción social […]».

412 ALONSO RIMO, A., «¿Actos preparatorios o pre-crímenes...», op. cit., p. 496.

413 CUERDA ARNAU, M.L., y FERNÁNDEZ HERNÁNDEZ, A., *Adoctrinamiento, adiestramiento…*, op. cit., p. 158.

Y es que «situar los intereses de los ciudadanos en el centro de los objetivos del Derecho Penal, concediendo a éste la función de prevención de ataques a bienes jurídicos-penales como forma de protegerlos proporcionada al sacrificio de derechos fundamentales del resto, es enfatizar la subordinación del poder punitivo del Estado al servicio de las personas»[414]. En esta línea, Hassemer consideraba que el Derecho penal prevencionista llegaría para quedarse porque son los votantes contentos quiénes deciden qué partido político llega, permanece o se va[415]. Sin embargo, Varona Gómez se pregunta: «¿realmente ésa es la voz ciudadana?, y si así fuera, ¿las demandas ciudadanas respecto al poder penal no tienen ningún límite?; ¿deben, por tanto, ser aceptadas cualquiera que sea su contenido para poder hablar de un "Derecho penal democrático"?»[416]. La respuesta a algunos de estos interrogantes parece constituir uno de los mayores retos que tiene por delante la política criminal de nuestros tiempos.

Se puede concluir, por tanto, que la expansión de las barreras punitivas del Derecho penal y la anticipación de la protección penal que se han ido desarrollando en las últimas reformas penales en materia de terrorismo, pretenden castigar la preparación de la posible e incierta puesta en peligro de un bien jurídico protegido. En definitiva, su punibilidad, es característica propia de un Derecho penal de autor –y no del hecho– que no se asienta *stricto sensu* en un hecho objetivamente peligroso sino

---

414 MIR PUIG, S., «Límites del Normativismo en Derecho Penal», *Revista Electrónica de Ciencia Penal y Criminología,* núm. 7, 2005, p. 14.

415 HASSEMER, W., «Seguridad por intermedio del Derecho Penal», en MUÑOZ CONDE, F. (Coord.), *Problemas actuales del Derecho Penal y de la Criminología. Estudios penales en memoria de la Profesora Dra. María del Mar Díaz Pita,* Tirant lo Blanch, Valencia, 2008, pp. 25-64, pp. 58 y ss.

416 VARONA GÓMEZ, D., «¿Somos los españoles punitivos?: Actitudes punitivas y reforma penal en España», *InDret, Revista para el Análisis del Derecho,* 2009, pp. 1-31, p. 25.

en la comprobación de que el autor –y potencial delincuente aquí– «tiene una disposición favorable al crimen»[417].

IV. EL DERECHO PENAL DEL ENEMIGO EN MATERIA ANTITERRORISTA

El Derecho penal del enemigo tiene su origen en Alemania, durante la dictadura de Adolf Hitler. Mientras se desarrollaba el régimen alemán, Mezger propuso en apoyo al *Reich* la persecución de «extraños y enemigos de la comunidad»[418] y la creación de dos tipos de Derecho penal: uno, para la generalidad –los ciudadanos–; otro, para la minoría –los enemigos–. En esta misma línea, Schmitt señalaba que es el Estado –aquí, totalitario–, el que tiene la capacidad para elegir a sus enemigos al tener la potestad del *ius belli*[419]. Desde luego, se manifiesta una tendencia que en ningún caso pretende salvaguardar bienes jurídicos de especial auxilio en los ciudadanos sino defender y proteger un sistema político autoritario para todos aquellos que tratan de acabar con él.

El Derecho penal del enemigo, vaticinaba Jakobs allá por el año 1999[420], se caracteriza por tres elementos. En primer lugar, se produce un adelantamiento de la punibilidad, es decir, es prospectivo al hecho futuro –y no retrospectivo al hecho cometido–; en segundo lugar, tiene asociado penas desproporcionalmente altas no teniendo en cuenta el principio de proporcionalidad a esa anticipación ya mencionada; y, por último, las garantías

---

417 PASTOR MUÑOZ, N., *Los delitos de posesión...*, op. cit., pp. 43-63.

418 MUÑOZ CONDE, F., «¿Es el Derecho Penal internacional...», op. cit., p. 95.

419 SCHMITT, C., *El concepto de lo político,* Alianza Editorial, Madrid, 1998, pp. 74 y ss.

420 MUÑOZ CONDE, F., «Los orígenes ideológicos del Derecho Penal del enemigo», en *Revista Penal,* núm. 26, 2010, p. 140.

procesales son relativizadas cuando no suprimidas[421]. En esa misma dirección, Muñoz Conde considera el Derecho penal del enemigo se caracteriza por aumentar la duración de las penas –aunque no sean proporcionales– «aplicando incluso penas draconianas»[422]; la eliminación o rebaja al mínimo imprescindible de las garantías procesales del imputado (como, por ejemplo, derecho al debido proceso, a no declarar en contra de uno mismo, a la asistencia de letrado); y a la persecución de comportamientos que estrictamente no suponen un peligro real y próximo para bienes jurídicos concretos e individualizados, anticipando la intervención del Derecho penal, a una fase anterior de la propia ejecución del delito. Para Zaffaroni[423], todo esto supone que el Estado de Derecho otorgue poderes excepcionales a las policías, elabore tipos penales problemáticos y reduzca las garantías procesales. En definitiva, «el acta de nacimiento del derecho penal del enemigo puede cifrarse en la legitimación política de las prácticas punitivas propias del "terrorismo penal", basado en la confusión semántica entre Derecho penal y guerra»[424], términos absolutamente contradictorios, pues el segundo (guerra) supone la negación del primero (Derecho).

González Cussac señala en este sentido que se asienta en dos cuestiones primordiales: la seguridad colectiva, por un lado, y los

---

421 CANCIO MELIÁ, M., «Prólogo», en JAKOBS, G., y CANCIO MELIÁ, M., *Derecho penal del enemigo,* Thomson Civitas, Madrid, 2003, pp. 13-18, p. 17.

422 PÉREZ CEPEDA, A.I., «El vigente y autoritario Derecho penal del "enemigo", en BERNUZ BENEITEZ, MJ., y SUSÍN BELTRÁN, R. (Coords.), *Seguridad, excepción y nuevas realidades jurídicas,* Comares, Granada, 2010, pp. 45-78. MUÑOZ Conde F., «Los orígenes ideológicos..., op. cit., p. 140.

423 ZAFFARONI, E.R., «El antiterrorismo y los mecanismos de desplazamiento» en SERRANO-PIEDECASAS J.R., y DEMETRIO CRESPO, E. (Dirs.), *Terrorismo y Estado de Derecho,* Iustel, Madrid, 2009, pp. 359-378.

424 FERRAJOLI, L., «El derecho penal del enemigo y la disolución del derecho penal» *NFP,* 2006, pp. 13-31, p. 19.

sujetos supuestamente peligrosos que «deben ser tratados como enemigos»[425], por otro; generándose así serias dudas sobre un derecho fundamental como la presunción de inocencia, en sus dos sentidos, como regla de tratamiento y como regla de juicio, es decir, la primera, teniendo la consideración de no autor de los hechos por los que está siendo investigado; y la segunda, no cumpliendo condena salvo que la culpabilidad haya quedado establecida más allá de toda duda razonable según las pruebas de cargo válidamente obtenidas con todas las garantías. En este aspecto, la STC 111/1999, de 14 de junio, señala en su FJ 3.° que, aunque no le corresponde al Tribunal la interpretación de las normas penales, «en ningún caso el derecho a la presunción de inocencia tolera que alguno de los elementos constitutivos de delito se presuma en contra del acusado, sea con una presunción *iuris tantum* sea con una presunción *iuris et de iure*»[426]. Por ejemplo, en el art. 575 del Código Penal, no basta con que el sujeto consulte o posea determinados documentos sino más bien de que sea una conducta dirigida a delinquir, y que nada

---

[425] GONZÁLEZ CUSSAC, J.L., «El renacimiento del pensamiento autoritario en el Estado de Derecho: la doctrina del derecho penal del enemigo», *Revista Penal*, núm. 19, 2007, pp. 52-69, p. 63.

[426] Al respecto, y en el mismo FJ, «la primera modalidad de presunción iuris tantum no es admisible constitucionalmente ya que, como declaró la STC 105/1988, produce una traslación o inversión de la carga de la prueba, de suerte que la destrucción o desvirtuación de tal presunción corresponde al acusado a través del descargo, lo que no resulta conciliable con el art. 24.2 C.E. Y la segunda modalidad, la presunción iuris et de iure, tampoco es lícita en el ámbito penal desde la perspectiva constitucional, puesto que prohíbe la prueba en contrario de lo presumido, con los efectos, por un lado, de descargar de la prueba a quien acusa y, por otro, de impedir probar la tesis opuesta a quien se defiende, si es que opta por la posibilidad de probar su inocencia, efectos ambos que vulneran el derecho fundamental a la presunción de inocencia». *Vid.* ROUSSEAU, J.J., *El contrato social, o sea principios del derecho político*, Editorial del Cardo, 2003, Capítulo VIII.

tiene que ver únicamente con el contenido de los materiales que consulta, si las conductas son o no habituales, o si el sujeto profesa una religión concreta. Estos últimos son indicios que, por sí solos no pueden –o deben– fundamentar la condena.

Cancio Meliá afirma que el Derecho penal del enemigo demoniza a determinados grupos de infractores, no siendo, en consecuencia, un Derecho penal del hecho sino de autor[427]. Y, esta afirmación, pone de manifiesto la incompatibilidad de una línea político–criminal propia de un Derecho penal enemigo con el principio del hecho, es decir, aquel en el que se excluye los pensamientos del autor, por muy macabros que fueren, hasta que no se exterioricen y pongan en peligro a un bien jurídico concretamente protegido por el legislador. En este sentido, el Derecho penal parece estar dirigiéndose a gran velocidad hacia un derecho más severo, tal y como ya predecía Silva Sánchez, en el que coexistirían la imposición de penas privativas de libertad y la flexibilización de los principios políticos-criminales y las reglas de imputación[428]. Gracia Martín advierte acertadamente que el Derecho penal del enemigo es el paradigma de la negación de su condición como persona[429]. Y esto es así porque, según Jakobs, él es el que ha alejado del contrato social[430].

---

427 CANCIO MELIÁ, M., «¿"Derecho penal" del enemigo?», en JAKOBS, G., y CANCIO MELIÁ, M., *Derecho penal del enemigo,* Thomson Civitas, Madrid, 2003, pp. 57-102.

428 JAKOBS, G., «Derecho penal del ciudadano y derecho penal del enemigo», en JAKOBS, G., y CANCIO MELIÁ, M., *Derecho penal del enemigo,* Thomson Civitas, Madrid, 2003, pp. 19-56.

429 GRACIA MARTÍN, L., «Sobre la negación de la condición de persona como paradigma del Derecho penal del enemigo», en CANCIO MELIÁ, M., GÓMEZ-JARA DÍEZ, C. (Coords), *Derecho penal del enemigo. El discurso penal de la exclusión,* Vol. 1, Edisofer, 2006, pp. 1003-1050.

430 Jakobs parte del concepto propuesto por Hobbes: contrato social. Según el cual, tanto el sujeto como el Estado contraen obligaciones en aras de seguridad y protección.

Por tanto, se observa cómo –desde hace tiempo ya–, se define a los terroristas como «enemigos»[431], «salvajes»[432], «irracionales»[433] y «malhechores patológicos»[434] y como «la violencia del enemigo es, por definición, "terrorista"», la reacción frente a ella es siempre «legítima», sean cual sean los métodos y las consecuencias que para ellos conlleven[435]. Y esto, unido a la ausencia de un concepto global que defina el terrorismo[436], ha posibilitado «que determinados Estados (a través del imprescindible cauce de los medios de comunicación[437]) construyan el concepto como equivalente al de «enemigo», lo que ha legitimado el desarrollo de la guerra contra el terror, y el desarrollo del «Derecho penal» del enemigo, especialmente en el marco de la política criminal antiterrorista, y con él, de las medidas de excepción permanentes, que se oponen frontalmente a las garantías inherentes a un Estado de Derecho»[438].

---

431 STAMPNITZKY, L., «Can terrorism be defined?» en STOHL, M., BURCHILL, R., y ENGLUND, S. (Eds.), *Constructions of terrorism*, California University of California Press, 2017, pp. 11-16.

432 BECK, U., Sobre el terrorismo y la guerra, Paidós Ibérica, Buenos Aires, 2002, p. 20.

433 AISTROPE, T., «The Muslim paranoia narrative in counter-radicalisation policy», *Critical Studies on Terrorism,* núm. 9, 2016, pp. 182-204, p. 191.

434 STAMPNITZKY, L., *Disciplining terror: how experts invented terrorism?,* Cambridge University Press, Cambridge, 2013, pp. 3-4.

435 PÉREZ CEPEDA, A.I., *El pacto antiyihadista…*, op. cit., p. 147.

436 GONZÁLEZ LEÓN, C., *Terrorismo y Derecho penal: dificultades para alcanzar un concepto unívoco en el ámbito internacional y su evolución en España,* Aranzadi, Navarra, 2023, pp. 185 y ss.

437 LEÓN ALAPONT, J., «La lucha contra la desinformación y las *"fakes news"* a través del Derecho Penal: acerca de la ¿conveniencia? Y ¿eficacia? de dicha intervención?, *La ley penal: revista de derecho penal, procesal y penitenciario,* núm. 152, 2021, pp. 1-17

438 PENA GONZÁLEZ, W., *El concepto de terrorismo: una aproximación,* Ratio Legis, Salamanca, 2018, pp. 42-43.

Como conclusión, la política criminal frente al terrorismo[439] se dirige, cada vez más, hacía un Derecho penal próximo al enemigo, y a los amigos del enemigo, también enemigos[440]. Ferrajoli, considera que un Estado social y democrático de Derecho no debería distinguir entre amigos y enemigos, sino entre culpables e inocentes esgrimiendo que: «las reglas [...] no pueden plegarse a conveniencia según la ocasión. Y en la jurisdicción el fin no justifica nunca los medios, dado que los medios [...] son las garantías de verdad y libertad, y como tales tienen valor para los momentos difíciles tanto más que para los fáciles»[441].

V. LA NECESIDAD DE EVALUAR LAS REFORMAS PENALES: ¿PARA CUÁNDO UNA REFLEXIÓN?

La regulación del terrorismo se ha visto favorecida por la ausencia de un concepto global de terrorismo que establezca con nitidez qué es y qué no es terrorismo para evitar vulnerar principios fundamentales de un Derecho penal garantista y no castigar, incluso, a personas que no guardan conexiones terroristas, por mucho que realicen bromas de mal gusto expresándose sobre una u otra cuestión de forma sarcástica en las redes sociales[442]. Zaffaroni señala que «la laxitud en

---

439 *Vid.*, el Capítulo 13 sobre Política criminal sobre terrorismo en SANZ MULAS, N., *Política criminal*, op. cit.

440 ASÚA BATARRITA, A., «El discurso del enemigo...», op. cit.

441 FERRAJOLI, L., «El derecho penal del enemigo y la disolución del derecho penal», en *Revista del Instituto de Ciencias Jurídicas de Puebla*, núm. 19, 2007, pp. 5-22, p. 22.

442 Podríamos citar algunos ejemplos: César Strawberry (STS 4/2017, de 18 de enero). Valtonyc (STS 79/2018, de 15 de febrero), Pablo Hasél (STS135/2020, de 7 de mayo). Sobre esta cuestión: GONZÁLEZ CASO, D., «Pablo Hasél y el enaltecimiento del terrorismo», *Ciencia policial: revista del Instituto de Estudios de Policía*, núm. 168, 2021, pp. 9-24. También DOPICO GÓMEZ-ALLER, J. (2021). «El segundo "caso Pablo Hasél"», *Eunomía, Revista en Cultura de la Legalidad*, núm. 20, pp. 393-414.

la definición [...] genera una suerte de caja parcialmente vacía, pues junto a esos ataques cada poder puede colocar cualquier conducta y, por ende, encerrar a su enemigo de turno, con lo cual se corre el riesgo de consagrar legislativamente y en estados democráticos el ideal de Carl Schmitt, otorgándole a cada poder político el espacio jurídico para identificar a su propio enemigo»[443].

Y esto ha contribuido a que la legislación penal haya llevado a cabo una anticipación de la protección penal que parece seguir una estrategia policial centrada en el principio de precaución que amplía la defensa de la seguridad hasta una etapa predelincuencial, criminalizando a los sujetos peligrosos y castigando comportamientos periféricos que están alejados de la efectiva lesión de bienes jurídicos[444]. En esa línea, Aguerri señala que se ha criminalizado al radical y se ha utilizado este discurso como fundamento de la imputación penal[445]. El autor, junto a Fernández Abad, advierte que «la naturaleza estrictamente securitaria [...] no solo compromete los derechos fundamentales sino que, en síntesis, tampoco resulta eficaz para prevenir y neutralizar la existencia del fenómeno abordado»[446]. La puesta en marcha un Derecho penal antiterrorista ni está justificado, ni es eficaz para garantizar la seguridad contra los enemigos-terroristas[447]. E inclu-

---

443 SERRANO, E., «Derecho y orden social. Los presupuestos teóricos de la teoría jurídica de Carl Schmitt», *Isegoría, Revista de filosofía moral y política*, núm. 36, 2007, pp. 125-141. También ZAFFARONI, E.R., *El enemigo en el Derecho penal*, Ediar, Buenos Aires, 2009, pp. 181-186, p. 184.

444 PÉREZ CEPEDA, A.I., *El pacto antiyihadista...*, op. cit.

445 AGUERRI, J.C., «La construcción del radical como enemigo en el Código penal español: los elementos de los delitos aplicados para gestionar la radicalización islamista y sus implicaciones para el Estado de Derecho», *Revista Electrónica de Ciencia Penal y Criminología*, 2019, pp. 1-29, pp. 21 y ss.

446 AGUERRI, J.C., y FERNÁNDEZ ABAD, C., «La orden de servicios 3/2018...», op. cit., p. 402.

447 ZAFFARONI, E. R., *El enemigo en el Derecho penal*, op. cit., p. 184.pp. 182 y ss.

so, puede ser hasta contraproducente. Lord Hoffmann, señalaba en su intervención en la Cámara de los Lores británica, que «la verdadera amenaza a la vida de la nación, en el sentido de un pueblo que vive de acuerdo con sus leyes tradicionales y valores políticos, no proviene del terrorismo, sino de leyes como estas. Esa es la verdadera medida de lo que el terrorismo puede lograr. Es el Parlamento el que decide si da a los terroristas tal victoria»[448].

Como advierte Borja Jiménez, «corremos el riesgo de transformar el terrorismo subversivo en una constante justificación del adelantamiento de la línea defensiva del Estado con un recorte estructural de las garantías del ciudadano. Lo cual implica asumir, paradójicamente, otro peligro mayor: el debilitamiento de la Democracia y del Estado de Derecho, objetivo perseguido por el terrorismo internacional por constituir las señas de identidad de esa tradición occidental»[449].

Por ejemplo, el delito de pertenencia es una representación del Derecho penal del enemigo ya que como afirma Cancio Meliá, los actos realizados para la integración en una organización criminal son anteriores a cualquier preparación o participación en una infracción concreta, es decir, «desde la perspectiva de los bienes jurídicos individuales, constituyen supuestos de pre-preparación o proto-participación»[450].

---

448 «The real threat to the life of the nation, in the sense of a people living in accordance with its traditional laws and political values, comes not from terrorism but from laws such as these. That is the true measure of what terrorism may achieve. It is for Parliament to decide whether to give the terrorists such a victory». Disponible en:
House of Lords–A (FC) and others (FC) (Appellants) v. Secretary of State for the Home Department (Respondent) (parliament.uk) [Última consulta: 02/12/2021].

449 BORJA JIMÉNEZ, E., «Justicia penal preventiva...», op. cit., p. 214.

450 CANCIO MELIÁ, M., «El injusto de los delitos de organización peligro y significado», *Revista cuatrimestral de las Facultades de Derecho y Ciencias Económicas y Empresariales*, núm. 74, 2008, p. 247.

Sobre el autoadoctrinamiento, Pérez Cepeda apunta acertadamente que limita la libertad de pensamiento y constituye un ejemplo claro de Derecho penal de autor porque no se sanciona «a aquel que se adoctrina o forma, sino al que tiene la voluntad de formarse, de saber, y pone los medios para hacerlo: «la finalidad de capacitarse para llevarlo a cabo", pero que todavía ni siquiera ha comenzado la fase ejecutiva de ningún acto terrorista, ni decidido nada»[451]. Pastor Muñoz hace referencia a estos tipos penales como un delito de posesión[452], que adelantan las barreras de protección penal y ponen en jaque los principios de ofensividad, proporcionalidad, etc.[453]. Es cierto que estos delitos no evidencian problemas desde la exigencia de una conducta externa, sin embargo, no parece lógico pensar que esta conducta externa justifique ya el castigo por sí sola, salvo que el injusto sea la perturbación de la estabilidad social o el quebranto de la seguridad –y a lo que eso conllevaría–. Fuentes Osorio o Alonso Rimo también han hecho referencia a estos tipos penales como delitos preparatorios, es decir, «tipos de la parte especial que describen actos preparatorios de otro delito, ya sea propio [...] ya se trate de la preparación de un delito ajeno o de terceros»[454]. Son, por tanto, actos preparatorios que pasan a ser delitos autónomos que, en cambio, dependen objetivamente de una acción posterior, tal y como destaca Fuentes Osorio[455]. En

---

451 PÉREZ CEPEDA, A.I., *El pacto antiyihadista...*, op. cit., p. 349

452 PASTOR MUÑOZ, N., *Los delitos de posesión...*, op. cit.

453 VIVES ANTÓN, T.S., y CUERDA ARNAU, M.L., «Estado autoritario y adelantamiento de la «línea de defensa penal», MAQUEDA ABREU, M.L., MARTÍN LORENZO, M., y VENTURA PÜSCHEL, A. (Coords.), *Derecho Penal para un estado social y democrático de derecho: estudios penales en homenaje al profesor Emilio Octavio de Toledo y Ubieto,* 2016, pp. 365-381.

454 ALONSO RIMO, A., «¿Impunidad general de los actos preparatorios? La expansión de los delitos de preparación», *InDret, Revista para el Análisis del Derecho,* 2017, pp. 1-79, p. 8.

455 FUENTES OSORIO, J.L., *La preparación delictiva,* Comares, Granada, 2007, p. 101.

esa dirección, Alonso Rimo señala que no se está ante un delito autónomo con injusto propio sino una conducta anterior que pretende facilitar la comisión del delito-fin[456], configurándose, así como un delito de peligro abstracto.

Por otra parte, la penalidad de los delitos de terrorismo debe quedar reducida significativamente para respetar los principios de proporcionalidad, humanidad y resocialización de las penas, dado que cualquier otra agravación que no tenga en cuenta estos principios no tiene justificación político-criminal que lo fundamente. A este respecto, Paredes Castañón señala que «no existe razón para que las penas por delitos terroristas sean muchísimo más graves que las que les corresponden a los mismos delitos cuando son cometidos fuera del contexto terrorista»[457]. Y añade que «ninguna pena de prisión por un único delito debería superar los diez años de duración; y, aun en caso de concurso de delitos, no se deberían superar los quince años de cumplimiento»[458].

Finalmente, este adelantamiento de las barreras punitivas del Derecho Penal, constatable a lo largo del análisis realizado en el epígrafe sobre evolución de la legislación penal en materia antiterrorista, castigan la preparación de la posible puesta en peligro de un bien jurídico protegido. En definitiva, su punibilidad, es característica propia de un Derecho penal de autor –y no del hecho– que, en palabras de Pastor Muñoz, «no interviene con base en un hecho objetivamente peligroso, sino con base en la constatación de que el autor tiene una disposición favorable al crimen»[459].

---

456 ALONSO RIMO, A., «¿Impunidad general de los actos preparatorios…», op. cit., p. 8.

457 PAREDES CASTAÑÓN, J.M., «Una modesta proposición…», op. cit., pp. 84 y 85.

458 El autor comparte la opinión del Grupo de Estudios de Política Criminal. PAREDES CASTAÑÓN, J.M., «Una modesta proposición…», op. cit., p. 85.

459 PASTOR MUÑOZ, N., *Los delitos de posesión…*, op. cit.

VI. CONCLUSIONES PROVISIONALES: UN PASO MÁS EN LA EXCEPCIÓN A LAS GARANTÍAS DE DERECHO

El crimen organizado, en general, y el terrorismo, en particular, son dos fenómenos que demandan una línea político-criminal que integran las exigencias de la seguridad interior, por un lado, y el respeto a los derechos y libertades de los ciudadanos, por otro. Sin embargo, las distintas reformas penales que se han ido aconteciendo a lo largo de los últimos años parecen responder a una ideal securitario que postula, por encima del resto, el adelantamiento de las barreras de protección del Derecho penal y la sanción y el castigo a perfiles de autores peligrosos y malvados.

Así las cosas, puede señalarse que las múltiples reformas llevadas a cabo en materia antiterrorista muestran una tendencia política criminal que prioriza la prevención de los delitos antes de que éstos se ejecuten, criminalizando a sujetos peligrosos –por sus ideas– e imponiendo penas desproporcionalmente altas, dónde lo único que importa es si el sujeto es o no terrorista, o incluso peor, si quiere o no serlo en un futuro[460]. En esta línea, Pérez Cepeda advierte que el legislador penal ha utilizado medidas de prevención propias de otro ámbito para tratar de prevenir el radicalismo y el extremismo como si fuera parte de la función preventiva del Derecho penal[461].

Como señala Pastrana Sánchez, el legislador se aleja cada vez más de la realidad criminal que en su origen buscaba regular,

---

460 A mayor abundamiento sobre prevención de terrorismo: GONZÁLEZ LEÓN, C. (2023). «¿Es la inteligencia artificial una herramienta para la prevención del terrorismo? Modelos predictivos para detectar amenazas terroristas» en GARCÍA SÁNCHEZ B., y JIMÉNEZ GARCÍA F. *La atribución de una responsabilidad jurídico penal e internacional de la inteligencia artificial,* Iustel, Madrid, 2023, pp. 169 y ss.

461 PÉREZ CEPEDA, A.I., «La criminalización del radicalismo...», op. cit., p. 22.

perseguir y reprimir[462], olvidándose de principios fundamentales como el de mínima intervención, ofensividad o proporcionalidad y dejando de lado instrumentos eficaces en la lucha contra el fenómeno terrorista, como el contraterrorismo o la contrainteligencia[463], porque lo que sin duda no es eficaz es tratar de reprimir comportamiento inofensivos –o casi– a través de la herramienta del Derecho penal. Todo esto, desalentando el ejercicio de derechos fundamentales como el de la libertad ideológica, de expresión, religiosa y de información.

La dirección que ha tomado la legislación –excepcional– limita las principales garantías de un Derecho penal liberal que nos hace asistir hacia un Derecho preventivo, expansionista y simbólico. Y aunque el fenómeno terrorista es, entre otras cosas, un problema penal, no por eso queda justificada la normativa que lo regula, debiendo proponer alternativas que actúen sobre las causas que dificultan la integración social, fomentando políticas públicas de inclusión social que pongan fin a la islamofobia y recurriendo al uso de narrativas contrarias al discurso radical, porque objetando al célebre Nicolás Maquiavelo, aquí el fin –acabar contra el terrorismo– no puede justificar los medios.

---

462 PASTRANA SÁNCHEZ, M.A., «Interpretación judicial del derecho y terrorismo: especial referencia al enaltecimiento, *Revista de Derecho Penal y Criminología,* núm. 17, 2017, pp. 371-396, p. 395.

463 GONZÁLEZ CUSSAC, J.L., «Contraterrorismo», DE LA CUESTA AGUADO, P.M., RUÍZ RODRÍGUEZ, L.R., ACALE SÁNCHEZ, M., HAVA GARCÍA, E., RODRÍGUEZ MESA, M.J., GONZÁLEZ AGUDELO, G., MEINI MÉNDEZ, I., y RÍOS CORBACHO, J.M. (Coords.), *Liber Amicorum. Estudios Jurídicos en Homenaje al Prof. Dr. Dr. h.c. Juan M.ª Terradillos Basoco,* Tirant lo Blanch, Valencia, 2018, pp. 1359-1369. GONZÁLEZ CUSSAC, J.L., «Servicios de inteligencia y contraterrorismo», ALONSO RIMO, A., CUERDA ARNAU, M.L., y FERNÁNDEZ HERNÁNDEZ, A. (Dirs.), *Terrorismo, sistema penal y derechos fundamentales,* Tirant lo Blanch, Valencia 2018, pp. 35-62.

El Derecho penal del enemigo basando en los pensamientos peligrosos del autor y en normas simbólicas está configurado como un instrumento que, buscando promulgar normas nuevas en base al autor/enemigo que realiza los comportamientos, y no tanto por los hechos en sí mismos, y realizando un endurecimiento de las penas ya existentes, intenta generar en la sociedad una mayor sensación de tranquilidad y seguridad, que para nada tiene porque corresponderse con la realidad, y ni mucho menos, conseguirlo. En definitiva, «la política criminal se ha convertido en un instrumento de agitación y propaganda»[464]. Sin embargo, como advierte Terradillos Basoco, «aunque no se pueda sensatamente poner en duda que la delincuencia terrorista es, entre otras cosas, un problema penal, tampoco puede pensarse que una ley quede justificada por el sólo hecho de la existencia de un problema. Su razón de ser estriba no en la existencia del problema, sino en su idoneidad para solventarlo»[465].

Porque, como Cano Paños afirma, cuando la legislación penal se basa de forma únicamente en criterios de seguridad «ostenta ante todo una importancia de carácter ideológico para la clase política, más que una eficacia práctica para el conjunto de la ciudanía»[466], ya que la seguridad se acaba convirtiendo en un bien jurídico autónomo y, como apunta Portilla Contreras acaba identificando el Derecho penal con el Derecho policial provocando así «la funcionalización del Derecho penal como sistema de control de

---

464 DÍEZ RIPOLLÉS, J.L., La pena de prisión permanente revisable es una cadena perpetua, y de las más duras. *El Diario.* Disponible en: https://www.eldiario.es/andalucia/Jose-Luis-Ripolles-Derecho-Penal_0_360114085.html [Última consulta: 26/10/2022].

465 TERRADILLOS BASOCO, J.M., *Terrorismo y Derecho. Comentario a las Leyes Orgánicas 3/1998 y 4/1998 de reforma del Código Penal y Ley de Enjuiciamiento Criminal,* Tecnos, Madrid, 1988, pp. 34 y ss.

466 CANO PAÑOS, M.A., «La reforma penal de los delitos de terrorismo en el año 2015. Cinco cuestiones fundamentales». *Revista General de Derecho Penal,* núm. 23, 2015, p. 32.

cualquier riesgo, que se traduce en la limitación de la libertad y la desigualdad en el disfrute de los derechos del individuo»[467]. Pérez Cepeda, en sentido similar, indica que «la amenaza terrorista y la reconversión de la seguridad nacional en derecho fundamental»[468], provoca que otros derechos fundamentales clásicos como la libertad ideológica o el derecho a expresar y difundir libremente el pensamiento (arts. 16 y 20 CE) queden limitados, e incluso, vulnerados. Y es que «es importante aprender a contemplar los delitos no sólo desde el Código Penal sino, prioritariamente, desde la constitución y los derechos fundamentales»[469].

Así, puede concluirse que la represión desmedida y cada vez más extensa «cubierta bajo el noble título del derecho penal»[470], no solo deja a un lado su legitimidad sino también su eficacia[471], motivo por el cual es esencial contraponer al desafío del terrorismo «la alternativa del derecho y de la razón [...] para salvaguardar no solo los principios de garantía del correcto proceso sino también el futuro de la democracia»[472], porque si expandimos de esta manera el Derecho penal, «se convierte en excepcional; tiene efectos criminógenos; aumenta la percepción social del riesgo» y se acaba convirtiendo en un Derecho penal de autor, policial, selectivo y discriminatorio[473].

---

467 PÉREZ CEPEDA, A.I., *El pacto antiyihadista...*, op. cit., p. 382.

468 Ibidem, p. 382.

469 CUERDA ARNAU, M.L., y FERNÁNDEZ HERNÁNDEZ, A., *Adoctrinamiento, adiestramiento...*, op. cit., p. 233.

470 FERRAJOLI, L., «El derecho penal del enemigo...», op. cit., p. 24.

471 CAPALDO, G., «La eficacia del Derecho como instrumento facilitador de la paz frente a los desafíos del terrorismo y la globalización», en LOSANO, M.G., y MUÑOZ CONDE, F. (Coords.), *El derecho ante la globalización y el terrorismo: «cedant arma togae»: Actas del Coloquio Internacional Humboldt*, Tirant lo Blanch, Valencia, 2004, pp. 431-459.

472 FERRAJOLI, L., «El derecho penal del enemigo...», op. cit., p. 31.

473 PÉREZ CEPEDA, A.I., «La criminalización del radicalismo...», op. cit., p. 28.

Por tanto, con el objetivo de respetar los principios de un Derecho penal garantista, deben delimitarse las conductas penalmente relevantes en materia de terrorismo, de aquellas que no lo son, puesto que su consideración lleva implícito un reproche penal, procesal y penitenciario mucho más contundente que para aquellas que no lo son.

No hay duda de que el castigo de tipos penales como el adoctrinamiento, el adiestramiento, la captación o difusión de mensajes, cuando lo único que muestran es una adhesión ideológica, vulnerará el contenido de los derechos protegidos en los arts. 16 y 20 de la Constitución. Y es que la simple manifestación de una opción ideológica solo puede perseguirse por razones de orden público, no por ser moralmente inaceptable. El legislador solo puede sancionar conductas cuando inciten directa o indirectamente a la realización de un delito. Sin embargo, esas conductas deben exteriorizarse y deben ser inequívocas, no pudiendo castigar al sujeto que ya está radicalizado o en proceso de estarlo próximamente, sino al que ha decidido pasar a la acción y se prepara para delinquir. De no ser así, no se estarán castigando conductas peligrosas sino sujetos peligrosos, o sujetos que profesan una religión y se piensa que pueden ser peligrosos.

Cuerda Arnau advierte que «la tentación de servirse de esta clase de preceptos como medio al servicio de investigación policial es evidente». Sin embargo, «la adopción en algunos casos de medidas de investigación restrictivas de derechos, sujetas, claro está, a criterios de proporcionalidad, es una alternativa más responsable que la creación de tipos que, a la postre, vienen a resolver problemas procesales que convendría solventar de modo distinto y, probablemente, más eficiente»[474]. Aunque los tipos penales puedan recibir una interpretación constitucional adecuada, no son, desde luego, una opción política criminal adecuada, dado que los riesgos de

---

474 CUERDA ARNAU, M.L., y FERNÁNDEZ HERNÁNDEZ, A., *Adoctrinamiento, adiestramiento…*, op. cit., p. 188.

que los jueces y tribunales no realicen una interpretación restrictiva, como hemos visto a lo largo de la investigación, son ciertos.

El conjunto de reforma analizadas a lo largo del trabajo denota, por un lado, una política criminal expansiva que acoge cada vez un mayor número de conductas que tiende a propagar el Derecho penal[475]; por otro, una tendencia a llamar a todos los tipos penales, «delitos de terrorismo». Y esto conlleva no cumplir con las pretensiones del principio de mínima intervención y con las exigencias de los principios de taxatividad y seguridad jurídica que resulta inadmisible en un Estado de Derecho.

Dolores Delgado, como fiscal coordinadora contra el terrorismo yihadista en la Audiencia Nacional nos recordaba que deberían cuidarse las respuestas penales ya que, en caso contrario, se retroalimentaría a los propios condenados, y añade:

> «El esfuerzo no solo debe centrarse en los aparatos de seguridad, en la persecución del tráfico de armas o la financiación del terrorismo e incluso en la creación de infraestructuras internacionales de persecución, al amparo de la jurisdicción universal, idónea para este fin. También debe plasmarse en el diseño de políticas comunitarias que cambien la inercia del cierre de fronteras por el de la racionalización del fenómeno migratorio, excluir cualquier ánimo xenófobo frente a este terrorismo y fortalecer las políticas de integración y educación, que hagan desaparecer la marginación de miles de personas»[476].

---

475 Silva Sánchez señala que impera «una tendencia claramente dominante en la legislación de todos los países hacia la introducción de nuevos tipos penales, así como a una agravación de los ya existentes». *Vid.* SILVA SÁNCHEZ, J.M., *La expansión del Derecho Penal...*, op. cit. Cancio Meliá explica que la política criminal ha experimentado, por una parte, una expansión cuantitativa y cualitativa del Derecho penal, y un mayor interés público por el ordenamiento penal. *Vid.* CANCIO MELIÁ, M., *Los delitos de terrorismo, estructura...*, op. cit., pp. 26 y ss.

476 DELGADO, D., «La ruta del yihadismo», *El País,* 18 de enero de 2017. Disponible en: https://elpais.com/elpais/2017/01/16/opinion/1484596661_244459.html [Última consulta: 01/10/2022].

Y es que «lo más grave de la legislación antiterrorista desde esta perspectiva es que da la imagen distorsionada que se va a aplicar sólo y exclusivamente a los terroristas, pero eso no es así, pues ninguna ley penal se aplica sólo a los delincuentes, sino que puede recaer sobre cualquier ciudadano»[477]. Para evitar esta deriva[478] conviene ser coherentes pues «la coherencia es una virtud moral que en el plano político-criminal debiera ser un mandato para el (pre) legislador»[479].

477 BUSTOS RAMÍREZ, J.J., «In-seguridad y lucha contra el terrorismo» en LOSANO, M.G., y MUÑOZ CONDE, F. (Coords.), *El derecho ante la globalización y el terrorismo: «cedant arma togae»: Actas del Coloquio Internacional Humboldt,* Tirant lo Blanch, Valencia, 2004 pp. 403-410, pp. 406 y ss.

478 POMARES CINTAS, E. La deriva del Derecho Penal y la democracia. La lucha antiterrorista como rastreo de embriones de sospecha, Dykinson, 2022.

479 LEÓN ALAPONT, J., *Los delitos de enaltecimiento...*, op. cit., p. 189.

Conclusiones definitivas

Las modificaciones incorporadas por el legislador tras las últimas reformas –especialmente la del año 2015– han supuesto un enorme desafío para los tribunales que se encargan de su aplicación e interpretación. Por ello, algunas de las principales conclusiones que pueden señalarse tras este estudio son las siguientes:

1. Las carencias del marco normativo internacional y europeo obligan a dar una interpretación restrictiva a los delitos de expresión como el enaltecimiento o ensalzamiento y la justificación del terrorismo, así como a los delitos de humillación a las víctimas, ambos –aunque con diferencias sustanciales– en el mismo apartado del art. 578.

2. La redacción dada por el legislador a estas figuras evidencia una descripción vaga y ambigua de los comportamientos punibles que da lugar a interpretaciones divergentes, tanto en la doctrina como en la jurisprudencia, algunas de ellas, perfectamente posibles. Y, lo que es aún peor, la opción por la persecución de conductas que se alejan notablemente de la lesión efectiva de bienes jurídicos personales cuestiona de forma manifiesta los principios básicos de un Derecho penal de mínimos.

3 Las continuas reformas de estos tipos penales hacen cada vez más difícil alcanzar una interpretación conjunta, coherente y restrictiva que respete el mandato de certeza o el principio de ofensividad y garantice el contenido esencial de derechos constitucionales fundamentales como la libertad de expresión, ideológica y religiosa o de culto.

4. Según la regulación actual, los delitos de enaltecimiento no exigen un componente incitador. De eso se encarga ya la apología o el resto de los delitos de difusión previstos en el

art. 579. Sin embargo, desde el año 2016 la jurisprudencia, en una interpretación restrictiva, parece estar exigiendo que se aliente de manera indirecta a la creación de una situación de riesgo para las personas o para el propio sistema de libertades. De esta forma, deberían ser castigados únicamente cuando supongan un riesgo –aunque sea abstracto– para la comisión de delitos de terrorismo según las condiciones personales del autor, el contexto en que se vierten, los destinatarios del mensaje, etc.

5. El delito de humillación a las víctimas de terrorismo o de sus familiares se encuentra ubicado en el mismo tipo penal que el enaltecimiento y estas dos conductas no parecen ser idénticas. En realidad, este delito es un tipo autónomo más emparentado con las injurias que poco –o nada– tiene que ver con enaltecer. Pero, el legislador parece ubicarlo ahí con la intención de utilizarlo para cerrar las posibles calificaciones alternativas que pueden plantearse e, incluso, para ser aplicado cuando no parezca adecuado castigar por el delito de enaltecimiento. La humillación de las víctimas, y el respeto, reconocimiento y admiración que por supuesto merecen –tanto las directas como las indirectas–, debe perseguirse de acuerdo con la regulación actual de otros delitos comunes como las injurias o calumnias, amenazas o delitos contra la integridad moral, pero no como delitos de terrorismo (salvo que contribuyeran a provocar la comisión de delitos).

6. Los demás actos de difusión, entre los que se encuentran la provocación, la conspiración y la provocación, solo deberían ser perseguibles cuando mediante incitación directa a la comisión de delitos graves de terrorismo y no cuando se refieran a actos periféricos alejados de la efectiva lesión de bienes jurídicos, y que tras la reforma de 2015 son considerados delitos autónomos. Así, se podría admitir un castigo por cualquiera de las resoluciones manifestadas –como apología– cuando de un delito grave se trata, pero

nunca –y en ningún caso– para conductas como la falsedad documental, incorporada en 2019, la colaboración con organización o grupo terrorista o el autoadoctrinamiento.

7. Por todo, se considera necesario eliminar el delito de enaltecimiento, y acomodar la redacción actual a las exigencias contenidas en la Directiva 2017/541/UE. Y, en el delito de humillación, perseguirlo conforme a la regulación actual en otros delitos del Código Penal, así como a otras vías de protección ordinarias extramuros del Derecho penal.

8. Sobre el catálogo de delitos relacionados con la colaboración, son múltiples las formas incorporadas en el Código Penal, y cada una de ellas, con presupuestos característicos y diferentes penalidades. Entre ellas, pueden destacarse la integración en organización o grupo terrorista tanto dirigiendo u organizando o participando activamente en ellas; el adoctrinamiento pasivo, autoadoctrinamiento o traslado; la financiación de actividades terroristas y la colaboración genérica o adoctrinamiento activo.

9. El delito de integración en organización y/o grupo terrorista debiera exigir de forma obligatoria que, para su castigo, el sujeto forme parte de las organizaciones o grupos terroristas de una manera consolidada en el tiempo, activamente y de forma operativa, no debiendo asumir la idea extendida en algunas de las resoluciones jurisprudenciales que es lo mismo colaborar con una organización o realizar actos de «protoorganización» que colaborar con ella de forma puntual y concreta.

10. El adoctrinamiento pasivo, el autoadoctrinamiento y el traslado se configuran como conductas dentro del art. 573, uno de los delitos más sugestivos en nuestra regulación actual. Y es que permite castigar a aquellas personas que, con la finalidad de capacitarse para la realización de cualquiera de los delitos, reciban adoctrinamiento, adiestramiento, o incluso, se lo proporcionen de manera

autónoma e individual. Junto a estas dos modalidades, por si no fuera suficiente, introduce el traslado o desplazamiento a territorio extranjero, que según señala Ropero Carrasco, supone una respuesta rápida al fenómeno de los viajes que se realizaban a Siria e Irak sin «el sosiego necesario para advertir que la incorporación a los grupos terroristas ya estaba castigada». Las tres novedades advertidas se configuran como actos preparatorios que se castigan de forma autónoma suponiendo así un excesivo adelantamiento de la barrera de protección penal que se opone al principio de legalidad, menor lesividad y, de hecho, entre otros principios. La jurisprudencia española falla en sentidos contrarios ante hechos similares, es decir, condenando en unas ocasiones, especialmente la Audiencia, y absolviendo en otras, el Supremo. Sin embargo, en este segundo caso, cuando se produce la absolución por alguno de los delitos recogidos en este artículo, no siempre queda impune el sujeto, sin un criterio claro. Y se acaba castigando por otros delitos como el enaltecimiento, la colaboración o hasta la integración. Los últimos delitos, –colaboración e integración– con penas mucho mayores –incluso más del doble– que las recogidas en el art. 575 sobre adoctrinamiento pasivo, autónomo y viaje.

11. El delito de financiación del terrorismo constituye un comportamiento que debe ser perseguido cuando las provisiones utilizadas para la realización de un atentado terrorista hayan sido usadas. Así, sería posible perseguir la participación y castigarlo como coautoría o complicidad del delito fin. Sin embargo, no es de recibo perseguir la financiación imprudente o ampliar el delito, como se permite actualmente, para todas las conductas de terrorismo, tanto realizadas por personas físicas como por personas jurídicas, así como para un delito de enaltecimiento o difusión y expresión de ideas. ¡O incluso de forma imprudente! Criticado por buena parte de la doctrina penalista al exigir

la presencia de dolo como *conditio sine qua non*. Para eso existen otras ramas del ordenamiento jurídico (administrativa o fiscal, por ejemplo) que permiten la regulación de obligaciones específicas de obligado cumplimiento.

12. La colaboración genérica se manifiesta como una cláusula abierta donde caben todas las conductas que, de una manera u otra, contribuyen a alcanzar las finalidades terroristas. Por este motivo, se propone reformar estos delitos eliminando la amplitud con la que están formulados y castigando únicamente cuando la captación se realice de forma directa desde una organización o grupo terrorista. En cualquier caso, la persecución de un tipo autónomo de colaboración con organización o grupo terrorista debe conllevar su modalidad dolosa –única y exclusivamente–, quedando el castigo de la colaboración imprudente como inaceptable tanto desde un punto de vista político criminal como dogmático. Lo contrario supone flexibilizar las garantías del sujeto, tanto en una fase probatoria en la que resulta investigado, como en una fase penal, para castigar todo –o casi– y contentar a la ciudadanía. Esto último, más propio de un Derecho penal simbólico que castiga ciertas manifestaciones con la finalidad de provocar un efecto comunicativo, sin atender a la intrínseca gravedad del hecho mismo.

13. Una mayor concreción de los distintos actos de colaboración recogidos en el Código Penal, así como la eliminación de otras conductas como el adoctrinamiento autónomo, el traslado o desplazamiento o la financiación y colaboración imprudente debe abordarse con premura. Primero, porque evitaría tener un maremágnum de comportamientos parecidos castigados en distintos artículos, e incluso con distintas penas; segundo, porque arrojaría algo de luz al legislador a la hora de tener que interpretar las distintas relaciones concursales entre unos y otros tipos –ahora mismo numerosas y confusas–; y

tercero, porque no hacerlo supone, en algunos casos, una intromisión en el derecho a la libertad de opinión insostenible en un Estado democrático de Derecho.

14. La regulación penal de los delitos de terrorismo en las últimas décadas nos permite concluir que el legislador persigue una política criminal que prioriza la prevención y en la que criminaliza a los delincuentes –terroristas– por su disposición favorable al delito –terrorista–. En efecto, la principal característica del Derecho penal en materia antiterrorista es que se dirige a crear una falsa sensación de seguridad, –con importante poder simbólico de la pena– a través de la persecución de delitos, no tanto por la relevancia del hecho que se realiza en sí mismo, sino por la peligrosidad del pensamiento del autor que lo puede llevar a cabo. Y esto es más propio de un Derecho penal de autor que del Derecho penal del hecho o de un Derecho penal del enemigo que de un Derecho penal del ciudadano.

15. En este sentido, la utilización del Derecho penal del enemigo pretende un adelantamiento de las barreras de protección penal, la imposición de penas desproporcionalmente altas y el debilitamiento de las principales garantías procesales que implica, por un lado, inocuizar a sujetos potencialmente peligrosos para la prevención de futuros delitos y, por otro lado, tranquilizar a la sociedad de que se está realizando, y con absoluta dureza, todo lo necesario para combatir el terrorismo. Y todo ello, a pesar de que su eficacia real sea escasa, y hasta contraproducente. Es decir, un planteamiento político criminal más propio de un Derecho penal simbólico que de un Derecho penal «real» y eficiente en el que se prioriza la exclusiva protección de bienes jurídicos.

16. El conjunto de reformas operadas por el legislador contra el fenómeno terrorista cada vez más severas, tanto en anticipación como en cantidad de conductas y duración de

las penas, están orquestadas por la necesidad de aparentar que se actúa , mostrando una deriva político criminal que no consigue ocultar su ineficacia en la lucha contra este fenómeno. Dicho procedimiento resulta más propio de un populismo punitivo de los Estados autoritarios que de la aspiración a un Derecho penal racional propio de los Estados democráticos.

17. No se cuestiona que los actos terroristas, así como otras conductas que alteren el bienestar social e individual intrínseco de cualquier sociedad, no puedan y deban perseguirse con la contundencia necesaria para que no queden impunes y se consiga un nivel de seguridad razonable y deseado por todos, pero siempre con el máximo respeto a los derechos y garantías, haciendo prevalecer los principios por los que debe estar inspirada la legislación penal.

18. Para terminar, es preciso poner de manifiesto que una propuesta de *lege ferenda* completa e integral debe tener en cuenta el ordenamiento jurídico en su ámbito penal, pero no solo. El Derecho procesal y el Derecho penitenciario son igual de importantes y proporcionan instrumentos eficaces en la lucha antiterrorista. También es preciso recorrer otros caminos que dificultan la actividad de los grupos terroristas o impiden su impunidad: buscar transparencia económica en transacciones internacionales, suprimir paraísos fiscales que minimicen la financiación del terrorismo, o implementar políticas educativas y sociales inclusivas que reduzcan las posibilidades de radicalizarse, son acciones absolutamente necesarias para obstaculizar el desarrollo y mantenimiento de las actividades terroristas.

19. La lucha contra el terrorismo requiere de una verdadera voluntad política que esté dirigida a una mayor dotación de medios y recursos para los actores implicados en su lucha, unido a una legislación penal adecuada y respetuosa con las garantías propias de un Derecho penal liberal que úni-

camente sea dura e infranqueable, con las conductas que ponen en peligro los bienes jurídicos protegidos más personales. El resto, además de ser irresponsable e ineficiente en un Estado social y democrático de Derecho como en el que nos encontramos, cuestiona enormemente su legitimidad.

20. Por todo esto, de *lege data*, conforme a las exigencias del principio de vigencia, es necesario realizar una interpretación restrictiva de la regulación de los delitos de terrorismo para no dar ni un paso más atrás en la excepción a las garantías y principios constitucionales limitadores del ius puniendi que le son propios a nuestro Estado social y democrático de Derecho e inherentes como personas a los ciudadanos –y a los delincuentes–.

21. Para realizar una modificación efectiva de la regulación penal en delitos de terrorismo, es fundamental buscar asesoramiento de juristas, criminólogos, psicólogos y otros profesionales jurídicos y sociales, ya que su conocimiento especializado puede garantizar tanto un mayor nivel de seguridad como el respeto a los principios y garantías constitucionales de nuestro Estado de Derecho.

Referencias bibliográficas

I. LIBROS, CAPÍTULOS DE LIBROS Y ARTÍCULOS DE REVISTAS

ACALE SÁNCHEZ, M. (2018). «Terrorismo y tratamiento punitivista: más allá de la prisión», en PÉREZ CEPEDA, A.I. (Dir.), *El terrorismo en la actualidad: un nuevo enfoque político criminal*, Tirant lo Blanch, Valencia, pp. 435-465.

AGUDO, E., JAÉN, M., y PERRINO A.L. (2016). *Terrorismo en siglo XXI. La respuesta penal en el escenario mundial.* Dykinson.

AGUERRI, J.C. (2017). «Del "terrorista" al "radical": los delitos de subjetividad en el Código penal español», Revista Crítica Penal y Poder, núm. 13, pp. 146-166.

AGUERRI, J.C. (2019). «La construcción del radical como enemigo en el Código penal español: los elementos de los delitos aplicados para gestionar la radicalización islamista y sus implicaciones para el Estado de Derecho», *Revista Electrónica de Ciencia Penal y Criminología,* pp. 1-29.

AGUERRI, J.C., y FERNÁNDEZ ABAD, C. (2021), «La orden de servicios 3/2018: un instrumento para medir el riesgo de radicalismo violento en prisión?» en *Estudios penales y criminológicos,* Vol. XLI, pp. 361-413.

AISTROPE, T. (2016). «The Muslim paranoia narrative in counter-radicalisation policy», *Critical Studies on Terrorism,* núm. 9, pp. 182-204.

ALCÁCER GUIRAO, R. (2019). «Discurso del odio, protección de minorías y sociedad democrática», *Revista Crítica Penal y Poder,* núm. 18, pp. 19-27.

ALCACER GUIRAO, R. (2015). «Víctimas y disidentes. El "discurso del odio" en EEUU y Europa», *Revista Española de Derecho Constitucional,* núm. 103, pp. 64-76.

ALCAIDE FERNÁNDEZ, J. (2017). «Terrorismo y Derecho Internacional. Desarrollos normativos e institucionales tras el 11-S», Cursos de derecho internacional y relaciones internacionales de Vitoria-Gasteiz, núm. 1, pp. 31-112, pp. 62-63.

ALONSO RIMO, A., (2018). «¿Actos preparatorios o pre-crímenes ¿Penas o pre-castigos? Aproximación al fundamento de la criminalización de la preparación delictiva», *Estudios penales y criminológicos,* Vol. XXXVIII, pp. 461-510.

ALONSO RIMO, A., (2017). «¿Impunidad general de los actos preparatorios? La expansión de los delitos de preparación», *InDret, Revista para el Análisis del Derecho,* pp. 1-79.

ALONSO RIMO, A. (2010). «Apología, enaltecimiento del terrorismo y principios penales», *Revista de Derecho penal y Criminología,* núm. 4.

ALONSO RIMO, A. (2018). «La criminalización de la preparación delictiva a través de la parte especial del Código penal. Especial referencia a los delitos de terrorismo», en ALONSO RIMO, A., CUERDA ARNAU, M.L., y FERNÁNDEZ HERNÁNDEZ, A., Terrorismo, sistema penal y derechos fundamentales, Tirant lo Blanch, Valencia, pp. 215-260.

ÁLVAREZ GARCÍA, J.J. (1999). «Principio de proporcionalidad. Comentario a la STC de 20 de julio de 1999, recaída en el recurso de amparo interpuesto por los componentes de la Mesa Nacional de Herri Batasuna», *La Ley,* núm. 5.

ANTÓN-MELLÓN, J.A., ÁLVAREZ, G., y ROTHSTEIN, P.A. (2017). «Populismo punitivo en España (1995-2015): presión mediática y reformas legislativas», *Revista Española de Ciencia Política,* núm. 43, pp. 13-36.

ASÚA BATARRITA, A. (1998). «Apología del terrorismo y colaboración con banda armada. Delimitación de los respectivos ámbitos típicos», *La Ley: Revista jurídica española de doctrina, jurisprudencia y bibliografía,* núm. 3.

ASÚA BATARRITA, A. (2006). «El discurso del enemigo y su infiltración en el Derecho penal. Delitos de terrorismo, "finalidades terroristas" y conductas periféricas», en Canció Meliá, M., Gómez-Jara Díez, C. (Coords.), *Derecho Penal del enemigo. El discurso penal de la exclusión,* Vol. 1, Edisofer, Madrid, pp. 239-276.

BECERRA MUÑOZ, J., y GARCÍA AGUILAR, D. (2018). «La política criminal antiterrorista en los tribunales», *Boletín criminológico,* Vol. 24, núm. 179, pp. 1-13.

BECK, U. (2002). *Sobre el terrorismo y la guerra,* Paidós Ibérica, Buenos Aires.

BERDUGO DE LA TORRE, I., y PÉREZ CEPEDA, A.I. (2011). «Derechos Humanos y Derecho Penal. Validez de las viejas respuestas frente a las nuevas cuestiones"» *Revista penal México,* núm. 1.

BERDUGO GÓMEZ DE LA TORRE, I. (2016), «Lección 1. El Derecho Penal», en DEMETRIO CRESPO, E., y RODRÍGUEZ YAGÜE, C. (Coords.), *Curso de Derecho Penal: Parte General,* Ediciones Experiencia, Barcelona.

BERGALLI, R. (2004). «Libertad y seguridad: un equilibrio extraviado en la Modernidad tardía», en LOSANO, M.G., y MUÑOZ CONDE, F. (Coords.), *El derecho ante la globalización y el terrorismo: «cedant arma togae»: Actas del Coloquio Internacional Humboldt,* Tirant lo Blanch, Valencia.

BERNAL DEL CASTILLO, J. (2017). «Actos preparatorios y provocación al terrorismo», *Cuadernos de Política Criminal, Segunda Época*, núm. 122, pp. 5-46.

BERNAL DEL CASTILLO, J. (2016). «El enaltecimiento del terrorismo y la humillación a sus víctimas como formas del "discurso del odio"», *Revista de Derecho Penal y Criminología*, núm. 16, pp. 13-44.

BOKHARI, L., HEGGHAMMER, T., LIA, B., NESSER, P., Y TONNESSEN, T. (2006). «Paths to Global Yihad: Radcalisation and Recruitment to Terror Networks», Proceedings from a FFI Seminar, Oslo, pp. 1-64.

BOLDOVA PASAMAR, M.A. (2018). «Consecuencias sancionadoras de la radicalización terrorista de los menores de edad y su adecuación al perfil de jóvenes infractores», en ALONSO RIMO, A., CUERDA ARNAU, M.L., y FERNÁNDEZ HERNÁNDEZ, A. (Dirs.), *Terrorismo, sistema penal y derechos fundamentales*, Tirant lo Blanch, Valencia, pp. 677-711.

BORJA JIMÉNEZ, E. (2018). «Justicia penal preventiva y derecho penal de la globalización. Proyecciones en el ámbito del terrorismo», en ALONSO RIMO, A., CUERDA ARNAU, M.L. y FERNÁNDEZ HERNÁNDEZ, A. (Coords.), Terrorismo, sistema penal y derechos fundamentales, Tirant lo Blanch, Valencia.

BOZA MORENO, E. (2021). «El delito de enaltecimiento terrorista: un análisis desde la protección del derecho a la libertad de expresión», CARPIO DELGADO, J., HOLGADO GONZÁLEZ, M, PABLO SERRANO, A. (Dirs.), *Entre la libertad de expresión y el delito*, Aranzadi, Pamplona, pp. 201-225.

BRANDARIZ GARCÍA, J.A. (2016). *El modelo gerencial-actuarial de penalidad. Eficiencia, riesgo y sistema penal*, Madrid, Dykinson.

BUSTOS RAMÍREZ, J.J. (2004). «In-seguridad y lucha contra el terrorismo» en LOSANO, M.G., y MUÑOZ CONDE, F. (Coords.), *El derecho ante la globalización y el terrorismo: «cedant arma togae»: Actas del Coloquio Internacional Humboldt*, Tirant lo Blanch, Valencia, pp. 403-410.

BUSTOS RUBIO, M. (2018). «¿Cómo se financian los grupos y organizaciones terroristas? Una visión político-criminal», FERRÉ OLIVÉ, J.C., y PÉREZ CEPEDA, A.I. (Dirs.), *Financiación del terrorismo*, Tirant lo Blanch, Valencia, pp. 13-56.

CABELLOS ESPIÉRREZ, M.A. (2018). «Opinar, enaltecer, humillar: respuesta penal e interpretación constitucionalmente adecuada en el tiempo de las redes sociales», *Revista Española de Derecho Constitucional*, núm. 112, pp. 79-82.

CAMPO MORENO, J.C. (1997). *Represión penal del terrorismo. Una visión jurisprudencial*, Editorial General de Derecho, Valencia.

CAMPO MORENO, J.C. (2007). «Terrorismo y mecanismos para el fin de la violencia», *Fuerzas armadas y seguridad pública: consideraciones en torno al terrorismo y la inmigración,* pp. 127-144.

CAMPO MORENO, J.C. (2015). *Comentarios a la reforma del Código Penal en materia de terrorismo: la L.O. 2/2015,* Tirant lo Blanch, Valencia, 2015.

CANCIO MELIÁ, M. (2003). «¿"Derecho penal" del enemigo?», en Jakobs, G., y Cancio Meliá, M., *Derecho penal del enemigo,* Thomson Civitas, Madrid.

CANCIO MELIÁ, M. (2020). «¿Strawberry o Cassandra? Sobre la imposible convivencia de dos visiones antagónicas del art. 578 en la jurisprudencia del Tribunal Supremo», en DE VICENTE REMESAL, J., DÍAZ Y GARCÍA CONLLEDO, M., PAREDES CASTAÑON, J.M., OLAIZOLA NOGALES, I., TRAPERO BARREALES, M.A., ROSO CAÑADILLAS, R., LOMBANA VILLALBA, J.A. (Dirs.), *Libro Homenaje al profesor Diego Manuel Luzón Peña,* Universidad Autónoma de Madrid, Madrid.

CANCIO MELIÁ, M. (2010). «Delitos de terrorismo» en ÁLVAREZ GARCÍA, F.J., y GONZÁLEZ CUSSAC, J.L., *Comentarios a la reforma penal de 2010,* Tirant lo Blanch, Valencia.

CANCIO MELIÁ, M. (2008). «El injusto de los delitos de organización peligro y significado», *Revista cuatrimestral de las Facultades de Derecho y Ciencias Económicas y Empresariales,* núm. 74.

CANCIO MELIÁ, M. (2003). «Prólogo», en Jakobs, G., y Cancio Meliá, M., *Derecho penal del enemigo,* Thomson Civitas, Madrid.

CANCIO MELIÁ, M. (2010). *Los delitos de terrorismo, estructura típica e injusto,* Reus, Madrid.

CANCIO MELIA, M., y DÍAZ LÓPEZ, J.A. (2019). *¿Discurso de odio y/o discurso terrorista? Música, guiñoles y redes sociales frente al artículo 578 del Código penal,* Aranzadi, Cizur Minor.

CANO PAÑOS, M.A. (2018). «El terrorismo islamista en Europa. Respuestas penales y retos criminológicos desde una perspectiva española y anglosajona», en Suárez López, J.M., *et al.* (Dirs.), *Estudios jurídico penales y criminológicos. En homenaje al Prof. Dr. H. C. Mult. Lorenzo Morillas Cueva,* Vol. II, Dykinson, Madrid, pp. 1801-1825.

CANO PAÑOS, M.A. (2018). «La lucha contra la amenaza yihadista más allá del Derecho penal: análisis de los programas de prevención de la radicalización y des-radicalización a nivel europeo», *Revista de Estudios en Seguridad Internacional,* Vol. 4, núm. 2, pp. 177-205.

CANO PAÑOS, M.A. (2015). «La reforma de los delitos de terrorismo» en MORILLAS CUEVA, L. (Dir.), Estudios sobre el Código Penal reformado, Dykinson, Madrid, pp. 905-949.

CANO PAÑOS, M.A. (2015). «La reforma penal de los delitos de terrorismo en el año 2015. Cinco cuestiones fundamentales». *Revista General de Derecho Penal,* núm. 23.

CANO PAÑOS, M.A. (2016). «Odio e incitación a la violencia en el contexto del terrorismo islamista. Internet como elemento ambiental», *InDret, Revista para el análisis del Derecho,* pp. 4-20.

CANO PAÑOS, M.A. (2017). La nueva amenaza terrorista y sus (negativas) repercusiones en el ordenamiento penal y constitucional. Comentario a la sentencia de la audiencia nacional núm. 39/2016, de 30 de noviembre. *Revista de derecho constitucional europeo,* núm. 27.

CAPALDO, G. (2004). «La eficacia del Derecho como instrumento facilitador de la paz frente a los desafíos del terrorismo y la globalización», en LOSANO, M.G., y MUÑOZ CONDE, F. (Coords.), *El derecho ante la globalización y el terrorismo: «cedant arma togae»: Actas del Coloquio Internacional Humboldt,* Tirant lo Blanch, Valencia.

CARBONELL MATEU, J.C. (2018). «Crítica a los sentimientos como bien jurídico-penal: El enaltecimiento del terrorismo y la humillación a las víctimas "más allá de la provocación y la injuria», en ALONSO RIMO, A., CUERDA ARNAU, M.L., FERNÁNDEZ HERNÁNDEZ, A. (Dirs.), Terrorismo, sistema penal y derechos fundamentales, Tirant lo Blanch, Valencia, pp. 331-358.

CAROU GARCÍA, S. (2019). «Yihadismo y Derecho Penitenciario. La prevención del extremismo violento en prisión desde una perspectiva tratamental», *Anuario de Derecho Penal y Ciencias Penales,* LXXII, pp. 521-566.

CARUSO FONTÁN, M.V. (2007). «Los límites a la libertad de expresión en la Constitución y en las normas penales (especial referencia a la problemática del delito de apología del terrorismo)», *Revista Penal,* núm. 20.

CASTELLVÍ MONTSERRAT, C. (2015). «De las organizaciones y grupos terroristas y de los delitos de terrorismo», en CORCOY BIDASOLO M., MIR PUIG, S. (Dirs.), Comentarios al Código Penal. Reforma Ley Orgánica 1/2015 y Ley Orgánica 2/2015, Tirant lo Blanch, Valencia, pp. 1725-1750.

CASTRO LIÑARES, D. (2017). «Política criminal y terrorismo en el Reino de España. ¿Tiempos nuevos o "déjà vu"?», *Revista Penal,* núm. 39.

COHEN VILLAVERDE, J. (2015). «Terrorismo yihadista individual», en MELLÓN ANTÓN, J.A. (Dir.), *Islamismo yihadista: radicalización y contrarradicalización,* Tirant lo Blanch, Valencia, pp. 127-147.

CORCOY BIDASOLO, M., VERA SÁNCHEZ, J. S., BOLEA BARDON, C. (2015). *Manual de Derecho Penal. Parte Especial. Tomo 1. Doctrina y Jurisprudencia con Casos Solucionados,* Tirant lo Blanch, Valencia.

CORROCHER MIRA, J. (2019). «Límites penales a la libertad de expresión: sobre el enaltecimiento del terrorismo en redes sociales», *Cuadernos Electrónicos de Filosofía del Derecho,* núm. 39, pp. 322-339.

CORSALE, M. (1970). *La certezza del diritto,* Giuffrè, Milán.

CUERDA ARNAU, M.L. (2019). «Delitos contra el orden público», en GONZÁLEZ CUSSAC, J.L. (Coord.), Derecho penal. Parte Especial, Tirant lo Blanch, Valencia, pp. 775-826.

CUERDA ARNAU, M.L. (2013). «Delitos de terrorismo. Aspectos sustantivos y procesales», en JUANATEY DORADO, C. (Dir.), *Nuevo panorama del terrorismo en España. Perspectiva penal, penitenciaria y social,* Publicaciones Universidad de Alicante, Alicante.

CUERDA ARNAU, M.L. (2007). «El nuevo delito político: apología, enaltecimiento y opinión», *Estudios de Derecho Judicial,* núm. 128, pp. 89-122.

CUERDA ARNAU, M.L. (2008). «Terrorismo y libertades políticas», *Teoría y Derecho: revista de pensamiento jurídico,* núm. 3, pp. 61-97.

CUERDA ARNAU, M.L., y FERNÁNDEZ HERNÁNDEZ, A. (2019). *Adoctrinamiento, adiestramiento y actos preparatorios en materia terrorista,* Thomson Reuters Aranzadi, Madrid.

CUERDA RIEZU, A. (2021). «El principio de intervención mínima no es para los jueces», en *Jueces para la democracia,* núm. 101.

CUERDA RIEZU, A. (2002). «Proporcionalidad, efecto desaliento y algunos silencios en la STC 136/1999, que otorgó el amparo a los dirigentes de Herri Batasuna», en DÍEZ RIPOLLÉS, J.L. (Coord..), *La ciencia del Derecho penal ante el nuevo siglo. Libro Homenaje al profesor doctor don José Cerezo Mir,* Tecnos, Madrid.

DALGAARD-NIELSEN, A. (2014). «Violent Radicalization in Europe: What We Know and What We Do not Know», *Studies in Conflict & Terrorism,* núm. 37, pp. 213-236.

DE LA CORTE, L. (2015). «¿Qué sabemos y qué ignoramos sobre la radicalización yihadista?», MELLÓN ANTÓN, J.A. y PARRA, I., «Concepto de radicalización» en MELLÓN ANTÓN, J.A. (Dir.), *Islamismo yihadista: radicalización y contrarradicalización,* Tirant lo Blanch, Valencia.

DE LA CUESTA AGUADO, P.M. (2005). *Culpabilidad: exigibilidad y razones para la exculpación,* Dykinson, Madrid.

DÍAZ GÓMEZ, A. (2018). «Novedades en el tratamiento penitenciario de presos terroristas», en PÉREZ CEPEDA, A.I. (Dir.), *El terrorismo en la actualidad: un nuevo enfoque político criminal,* Tirant lo Blanch, Valencia, pp. 467-498.

DÍEZ RIPOLLÉS, J.L. (2002). «El derecho penal simbólico y los efectos de la pena», en Arroyo ZAPATERO, L.A., NEUMANN, U., y NIETO MARTÍN, A. (Coords.), *Crítica y justificación del Derecho Penal en el cambio de siglo,* UCLM, Cuenca, pp. 147-172.

DÍEZ RIPOLLÉS, J.L. (2004). «La nueva política criminal general española», en DÍEZ RIPOLLÉS, J.L., *et al., Las recientes reformas penales: algunas cuestiones,* Universidad de Deusto, Bilbao.

DOLZ LAGO, M.J. (2013). «Delito de descrédito, menosprecio o humillación víctimas del terrorismo: diferencias con el delito de enaltecimiento o justificación de las víctimas de terrorismo», *Diario La Ley.*

DOPICO GÓMEZ-ALLER, J. (2021). «El segundo "caso Pablo Hasél"», *Eunomía, Revista en Cultura de la Legalidad,* núm. 20, pp. 393-414.

ECHANIZ CARASUSAN, R. (2017). «Ertzaintza, periciales y autoadoctrinamiento», *Grupo de Estudios de Seguridad Internacional,* Granada.

ECHEVARRÍA JESÚS, C. (2018). «El aprovechamiento de las tecnologías por los grupos terroristas de perfil islamista: evolución y lecciones aprendidas», *Instituto Español de Estudios Estratégicos,* núm. 61, pp. 1-11.

ETXEBERRIA BEREZIARTUA, E. (2019). «La libertad de expresión en el campo de batalla, apuntes sobre el delito de enaltecimiento del terrorismo», LANDA GOROSTIZA, J.M. (Dir.), *Retos emergentes de los derechos humanos: ¿garantías en peligro?,* Tirant lo Blanch, Valencia, pp. 435-475.

FEIJOO SÁNCHEZ, B.J. (2015). «La teoría de la ignorancia deliberada en Derecho penal: una peligrosa doctrina jurisprudencial», *InDret, Revista para el análisis del Derecho,* núm. 3 pp. 1-28.

FEIJOO SÁNCHEZ, B.J. (2008). «Sobre la crisis de la teoría del bien jurídico», *InDret, Revista para el Análisis del Derecho,* núm. 2, pp. 1-16.

FERNÁNDEZ ABAD, C. (2020). «La radicalización yihadista en las prisiones: una aproximación a sus causas e implicaciones» en ROPERO CARRASCO, J., y JIMÉNEZ GARCÍA, F. (Dirs.), FERNÁNDEZ ABAD, C., y GONZÁLEZ LEÓN, C. (Coords.), La RES 2178 de NU y su transposición a los derechos penales nacionales: propuestas de equilibrio entre la seguridad y los derechos individuales», Thomson Reuters Aranzadi, Cizur Menor, pp. 331-351.

FERNÁNDEZ ABAD, C. (2020). «Las prisiones como "espacios de oportunidad" en la lucha contra el terrorismo yihadista: ¿idoneidad de la respuesta española?, *Revista General de Derecho Penal,* núm. 34, pp. 1-45.

FERNÁNDEZ ABAD, C. (2021). «El "discurso sobre la radicalización" como base para la securitización de la política social», *Revista de Derecho Penal y Criminología,* 3.ª Época, núm. 25, pp. 207-238.

FERNÁNDEZ ABAD, C. (2021). «La radicalización como elemento vertebrador de la política antiterrorista: una aproximación crítica», *Enfoques jurídicos,* núm., 4, pp. 9-26.

FERNÁNDEZ ABAD, C. (2021). «Sobre el uso de la radicalización como elemento vertebrador de la lucha contra el terrorismo yihadista: dos tesis sobre la inoperancia de un concepto y sus consecuencias sociales.», *Cuadernos de política criminal,* núm., 134, pp. 157-197.

FERNÁNDEZ ABAD, C. (2024). «A vueltas con el delito de enaltecimiento y humillación a las víctimas: ¿exigencia político criminal en un contexto dominado por las TIC o criminalización del discurso», en JIMÉNEZ GARCÍA, F., Seguridad y responsabilidad penal e internacional en el uso de las TIC y la inteligencia artificial, Iustel, Madrid.

FERNÁNDEZ ABAD, C. (2025). «El delito de enaltecimiento y justificación publica del terrorismo como expresión del discurso del odio: una aproximación crítica a la jurisprudencia del Tribunal Supremo en torno a la exigencia de generar un riesgo», *Revista de Derecho Penal y Criminología,* núm. 33, pp. 77–140.

FERNÁNDEZ ABAD, C., y ROPERO CARRASCO, J. (2020). «Ante la encrucijada del no derecho y la excepción penal normalizada: una reflexión crítica y propositiva a partir de la situación actual de los "combatientes terroristas extranjeros" europeos», *Revista de Derecho Penal y Criminología,* núm. 23, pp. 107-152.

FERNÁNDEZ ABAD, C., y ROPERO CARRASCO, J. (2021). *La radicalización yihadista en prisión: una aproximación crítica al estudio del fenómeno y la respuesta ofrecida por parte del sistema penitenciario español,* Aranzadi, Cizur Minor.

FERNÁNDEZ HERNÁNDEZ, A. (2016). «Concepto de radicalización. Consecuencias de su uso en el ámbito jurídico penal», en CUERDA ARNAU, M.L., y FERNÁNDEZ HERNÁNDEZ, A. (Dirs.), *Menores y redes sociales,* Tirant lo Blanch, Valencia.

FERRAJOLI, L. (2006). «El derecho penal del enemigo y la disolución del derecho penal» *NFP,* pp. 13-31.

FERRAJOLI, L. (2007). «El derecho penal del enemigo y la disolución del derecho penal», en *Revista del Instituto de Ciencias Jurídicas de Puebla,* núm. 19, pp. 5-22.

FERRAJOLI, L. (1995). *Derecho y razón. Teoría del garantismo legal,* Trotta, Madrid.

FERRÉ OLIVÉ, J.C. (2018). «Instrumentos internacionales en la lucha contra la financiación del terrorismo», en FERRÉ OLIVÉ, J.C., y PÉREZ CEPEDA, A.I. (Dirs.), *Financiación del terrorismo,* Tirant lo Blanch, Valencia, pp. 57-80.

FERRÉ OLIVÉ, J.C. (2009). «Política criminal europea en materia de blanqueo de capitales y de financiación del terrorismo», GONZÁLEZ CUSSAC, J.L. (Dir.), *Financiación del terrorismo, blanqueo de capitales y secreto bancario: un análisis crítico,* Tirant lo Blanch, Valencia.

FLETCHER, G. (2006). «The indefinable concept of terrorism», *Journal of International Criminal Justice,* Vol. 4.

FUENTES OSORIO, J.L. (2007). *La preparación delictiva,* Comares, Granada.

GALÁN MUÑOZ, A. (2016). «¿Leyes que matan ideas frente a las ideas que matan personas? Problemas de la nueva represión de los mecanismos de captación terrorista tras la reforma del Código Penal de la LO 2/2015», *Revista de Derecho Penal y Criminología,* 3.ª Época, núm. 15, pp. 95-138.

GALÁN MUÑOZ, A. (2018). «El delito de enaltecimiento terrorista. ¿Instrumento de lucha contra el peligroso discurso del odio terrorista o mecanismo represor de repudiables mensajes de raperos, twitteros y titiriteros?», *Estudios Penales y Criminológicos,* núm. 38, pp. 245-304, pp. 298-299.

GARCÍA ALBERO, R. (2004). «Acumulación jurídica de penas y cumplimiento íntegro: la reforma de los artículos 76 y 78 CP», en GARCÍA ALBERO, R., y TAMARIT SUMALLA, J.M., *La reforma de la ejecución penal,* Tirant lo Blanch, Valencia, pp. 376-377.

GARCÍA ALBERO, R. (2016). «Capítulo VII. De las organizaciones y grupos terroristas y de los delitos de terrorismo», en QUINTERO OLIVARES, G. (Dir.), MORALES PRATS, F. (Coord.), Comentarios al Código Penal Español, Tomo II, 7.ª ed., Thomson Reuters Aranzadi, Cizur Menor, pp. 1884-1945.

GARCÍA ARÁN, M. (2004). «De los delitos de terrorismo» en CÓRDOBA RODA, J., y GARCÍA ARÁN, M. (Dir.), Comentarios al Código Penal. Parte Especial (Tomo II), Marcial Pons, Madrid, pp. 2603-2633.

GARCÍA ARÁN, M. (2016). «Protagonismo de las víctimas y delitos de terrorismo» en Pérez Cepeda, A.I. y Portilla Contreras, G., *Terrorismo y contraterrorismo en el siglo XXI: un análisis penal y político criminal,* Ratio Legis, Salamanca, pp. 193-204.

GARCÍA ARROYO, C. (2022). «La peligrosa criminalización de los discursos extremos a través de las TIC», *Revista Penal México,* núm. 21, pp. 109-120.

GARCÍA RIVAS, N. (2016). «Legislación penal española y delito de terrorismo», en PORTILLA CONTRERAS, G., PÉREZ CEPEDA, A.I. (Dirs.), Terrorismo y contraterrorismo en el siglo XXI. Un análisis político criminal, Ratio Legis, Salamanca, pp. 87-102.

GARCÍA SÁNCHEZ, B. (2018). «Instrumentos internacionales en la lucha contra el terrorismo (ONU)», en PÉREZ CEPEDA, A.I. (Dir.), El terrorismo en la actualidad: un nuevo enfoque político criminal, Tirant lo Blanch, Valencia.

GARCÍA SÁNCHEZ, B. (2021). «Revisión de algunas cuestiones "incuestionables" acerca de los delitos de terrorismo y la protección de los derechos fundamentales» en Revista General de Derecho Penal, núm. 35, pp. 1-40.

GARCÍA SÁNCHEZ, B., y ROPERO CARRASCO, J. (2021). «A review of International Counter-Terrorism strategy through a criminological assessment of the punitive model implemented in Europe», *Unio EU Law Journal,* Vol. 7, núm. 2.

GARCÍA-CALVO, C., y REINARES, F. (2013). «Procesos de radicalización violenta y terrorismo yihadista en España: ¿cuándo? ¿dónde? ¿cómo?, *Real Instituto Elcano,* núm. 16, pp. 1-20.

GARCÍA-PABLOS DE MOLINA, A. (1983). «Asociaciones ilícitas y terroristas». *Comentarios a la Legislación Penal. Coordinados por Miguel Bajo Fernández.* Editoriales de Derecho Reunidas, Madrid, Vol. 1, pp. 109-171.

GARCÍA-PABLOS DE MOLINA, A. (1977). *Asociaciones ilícitas en el Código Penal.*

GARLAND, D. (2005). *La cultura del control. Crimen y orden social en la sociedad contemporánea,* Gedisa, Barcelona.

GARRIDO MUÑOZ, A. (2015). «Un nuevo cortocircuito legislativo en Naciones Unidas: la Resolución 2178 (2014) del Consejo de Seguridad de Naciones Unidas relativa a los combatientes terroristas extranjeros», *Revista Derecho Internacional,* Vol. 67, núm. 1, pp. 303-304.

GIL GIL, A. (2014). «La expansión de los delitos de terrorismo en España a través de la reinterpretación jurisprudencial del concepto "Organización terrorista"», en *Anuario de Derecho Penal y Ciencias Penales,* Vol. LXVII, pp. 105-154.

GIL GIL, A. (2015). «La expansión de los delitos de terrorismo en España a través del delito de pertenencia a organización terrorista», en

AMBOS, K., MALARINO, E., y STEINER C. (Ed.), *Terrorismo y Derecho Penal,* Grupo Latinoamericano de Estudios sobre Derecho Penal Internacional, pp. 331-364.

GOMÉZ MARTÍN, V. (2018). «Odio en la red: una revisión crítica de la reciente jurisprudencia sobre Ciberterrorismo y Ciberodio», *Revista de Derecho Penal y Criminología,* núm. 20, pp. 411-449.

GÓMEZ MARTÍN, V. (2022). «Rapeando rimas ¿de odio punible?», en TEIJÓN ALCALÁ, M. (Dir.), *El odio como motivación criminal,* La Ley, Madrid, pp. 37-50.

GÓMEZ MARTÍN, V. (2007). *El derecho penal de autor,* Tirant lo Blanch, Valencia.

GONZÁLEZ CASO, D. (2021). «Pablo Hasél y el enaltecimiento del terrorismo», *Ciencia policial: revista del Instituto de Estudios de Policía,* núm. 168.

GONZÁLEZ CUSSAC, J.L. (2018). «Contraterrorismo», DE LA CUESTA AGUADO, P.M., *et al., Liber Amicorum. Estudios Jurídicos en Homenaje al Prof. Dr. Dr. h.c. Juan M.ª Terradillos Basoco,* Tirant lo Blanch, Valencia.

GONZÁLEZ CUSSAC, J.L. (2007). «El renacimiento del pensamiento autoritario en el Estado de Derecho: la doctrina del derecho penal del enemigo», *Revista Penal,* núm. 19, pp. 52-69.

GONZÁLEZ CUSSAC, J.L. (2018). «Servicios de inteligencia y contraterrorismo», ALONSO RIMO, A., CUERDA ARNAU, M.L., y FERNÁNDEZ HERNÁNDEZ, A. (Dirs.), *Terrorismo, sistema penal y derechos fundamentales,* Tirant lo Blanch, Valencia, pp. 35-62.

GONZÁLEZ LEÓN, C. (2023). «¿Es la inteligencia artificial una herramienta para la prevención del terrorismo? Modelos predictivos para detectar amenazas terroristas» en GARCÍA SÁNCHEZ B., y JIMÉNEZ GARCÍA F. (2023). *La atribución de una responsabilidad jurídico penal e internacional de la inteligencia artificial,* Iustel, Madrid.

GONZÁLEZ LEÓN, C. (2023). *Terrorismo y Derecho Penal: dificultades para alcanzar un concepto unívoco en el ámbito internacional y su evolución en España,* Aranzadi, Navarra.

GONZÁLEZ LEÓN, C. (2024). «La ciberdelincuencia en el Derecho español contemporáneo a la luz de la normativa internacional y europea», en JIMÉNEZ GARCÍA, F., *Seguridad y responsabilidad penal e internacional en el uso de las TIC y la inteligencia artificial,* Iustel, Madrid.

GOODE, E., y BEN-YEHUDA, N. (2009). *Moral panics. The social construction of deviance,* 2.ª ed., Wiley-Blackwell, Chichester.

GORJÓN BARRANCO, M.C. (2018). «El cibercrimen político. Especial referencia al ciberterrorismo en España: prevención y castigo», en

PÉREZ CEPEDA, A.I. (Dir.), *El terrorismo en la actualidad: un nuevo enfoque político criminal*, Tirant lo Blanch, Valencia.

GORJÓN BARRANCO, M.C. (2019). *Ciberterrorismo y delito de odio motivado por ideología*, Tirant lo Blanch, Valencia.

GÓRRIZ ROYO, E. (2020). «Contraterrorismo emergente a raíz de la reforma penal de LO 1/2019 de 20 de febrero y de la Directiva 2017/541/EU: ¿europeización del Derecho penal del enemigo?», *Revista Electrónica de Ciencia Penal y Criminología*, núm. 22.

GRACIA MARTÍN, L. (2006). «Sobre la negación de la condición de persona como paradigma del Derecho penal del enemigo», en CANCIO MELIÁ, M., GÓMEZ-JARA DÍEZ, C. (Coords), *Derecho penal del enemigo. El discurso penal de la exclusión*, Vol. 1, Edisofer, pp. 1003-1050.

GRUPO DE ESTUDIOS DE POLÍTICA CRIMINAL (2018). Una alternativa a la actual política criminal sobre terrorismo, Tirant lo Blanch, Valencia.

GRUPO DE ESTUDIOS DE POLÍTICA CRIMINAL (2019). *Una propuesta alternativa de regulación de los delitos de expresión*, Tirant lo Blanch, Valencia.

GUARDIOLA GARCÍA, J. (2001). «Especiales elementos subjetivos del tipo en Derecho penal: aproximación conceptual y contribución a su teoría general», en *Revista de Derecho*, núm. 6, pp. 39-101.

GUIRAO CID, M.C. (2019). «Delito de autoadoctrinamiento: ¿adelantamiento de la intervención penal a la mera ideación subjetiva? Análisis de las sentencias», *InDret, Revista para el análisis del Derecho*, pp. 1-24.

GUTIÉRREZ, J.A., JORDÁN, J., y TRUJILLO, H.M. (2008). «Prevención de la radicalización yihadista en las prisiones españolas. Situación actual, retos y disfunciones del sistema penitenciario», en *Athena Intelligence Journal*, Vol. 3, núm. 1.

GUZMÁN DÁLBORA, J.L. (2015). «El terrorismo como delito común», en AMBOS, K. (Ed.), *Terrorismo y Derecho penal*, Grupo Latinoamericano de Estudios sobre Derecho Penal Internacional, pp. 401-438.

HASSEMER, W. (2008). «Seguridad por intermedio del Derecho Penal», en MUÑOZ CONDE, F. (Coord.), *Problemas actuales del Derecho Penal y de la Criminología. Estudios penales en memoria de la Profesora Dra. María del Mar Díaz Pita*, Tirant lo Blanch, Valencia, pp. 25-64.

HASSEMER, W., y MUÑOZ CONDE, F. (2001). *Introducción a la Criminología*, Tirant lo Blanch, Valencia, pp. 31-33.

HAVA GARCÍA, E. (2017). «Responsabilidad penal por imprudencia en la celebración de grandes eventos: un análisis de algunas cuestiones problemáticas en el caso Madrid Arena», *InDret, Revista para el análisis del Derecho.*

HAVA GARCÍA, E. (2019). *El control penal de las armas. Análisis del Capítulo V del Título XXII del Código Penal,* Tirant lo Blanch, Valencia.

HERZOG-EVANS, M. (2018). «A comparision of two structured judgment tools for violent extremism and their relevance in the French context», en *European Journal of Probation,* núm.1, pp. 3-27.

IGUALADA TOLOSA, C. (2017). «La radicalización yihadista en el entorno de las prisiones», *Instituto Español de Estudios Estratégicos,* núm. 104.

jakobs, g. (2003). «Derecho penal del ciudadano y derecho penal del enemigo», en Jakobs, G., y Cancio Meliá, M., *Derecho penal del enemigo,* Thomson Civitas, Madrid, pp. 19-56.

JIMÉNEZ GARCÍA, F. (2016). «Combatientes terroristas extranjeros y conflictos armados: utilitarismo inmediato ante fenómenos no resueltos y normas no consensuadas», en Revista Española de Derecho Internacional, Vol. 68.

JIMÉNEZ MEJÍA, D. (2014). «La crisis de la noción material del bien jurídico en el Derecho Penal del Riesgo», *Nuevo Foro Penal,* núm. 82, pp. 134-162.

JORDÁN, J. (2009). «Procesos de radicalización yihadista en España. Análisis sociopolítico en tres niveles», *Revista de Psicología Social,* Fundación Infancia y Aprendizaje, pp. 197-216.

LAMARCA PÉREZ, C. (2019). «Delitos contra el orden público», en LAMARCA PÉREZ, C. (Coord.), *Delitos. La parte especial del Derecho penal,* 4.ª ed., Dykinson, Madrid.

LAMARCA PÉREZ, C. (2008). «Legislación penal antiterrorista: análisis crítico y propuestas», *Azpilcueta, cuadernos de derecho,* núm. 20.

LAMARCA PÉREZ, C. (2016). «Legislación penal española y delitos de terrorismo: la suspensión de garantías», en PORTILLA CONTRERAS, G., y PÉREZ CEPEDA, A.I. (Dirs.), *Terrorismo y contraterrorismo en el siglo XXI. Un análisis penal y político criminal,* Ratio Legis, Salamanca, pp. 173-191.

LAMARCA PÉREZ, C. (2001). «Principio de legalidad penal», en *Eunomía, Revista en Cultura de la Legalidad,* núm. 1.

LAMARCA PÉREZ, C. (2005). «Terrorismo», en LAMARCA PÉREZ, C., *Derecho penal. Parte Especial,* 3.ª ed., Colex, Madrid.

LEÓN ALAPONT, J. (2022). «El enaltecimiento del terrorismo y la humillación de sus víctimas: límites y fundamentos de su punición en un

Estado democrático de Derecho», *Revista Electrónica de Ciencia Penal y Criminología,* pp. 1-46.

LEÓN ALAPONT, J. (2021). «El odio hacia las víctimas de la guerra civil española y del franquismo: ¿nuevo paradigma punitivo?, en SÁNCHEZ GÓMEZ, R. (Dir.), *El tratamiento normativo del discurso del odio,* Aranzadi, Pamplona, pp. 183-203.

LEÓN ALAPONT, J. (2021). «Enaltecimiento y apología del franquismo, humillación y odio a las víctimas y otras conductas ¿penalmente relevantes?», en ACALE SÁNCHEZ, M., MIRANDA RODRIGUEZ, A. y NIETO MARTÍN, A. (Coords.), *Reformas penales en la península ibérica: ¿A "jangada de pedra"?,* Boletín Oficial del Estado, Madrid, pp. 77-102.

LEÓN ALAPONT, J. (2022). «La descontrolada expansión de los delitos de odio: acerca de la propuesta de incriminar el odio hacia las víctimas de la Guerra Civil española y del franquismo», en TEIJÓN ALCALÁ, M. (Dir.), *El odio como motivación criminal,* La Ley, Madrid, pp. 207-235.

LEÓN ALAPONT, J. (2021). «La lucha contra la desinformación y las *"fakes news"* a través del Derecho Penal: acerca de la ¿conveniencia? Y ¿eficacia? de dicha intervención?, *La ley penal: revista de derecho penal, procesal y penitenciario,* núm. 152.

LEÓN ALAPONT, J. (2022). «Un comentario de urgencia a la Ley Orgánica 9/2022, de 28 de julio, por la que se establecen normas que faciliten el uso de la información financiera y otro tipo de prevención, detección, investigación o enjuiciamiento de infracciones penales», *Diario La Ley,* núm. 10123, pp. 1-12.

LEÓN ALAPONT, J. (2022). *Los delitos de enaltecimiento del terrorismo y de humillación de las víctimas,* Tirant lo Blanch, Valencia.

LLOBET ANGLÍ, M. (2011). «¿Qué fue de la libertad de expresión y la disidencia política en la apología del terrorismo? En busca de su bien jurídico protegido» en MASFERRER DOMINGO, A. (Coord.), Estado de Derecho y derechos fundamentales en la lucha contra el terrorismo. Una aproximación multidisciplinar (histórica, jurídico-comparada, filosófica y económica), Thomson Reuters Aranzadi, Cizur Menor, pp. 545-592.

LLOBET ANGLÍ, M. (2015). «Lobos solitarios yihadistas: terroristas, asesinos o creyentes», en VV. AA., «Nuevas amenazas y desafíos permanentes. El Estado Islámico en el escenario internacional y la regionalización de la seguridad en América Latina», *Actas VII Jornadas de Estudios de Seguridad,* Instituto General Gutiérrez Mellado, Madrid, pp. 43-63.

LLOBET ANGLÍ. M. (2015). «¿Terrorismo o terrorismos? Sujetos peligrosos, malvados y enemigos», *Revista Jurídica de la Universidad Autónoma de Madrid,* núm. 31, pp. 227-251.

LOBATO, R.M., y GARCÍA COLL, J. (2022). «Desradicalización y desvinculación: aspectos formales y teóricos», *Revista de Estudios en Seguridad Internacional,* Vol. 8, núm. 1, pp. 191-210.

LOGAN, C., y LLOYD, M. (2018). «Violent extremism: a comparison of approaches to assessing and managing risk», en *Legal and Criminological Psychology,* núm. 24, pp.141-161.

MACÍAS CARO, V.M. (2018). «Problemas concursales y de delimitación del delito de financiación del terrorismo», en FERRÉ OLIVÉ, J.C., y PÉREZ CEPEDA, A.I. (Dirs.), *Financiación del terrorismo,* Tirant lo Blanch, Valencia, pp. 113-138.

MANJÓN-CABEZA OLMEDA, A. (2003). «Apología del terrorismo» en OCTAVIO DE TOLEDO UBIETO, E., GURDIEL SIERRA, M., CORTÉS BECHIARELLI, E. (Coords.), *Estudios penales en recuerdo del profesor Ruíz Antón,* Tirant lo Blanch, Valencia, pp. 553-582.

MANZANARES SAMANIEGO, J.L. (2016). *Comentarios al Código Penal (tras las Leyes Orgánicas 1/2015, de 30 de marzo, y 2/2015, de 30 de marzo),* 2.ª ed., *Diario La Ley,* Madrid.

MAQUEDA ABREU, M.L. (1988). «Algunas reflexiones críticas acerca de la punición de la apología», *Poder Judicial,* núm. 9.

MELLÓN ANTÓN, J.A. y PARRA, I. (2015). «Concepto de radicalización» en MELLÓN ANTÓN, J.A. (Dir.), *Islamismo yihadista: radicalización y contrarradicalización,* Tirant lo Blanch, Valencia, pp. 17-37.

MENDOZA CALDERÓN, S. (2018). «Medidas contra la radicalización terrorista en la Unión Europea y su persecución penal en España», en PÉREZ CEPEDA, A.I. y RUIZ ARIAS, M. (Dirs.), *El terrorismo en la actualidad: un nuevo enfoque político criminal,* Tirant lo Blanch, Valencia, pp. 135-140.

MENÉNDEZ CONCA, L.G. (2019). «El delito de enaltecimiento del terrorismo: su legitimación constitucional como una manifestación del «"discurso de odio"», en COMBALÍA SOLÍS, Z., DIAGO DIAGO, M.P., y GONZÁLEZ-VARAS IBÁÑEZ, A. (Coords.), *Libertad de expresión y discurso de odio por motivos religiosos,* Licregdi, Zaragoza, pp. 173-193.

MENÉNDEZ CONCA, L.G. (2021). «Estudio jurídico del delito de humillación a las víctimas del terrorismo», *Revista General del Derecho Penal,* núm. 36, pp. 1-42.

MERINO HERRERA, J. (2015). «Estrategias de persecución penal contra la financiación del terrorismo», Revista Penal México, núm. 8, pp. 115-140.

MESTRE DELGADO, E. (1987). *Delincuencia terrorista y Audiencia Nacional,* Centro de Publicaciones del Ministerio de Justicia, Madrid.

MIR PUIG, S. (2005). «Límites del Normativismo en Derecho Penal», *Revista Electrónica de Ciencia Penal y Criminología,* núm. 7.

MIR PUIG, S. (2016). *Derecho Penal. Parte General,* 10.ª ed., Reppertor, Barcelona.

MIR PUIG, S. (2011). *Derecho Penal. Parte General,* 9.ª ed., Reppertor, Barcelona.

MIRA BENAVENT, J. (2016). «Algunas consideraciones político-criminales sobre la función de los delitos de enaltecimiento del terrorismo y humillación a las víctimas del terrorismo», en PÉREZ CEPEDA, A.I., y PORTILLA CONTRERAS, G., *Terrorismo y contraterrorismo en el siglo XXI: un análisis penal y político criminal,* Ratio Legis, Salamanca, pp. 103-114.

MIRA BENAVENT, J. (2018). «El delito de enaltecimiento del terrorismo, el de humillación a las víctimas del terrorismo y la competencia de la Audiencia Nacional: ni delito, ni terrorismo, ni competencia de la Audiencia Nacional», en ALONSO RIMO, A., CUERDA ARNAU, M. L., FERNÁNDEZ HERNÁNDEZ, A. (Dirs.), Terrorismo, sistema penal y derechos fundamentales, Tirant lo Blanch, Valencia, pp. 299-330.

MIRÓ LLINARES, F. (2017). «Derecho Penal y 140 caracteres. Hacia una exégesis restrictiva de los delitos de expresión», en MIRÓ LLINARES, F. (Dir.), *Cometer delitos en 140 caracteres. El Derecho Penal ante el odio y la radicalización en Internet,* Marcial Pons, Madrid, pp. 21-65.

MIRÓ LLINARES, F. (2009). *Conocimiento e imputación en la participación delictiva. Aproximación a una teoría de la intervención como partícipe en el delito,* Atelier, Barcelona.

MORENO HUERTA, J.D. (2017). «Análisis del nuevo delito de autoadoctrinamiento del artículo 575.2 del Código Penal incorporado con la Ley Orgánica 2/2015», en *Anuario de Derecho Penal y Ciencias Penales,* Vol. LXX, pp. 329-386.

MORENO HUERTA, J.D. (2017). «Terrorismo Yihadista y los nuevos delitos de captación, adiestramiento y adoctrinamiento tras la LO 2/2015», *Quaderns de ciències socials,* núm. 35, pp. 4-37.

MOYANO, M., y TRUJILLO, H.M. (2013). *Radicalización islamista y terrorismo. Claves psicosociales.* Universidad de Granda, Granada.

MUÑOZ CONDE, F. (2008). «¿Es el Derecho Penal internacional un "Derecho Penal del Enemigo"?», en *Revista Penal,* núm. 21.

MUÑOZ CONDE, F. (2010). «Los orígenes ideológicos del Derecho Penal del enemigo», en *Revista Penal,* núm. 26.

MUÑOZ CONDE, F. (2010). *Derecho Penal. Parte Especial,* 18.ª ed., Tirant lo Blanch, Valencia.

MUÑOZ CONDE, F. (2015). *Derecho Penal. Parte Especial,* 20.ª ed., Tirant lo Blanch, Valencia.

MUÑOZ CONDE, F. (2019). *Derecho penal. Parte especial,* 22.ª ed., Tirant lo Blanch, Valencia.

MUÑOZ CONDE, F. (2021). *Derecho Penal. Parte Especial,* 23.ª ed., Tirant lo Blanch, Valencia.

NAVARRO CARDOSO, F. (2018). «El delito de financiación del terrorismo en el Código Penal español (art. 576)», en FERRÉ OLIVÉ, J.C., y PÉREZ CEPEDA, A.I. (Dirs.), *Financiación del terrorismo,* Tirant lo Blanch, Valencia, pp. 79-112.

NAVARRO CARDOSO, F. (2018). «Los tipos dolosos del delito de financiación del terrorismo», *Revista Electrónica de Ciencia Penal y Criminología.*

NAVARRO FRÍAS, I. (2003). «Principio de legalidad y el llamado delito de colaboración con banda armada: La nueva amenaza de una cuestión jurídica no bien resuelta en la STC 136/1999», Anales de la Facultad de Derecho, núm. 20, pp. 99-137.

NIETO MARTÍN, A. (2007). «De la tenencia, tráfico y depósito de armas, municiones o explosivos y de los delitos de terrorismo», en ARROYO ZAPATERO, L.A., BERDUGO GÓMEZ DE LA TORRE, I., FERRÉ OLIVÉ, J.C., GARCÍA RIVAS, N., SERRANO-PIEDECASAS, J.R., TERRADILLOS BASOCO, J.M. (Dirs.), *Comentarios al Código Penal,* Iustel, Madrid, pp. 1081-1112.

NÚÑEZ CASTAÑO, E. (2013). *Los delitos de colaboración con organizaciones y grupos terroristas,* Tirant lo Blanch, Valencia.

NÚÑEZ CASTAÑO, E. (2018). «Algunas consideraciones sobre la trasposición al Derecho penal español de la Directiva 2017/541 del Parlamento europeo y del Consejo, en materia de terrorismo: ¿una tarea necesaria?», en GONZÁLEZ CANO, M.I. (Coord.), *Integración europea y justicia penal,* Tirant lo Blanch, Valencia, pp. 229-277.

NUÑEZ CASTAÑO, E. (2021). «Delitos de expresión y derechos fundamentales: el caso del enaltecimiento del terrorismo», *Revista General de Derecho Penal,* núm. 36, pp. 1-84.

NUÑEZ CASTAÑO, E. (2008). «Las transformaciones sociales y el Derecho penal: del Estado liberal al Derecho penal del enemigo», en MUÑOZ CONDE, F. (Coord.), *Problemas actuales del derecho penal y de la criminología. Estudios penales en memoria de la Profesora Dra. María del Mar Díaz Pita,* Tirant lo Blanch, Valencia, pp. 115-162.

OLMEDO CARDENETE, M.D. (2020). «Delitos contra el orden público (VI), De las organizaciones y grupos terroristas. Delitos de terrorismo», MORILLAS CUEVA, L. (Dir.), *Sistema de Derecho Penal. Parte especial*, 3.ª ed, Dykinson, Madrid.

PAREDES CASTAÑÓN, J. M. (2018). «Terrorismo y antiterrorismo como estrategias político-militares», Pérez Cepeda, A.I. (Dir.), Ruiz Arias, M. (Coord.), *El terrorismo en la actualidad: un nuevo enfoque político-criminal*, Tirant lo Blanch, Valencia.

PAREDES CASTAÑÓN, J.M. (2013). «El "terrorista" ante el Derecho penal: por una política criminal intercultural», *Nuevo Foro Penal*, Vol. 6, núm. 74, pp. 99-177.

PAREDES CASTAÑÓN, J.M. (2016). «Una modesta proposición para derogar los delitos de terrorismo (o casi)», en PORTILLA CONTRERAS, G., y PÉREZ CEPEDA, A.I. (Dirs.), *Terrorismo y contraterrorismo en el siglo XXI. Un análisis penal y político criminal*, Ratio Legis, Salamanca, pp. 61-86.

PASTOR MUÑOZ, N. (2005). *Los delitos de posesión y los delitos de estatus: una aproximación político-criminal y dogmática.* Atelier, Barcelona.

PASTRANA SÁNCHEZ, M.A. (2021). «El delito de enaltecimiento del terrorismo: clamores para su derogación», LEÓN ALAPONT, J. (Dir.)., *Temas clave de Derecho Penal: presente y futuro de la política criminal en España,* Bosch, Barcelona, pp. 495-424.

PASTRANA SÁNCHEZ, M.A. (2017). «Interpretación judicial del derecho y terrorismo: especial referencia al enaltecimiento, *Revista de Derecho Penal y Criminología,* núm. 17, pp. 371-396.

PASTRANA SÁNCHEZ, M.A. (2020). La nueva configuración de los delitos de terrorismo, Boletín Oficial del Estado, Madrid.

PECES-BARBA MARTÍNEZ, G. (1998). «Tránsito a la modernidad y Derechos Fundamentales», en PECES-BARBA MARTÍNEZ, G., y FERNÁNDEZ GARCÍA, E. (Dirs.), Historia de los Derechos Fundamentales, Vol. I, Dykinson, Madrid, pp. 13-264.

PENA GONZÁLEZ, W. (2018). *El concepto de terrorismo: una aproximación,* Ratio Legis, Salamanca.

PÉREZ CEPEDA, A.I. (2008). «De la sociedad neoliberal del riesgo a la expansión del Derecho penal», en MUÑOZ CONDE, F. (Coord.), *Problemas actuales del derecho penal y de la criminología. Estudios penales en memoria de la Profesora Dra. María del Mar Díaz Pita,* Tirant lo Blanch, Valencia, pp. 163-200.

PÉREZ CEPEDA, A.I. (2010). «El vigente y autoritario Derecho penal del "enemigo", en BERNUZ BENEITEZ, MJ., y SUSÍN BELTRÁN, R. (Coords.), *Seguridad, excepción y nuevas realidades jurídicas,* Comares, Granada, pp. 45-78.

PÉREZ CEPEDA, A.I. (2016). «La criminalización del radicalismo y extremismo en la legislación antiterrorista», en Portilla Contreras, G., y Pérez Cepeda, A.I. (Dirs.), *Terrorismo y contraterrorismo en el siglo XXI. Un análisis político criminal,* Ratio Legis, Salamanca, pp. 17-34.

PÉREZ CEPEDA, A.I. (2019). «Política criminal contra el terrorismo en la actualidad», MEDINA CUENCA, A. (Coord.), *Perspectiva multidimensional del conflicto penal, de la política criminal a la concreción normativa «la línea invisible»,* UNIJURIS, Cuba, pp. 429-460.

PÉREZ CEPEDA, A.I. (2017). *El pacto antiyihadista: criminalización de la radicalización,* Tirant lo Blanch, Valencia.

PÉREZ DEL VALLE, C. (2006). «En el punto de mira. La crítica a la teoría de los bienes jurídicos», *InDret, Revista para el análisis del Derecho,* núm. 379, pp. 1-17.

POMARES CINTAS, E. (2022). La deriva del Derecho Penal y la democracia. La lucha antiterrorista como rastreo de embriones de sospecha, Dykinson.

PORTILLA CONTRERAS, G. (2018). «Deconstrucción del discurso policial y judicial basado en la existencia de un terrorismo anarquista», en PÉREZ CEPEDA, A.I. (Dir.) *El terrorismo en la actualidad: un nuevo enfoque político criminal,* Tirant lo Blanch, Valencia.

PUENTE RODRÍGUEZ, L. (2017). «El nuevo delito de autoadoctrinamiento terrorista», en *Diario La Ley,* núm. 8967, Sección Doctrina.

RAMOS VÁZQUEZ, J.A. (2008). «Presente y futuro del delito de enaltecimiento y justificación del terrorismo», *Anuario da Facultade de Dereito da Universidade da Coruña,* núm. 12, pp. 771-793.

RIVERA BEIRAS, I. (2015). «Actuarialismo Penitenciario. Su recepción en España», *Revista Crítica Penal y Poder,* núm.9, pp. 102-144.

RIVERA BEIRAS, I. (2018). «Nuevamente sobre la emergencia y la excepcionalidad penal y penitenciaria» en ALONSO RIMO, A., CUERDA ARNAU, M.L., y FERNÁNDEZ HERNÁNDEZ, A. (Dirs.), *Terrorismo, sistema penal y derechos fundamentales,* Tirant lo Blanch, Valencia, pp. 395-418.

RODRÍGUEZ MONTAÑÉS, T. (2012). *Libertad de expresión, discurso extremo y delito,* Tirant lo Blanch, Valencia.

RODRÍGUEZ PUERTA, J.M. (2008). «Art. 578» en QUINTERO OLIVARES, G. (Dir.), *Comentarios al Código Penal,* Tomo III, 5.ª ed., Aranzadi Thomson Reuters, Cizur Menor, pp. 1152-1153.

ROPERO CARRASCO, J. (2020). «Análisis crítico de la reforma de los delitos de terrorismo por la Ley 2/2015 a partir del estudio de la jurisprudencia», en PÉREZ MANZANO, M., IGLESIAS RÍO, M.A., DE ANDRÉS DOMÍNGUEZ, A.C., MARTÍN LORENZO, M. y VALLE MARISCAL DE GANTE, M. (Coords), Estudios en homenaje a la profesora Susana Huerta Tocildo, Universidad Complutense, Madrid, pp. 749-760.

ROPERO CARRASCO, J. (2020). «Legitimidad y eficacia en la lucha contra el terrorismo yihadista. Evaluación crítica de las reformas penales» en ROPERO CARRASCO, J., y JIMÉNEZ GARCÍA, F. (Dirs.) FERNÁNDEZ ABAD, C., y GONZÁLEZ LEÓN, C. (Coords.), *La RES 2178 de NU y su transposición a los derechos penales nacionales: propuestas de equilibrio entre la seguridad y los derechos individuales»,* Thomson Reuters Aranzadi, Cizur Menor, pp. 171-197.

ROPERO CARRASCO, J. (2022). *Las limitaciones del Derecho Penal frente al terrorismo Yihadista: una propuesta de racionalización de la respuesta penal en el marco de un análisis de las políticas de seguridad,* Thomson Reuters Aranzadi, Cizur Menor.

ROUSSEAU, J.J. (2003). *El contrato social, o sea principios del derecho político,* Editorial del Cardo, Capítulo VIII.

ROXÍN, C. (2013). «El concepto de bien jurídico como instrumento de crítica legislativa sometido a examen», *Revista Electrónica de Ciencia Penal y Criminología,* núm. 15, pp. 1-27.

SÁNCHEZ FRÍAS, A. (2020). «From dangerous citizens to foreign criminals: effects on human rights and state sovereignty of recent international and european responses to the terrorist threat», *Revista de Estudios Europeos,* núm. 75.

SANZ MULAS, N. (2021). *Política criminal,* 4.ª ed., Ratio Legis, Salamanca.

SANZ-DÍEZ DE ULZURRUN, M., «El peligro de las palabras. A propósito del delito de apología del genocidio», en CUERDA RIEZU, A., JIMÉNEZ GARCÍA, F. (2009) (Dirs.), *Nuevos desafíos del derecho penal internacional,* Tecnos, Madrid, pp. 283-331.

SCHMITT, C. (1998). *El concepto de lo político,* Alianza Editorial, Madrid.

SERRA CRISTOBAL, R. (2020). *La seguridad como amenaza. Los desafíos de la lucha contra el terrorismo para el Estado democrático,* Tirant lo Blanch, Valencia.

SERRANO, E. (2007). «Derecho y orden social. Los presupuestos teóricos de la teoría jurídica de Carl Schmitt», *Isegoría, Revista de filosofía moral y política,* núm. 36, pp. 125-141.

SHAFIR, G., y SCHAIRER, C. (2013). «The war on terror as a political moral panic», en SHAFIR, G., y MEADE, E., y ACEVES. W. (Eds.),

Lessons and legacies of the war on terror: from moral panic to permanent war, Taylor & Francis Ltd, London.

SILVA SÁNCHEZ, J.M. (2019). «No sólo bienes jurídicos», *InDret, Revista para el Análisis del Derecho,* núm. 3.

Silva Sánchez, J.M. (2011). *La expansión del Derecho Penal. Aspectos de la política criminal en las sociedades postindustriales.* 3.ª ed., Edisofer, Madrid.

STAMPNITZKY, L., «Can terrorism be defined?», STOHL, M., BURCHILL, R., y ENGLUND, S. (2017) (Eds.), *Constructions of terrorism,* California University of California Press, pp. 11-16.

STAMPNITZKY, L. (2013), *Disciplining terror: how experts invented terrorism?,* Cambridge University Press, Cambridge.

SUÁREZ ESPINO, M.L. (2008). «Comentario a las STC 235/2007, de 7 de noviembre, por la que se declara la inconstitucionalidad del delito de negación de genocidio», *InDret, Revista para el análisis del Derecho,* pp. 1-12.

SUÁREZ-MIRA RODRÍGUEZ, C. (2018) (Coord. y Dir.), Manual de Derecho penal. Parte especial, Tomo II, 7.ª ed., Civitas Thomson Reuters, Navarra.

TAMARIT SUMALLA, J.M. (2018). «Los delitos de odio en las redes sociales», *Revista de Internet, Derecho y Política,* núm. 27, pp. 17-29.

TAMAYO SÁEZ, M., y BAZAGA FERNÁNDEZ, I. (2021). «Radicalización violenta», en *Eunomía, Revista de Cultura de la Legalidad,* núm. 20, pp. 322-333.

TAPIA BALLESTEROS, P. (2019). «Transposición de la Directiva 2017/541, de 15 de marzo, relativa a la lucha contra el terrorismo, al ordenamiento español: el delito de enaltecimiento del terrorismo», *Revista de Estudios Europeos,* núm. 1, pp. 311-315.

TERRADILLOS BASOCO, J.M. (1999). «Peligro abstracto y garantías penales», *Nuevo Foro Penal,* núm. 62, pp. 67-94.

TERRADILLOS BASOCO, J.M. (1988). *Terrorismo y Derecho. Comentario a las Leyes Orgánicas 3/1998 y 4/1998 de reforma del Código Penal y Ley de Enjuiciamiento Criminal,* Tecnos, Madrid.

TERUEL LOZANO, G.M. (2018). «Cuando las palabras generan odio: límites a la libertad de expresión en el ordenamiento constitucional español», *Revista Española de Derecho Constitucional,* 114, pp. 13-45.

TERUEL LOZANO, G.M. (2018). «Internet, incitación al terrorismo y libertad de expresión en el marco europeo», *InDret, Revista para el análisis del Derecho,* núm. 3, pp. 1-35.

TORRES SORIANO, J.M. (2017). «Lecciones aprendidas de la lucha contra el yihadismo en Internet», *Instituto Español de Estudios Estratégicos,* núm. 4, pp. 4-5.

VARONA GÓMEZ, D. (2009). «¿Somos los españoles punitivos?: Actitudes punitivas y reforma penal en España», *InDret, Revista para el Análisis del Derecho,* pp. 1-31.

Vázquez González, C. (2015). «Delitos contra el orden público (II)», en SERRANO GÓMEZ, A., SERRANO MAÍLLO, A., SERRANO TÁRRAGA, M.D., y VÁZQUEZ GONZÁLEZ, C. (Dirs.), *Curso de Derecho Penal. Parte Especial,* 2.ª ed., Dykinson, Madrid.

VEGA SÁNCHEZ, M.V. (2011). Prevención del blanqueo de capitales y de la financiación del terrorismo. (Nueva Ley 10/2010, de 28 de abril), Editorial Universitaria Ramón Areces, Madrid.

VERVAELE, J. (2018). «Combatientes extranjeros (terroristas) ¿combatientes y/o terroristas o solamente enemigos?, PÉREZ CEPEDA, A.I. (Dir.), *El terrorismo en la actualidad: un nuevo enfoque político criminal,* Tirant lo Blanch, Valencia, pp. 209-246.

VILLEGAS, M. (2016). «Contribuciones para un concepto de terrorismo en el derecho penal chileno», en Política Criminal, Vol. 11, núm. 21, pp. 140-172.

VIVES ANTÓN, T.S. (2005). «Sistema democrático y concepciones del bien jurídico; el problema de la apología del terrorismo», *Estudios Penales y Criminológicos,* Vol. XXV, pp. 401-441.

VIVES ANTÓN, T.S. (2011). *Fundamentos del Sistema Penal,* 2.ª ed., Tirant lo Blanch, Valencia.

VIVES ANTÓN, T.S., y CUERDA ARNAU, M.L. (2016). «Estado autoritario y adelantamiento de la «línea de defensa penal», MAQUEDA ABREU, M.L., MARTÍN LORENZO, M., y VENTURA PÜSCHEL, A. (Coords.), *Derecho Penal para un estado social y democrático de derecho: estudios penales en homenaje al profesor Emilio Octavio de Toledo y Ubieto,* pp. 365-381.

VV. AA. (1999). *Lecciones de Derecho Penal. Parte General,* 2.ª ed., Praxis, Barcelona.

WALKER, C. (2017). «La respuesta a los mensajeros y a los mensajes, del terrorismo», en MIRÓ LLINARES, F. (Dir.), *Cometer delitos en 140 caracteres. El Derecho Penal ante el odio y la radicalización en Internet,* Marcial Pons, Madrid.

ZAFFARONI, E.R. (2009). «El antiterrorismo y los mecanismos de desplazamiento» en SERRANO-PIEDECASAS J.R., y DEMETRIO CRESPO, E. (Dirs.), *Terrorismo y Estado de Derecho,* Iustel, Madrid, pp. 359-378.

ZAFFARONI, E.R. (2009). *El enemigo en el Derecho penal,* Ediar, Buenos Aires, pp. 181-186.

ZARAGOZA AGUADO, J.A., «Comentario previo a la Sección 2.ª (De los delitos de terrorismo)», en GÓMEZ TOMILLO, M. (Coord.), *Comentarios al Código Penal,* 2.ª ed., Lex Nova, Valladolid, 2011.

ZEDNER, L., «Fixing the future?» en Pérez Cepeda, A.I., «La criminalización del radicalismo y extremismo en la legislación antiterrorista» en Portilla Contreras, G., y Pérez Cepeda, A.I. (Dirs.), *Terrorismo y contraterrorismo en el siglo XXI. Un análisis político criminal,* Ratio Legis, Salamanca, 2016, pp. 17-34.

II. ARTÍCULOS DE PRENSA

CANCIO MELIÁ, M., «Libertad de expresión: crimen y palabra", *El país,* 15 de febrero de 2021. Disponible en: https://elpais.com/opinion/2021-02-14/crimen-y-palabra.html?event_log=oklogin. Recuperado el 30 de noviembre de 2021.

CANCIO MELIÁ, M., «Pacto antiterrorista: por la pendiente deslizante hasta el fondo del barranco». *Eldiario.es.* 11 de febrero de 2015. Disponible en: http://www.eldiario.es/zonacritica/Pacto-antiterrorista-pendiente-deslizante-barranco_6_355624462.html. Recuperado el 29 de noviembre de 2021.

DELGADO, D., «Frente al terrorismo», *El País,* 14 de marzo de 2018, Disponible en: https://elpais.com/elpais/2018/03/06/opinion/1520365127_470538.html. Recuperado el 25 de septiembre de 2021.

DELGADO, D., «La ruta del yihadismo», *El País,* 18 de enero de 2017. Disponible en: https://elpais.com/elpais/2017/01/16/opinion/1484596661_244459.html. Recuperado el 1 de octubre de 2022.

DÍEZ RIPOLLÉS, J.L., La pena de prisión permanente revisable es una cadena perpetua, y de las más duras. *El Diario.* Disponible en: https://www.eldiario.es/andalucia/Jose-Luis-Ripolles-Derecho-Penal_0_360114085.html. Recuperado el 26 de octubre de 2022.

GENEVA ACADEMY OF INTERNATIONAL HUMANITARIAN LAW AND HUMAN RIGHTS, «Foreign Fighters under International Law», Academy Briefing, núm. 7, 2014. Disponible en: https://www.geneva-academy.ch/joomlatools-files/docmanfiles/Publications/Academy%20Briefings/Foreign%20Fighters_2015_WEB.pdf. Recuperado el 22 de diciembre de 2021.

GRUPO DE ACCIÓN FINANCIERA FATF-GAFI, *Medidas contra el blanqueo de capitales y la financiación del terrorismo, Informe de Evaluación Mutua,* 2014. Disponible en: https://www.tesoro.es/sites/default/files/informe_eval_mutua_esp2014.pdf. Recuperado el 29 de septiembre de 2022.

IRUJO, J.M., «El ojeador de yihadistas más activo de Europa», *El País,* 15 de julio de 2017. Disponible en: https://elpais.com/politica/2017/07/14/actualidad/1500054062_222012.html. Recuperado el 27 de agosto de 2022.

LA MONCLOA, «Detenido en Polonia un marroquí con residencia en España que regresaba a Europa tras combatir en las filas del DAESH», *La Moncloa,* 22 de junio de 2015. Disponible en: https://www.lamoncloa.gob.es/serviciosdeprensa/notasprensa/mir/Paginas/2015/220615daesh.aspx. Recuperado el 27 de agosto de 2022.

LA VANGUARDIA, «Los tres dirigentes de la célula yihadista desarticulada en la operación Caronte, condenados a 12 años de cárcel», *La Vanguardia,* 10 de abril de 2018. Disponible en: https://www.lavanguardia.com/politica/20180410/442427282210/yihadistas-condenados-operacion-caronte.html. Recuperado el 27 de agosto de 2022.

LÁZARO, J.M., «Siete años de cárcel para los 23 dirigente de HB» *El País,* 2 de diciembre de 1997. Disponible en: https://elpais.com/diario/1997/12/02/espana/881017225_850215.html. Recuperado el 10 de septiembre de 2022.

PÉREZ, F.K., «Condenada la célula yihadista radicada en la mezquita de la M-30», *El País,* 28 de septiembre de 2016. Disponible en: https://elpais.com/politica/2016/09/28/actualidad/1475066084_183630.html. Recuperado el 27 de agosto de 2022.

VIVES ANTÓN, T.S., «La dignidad de todas las personas», *El País,* 30 de enero de 2015. Disponible en: https://elpais.com/elpais/2015/01/29/opinion/1422553991_283553.html. Recuperado el 28 de noviembre de 2021.

Anexo

I. LEGISLACIÓN Y OTROS DOCUMENTOS

CONSEJO DE LA UNIÓN EUROPEA, «Revised EU Strategy for Combating Radicalisation and Recruitment to Terrorism», European Union, 5643/5/2014, 2014.

DECISIÓN MARCO 2008/919/JAI del Consejo, de 28 de noviembre de 2008 por la que se modifica la Decisión Marco 2002/475/JAI sobre la lucha contra el terrorismo. Diario Oficial de la Unión Europea L 330, de 9 de diciembre de 2008, pp. 21-23. Disponible en: https://eur-lex.europa.eu/legal-content/ES/TXT/PDF/?uri=CELEX:32008F0919&from=ES. Recuperado el 26 de octubre de 2022.

DIRECTIVA 2005/60/CE del Parlamento Europeo y del Consejo, de 26 de octubre de 2005, relativa a la prevención de la utilización del sistema financiero para el blanqueo de capitales y para la financiación del terrorismo. Diario Oficial de la Unión Europea L 309, de 25 de noviembre de 2005, pp. 15-36. Disponible en: https://eur-lex.europa.eu/legal-content/ES/TXT/PDF/?uri=CELEX:32005L0060&from=ES. Recuperado el 26 de octubre de 2022.

DIRECTIVA 2017/541/UE DEL PARLAMENTO EUROPEO Y DEL CONSEJO, de 15 de marzo de 2017, relativa a la lucha contra el terrorismo y por la que se sustituye la Decisión Marco 2002/475/JAI del Consejo y se modifica la Decisión 2005/671/JAI del Consejo. Diario Oficial de la Unión Europea L 88/6, de 31 de marzo de 2017, pp. 6-21. Disponible en: https://eur-lex.europa.eu/legal-content/ES/TXT/PDF/?uri=CELEX:32017L0541&from=ES. Recuperado el 26 de octubre de 2022.

LEY ORGÁNICA 9/1984, de 26 de diciembre, contra la actuación de bandas armadas y elementos terroristas y de desarrollo del artículo 55.2 de la Constitución.

LEY ORGÁNICA 3/1988, de 25 de mayo, de Reforma del Código Penal.

LEY ORGÁNICA 10/1995, de 23 de noviembre, del Código Penal.

LEY ORGÁNICA 7/2000, de 22 de diciembre, de modificación de la Ley Orgánica 10/1995, de 23 de noviembre, del Código Penal, y de la Ley

Orgánica 5/2000, de 12 de enero, reguladora de la Responsabilidad Penal de los Menores, en relación con los delitos de terrorismo.

LEY ORGÁNICA 5/2010, de 22 de junio, por la que se modifica la Ley Orgánica 10/1995, de 23 de noviembre, del Código Penal.

LEY ORGÁNICA 1/2015, de 30 de marzo, por la que se modifica la Ley Orgánica 10/1995, de 23 de noviembre, del Código Penal.

LEY ORGÁNICA 2/2015, de 30 de marzo, por la que se modifica la Ley Orgánica 10/1995, de 23 de noviembre, del Código Penal, en materia de delitos de terrorismo.

LEY ORGÁNICA 1/2019, de 20 de febrero, por la que se modifica la Ley Orgánica 10/1995, de 23 de noviembre, del Código Penal, para transponer Directivas de la Unión Europea en los ámbitos financiero y de terrorismo, y abordar cuestiones de índole internacional.

LEY ORGÁNICA 9/2022, de 28 de julio, por la que se establecen normas que faciliten el uso de información financiera y de otro tipo para la prevención, detección, investigación o enjuiciamiento de infracciones penales, de modificación de la Ley Orgánica 8/1980, de 22 de septiembre, de Financiación de las Comunidades Autónomas y otras disposiciones conexas y de modificación de la Ley Orgánica 10/1995, de 23 de noviembre, del Código Penal.

NACIONES UNIDAS, Consejo de Seguridad de la ONU. Resolución 2178 (2014), aprobada por el Consejo de Seguridad de Naciones Unidas. Disponible en: https://documents-dds-ny.un.org/doc/UNDOC/GEN/N14/548/02/PDF/N1454802.pdf?OpenElement. Recuperado el 1 de noviembre de 2022.

NACIONES UNIDAS, Declaración Universal de los Derechos Humanos, Adoptada y proclamada por la Asamblea General en su resolución 217 A (III), de 10 de diciembre de 1948. Disponible en: https://www.un.org/es/about-us/universal-declaration-of-human-rights. Recuperado el 26 de octubre de 2022.

II. JURISPRUDENCIA

1. Jurisprudencia del Tribunal Europeo de Derechos Humanos

STEDH de 15 de marzo de 2011, Asunto Otegi Mondragón c. España Sentencia 2034/07 **(TOL9.067.310)**

STEDH de 13 de marzo de 2018, Asunto Stern Taulats y Roura Capellera c. España Sentencias 51168/15 y 51186/15 **(TOL6.534.231)**

STEDH de 20 de noviembre de 2018, Asunto Toranzo Gómez v. España

Sentencia 26922/14 **(TOL6.917.406)**

STEDH de 22 de junio de 2021, Asunto Erkizia Almandoz c. España

Sentencia 5869/17 **(TOL8.473.694)**

2. Jurisprudencia constitucional

STC 214/1991, de 11 de noviembre **(TOL81.898)**

STC 136/1999, de 20 de julio **(TOL81.189)**

STC 235/2007, de 7 de noviembre **(TOL1.179.105)**

STC 112/2016, de 20 de junio **(TOL5.860.450)**

3. Jurisprudencia ordinaria

3.1. Tribunal Supremo

STS 10580/1989, de 29 de diciembre **(TOL1.123.971)**

STS 1637/1999, de 10 de enero **(TOL4.924.826)**

STS 946/2002, de 22 de mayo **(TOL4.921.462)**

STS 236/2003, de 17 de febrero **(TOL4.927.976)**

STS 420/2003, de 20 de marzo **(TOL4.928.418)**

STS 782/2003, de 31 de mayo **(TOL4.926.657)**

STS 149/2007, de 26 de febrero **(TOL1.053.735)**

STS 618/2007, de 26 de junio **(TOL1.123.971)**

STS 539/2008, de 23 de septiembre **(TOL1.386.098)**

STS 224/2010, de 3 de marzo **(TOL1.817.023)**

STS 299/2011, de 25 de abril **(TOL2.139.870)**

STS 180/2012, de 14 de marzo **(TOL2.494.306)**

STS 752/2012, de 3 de octubre **(TOL2.665.800)**

STS 587/2013, de 28 de junio **(TOL3.858.282)**

STS 481/2014, de 3 de junio **(TOL4.388.482)**

STS 106/2015, de 19 de febrero **(TOL4.763.700)**

STS 846/2015, de 30 de diciembre **(TOL5.618.376)**
STS 4/2017, de 18 de enero **(TOL5.934.046)**
STS 354/2017, de 17 de mayo **(TOL6.100.431)**
STS 378/2017, de 25 de mayo **(TOL6.114.885)**
STS 512/2017, de 5 de julio **(TOL6.206.375)**
STS 13/2018, de 16 de enero **(TOL6.490.239)**
STS 52/2018, de 31 de enero **(TOL6.492.518)**
STS 79/2018, de 15 de febrero **(TOL6.513.752)**
STS 95/2018, de 26 de febrero **(TOL6.525.748)**
STS 646/2018, de 14 de diciembre **(TOL6.957.658)**
STS 65/2019, de 7 de febrero **(TOL7.059.509)**
STS 135/2020, de 7 de mayo **(TOL7.958.766)**
STS 196/2020, de 20 de mayo **(TOL7.966.216)**
STS 291/2020, de 10 de junio **(TOL7.983.498)**
STS 673/2020, de 10 de diciembre **(TOL8.233.939)**
STS 137/2021, de 17 de febrero **(TOL8.359.893)**
STS 647/2022, de 27 de junio **(TOL9.141.765)**

3.2. Audiencia Nacional

SAN 65/2007, de 31 de octubre **TOL2.084.750)**
SAN 14/2015, de 25 de mayo **(TOL5.164.052)**
SAN 4/2016, de 1 de marzo **(TOL5.658.759)**
SAN 8/2016, de 11 de marzo **(TOL5.672.601)**
SAN 20/2016, de 18 de julio **(TOL5.779.065)**
SAN 28/2016, de 21 de septiembre **(TOL5.839.117)**
SAN 38/2016, de 7 de diciembre **(TOL5.914.491)**
SAN 39/2016, de 30 de noviembre **(TOL5.901.279)**
SAN 5/2017, de 28 de febrero **(TOL6.009.304)**
SAN 11/2017, de 17 de marzo **(TOL6.042.471)**
SAN 9/2017, de 29 de marzo **(TOL6.015.782)**
SAN 19/2017, de 21 de julio **(TOL6.248.165)**
SAN 29/2017, de 30 de noviembre **(TOL6.479.187)**

SAN 2/2018, de 24 de enero **(TOL6.486.152)**
SAN 3/2018, de 18 de enero **(TOL6.486.153)**
SAN 973/2018, de 9 de abril **(TOL6.565.630)**
SAN 25/2018, de 15 de junio **(TOL6.669.210)**
SAN 19/2018, de 13 de julio **(TOL6.735.434)**
SAN 33/2018, de 25 de septiembre **(TOL6.814.961)**
SAN 31/2018, de 15 de octubre **(TOL6.885.661)**
SAN 32/2018, de 18 de diciembre **(TOL7.025.597)**
SAN 21/2019, de 30 de abril **(TOL7.251.377)**
SAN 1/2020, de 10 de febrero **(TOL7.864.975)**